Fracasa en Grande

Fracasa para Llegar al Éxito y
Rompe Todas las Reglas para Llegar Ahí

También por
Scott Allan

Házlo Con Miedo: **Avanzar Hacia Adelante con Confianza, Superar la Resistencia, Vencer Tus Limitaciones**

Relanza Tu Vida: **Rompe el ciclo de autodestrucción, destruye las emociones negativas y recupera tu poder personal**

Haz lo más Difícil Primero: **Cómo Vencer La Procrastinación Y Dominar El Hábito De Hacer El Trabajo Difícil**

Empodera Tus Pensamientos: **Controla La Preocupación Y La Ansiedad, Desarrolla Una Actitud Mental Positiva Y Domina Tu Mentalidad**

Fracase En Grande: Fracasa para Llegar al Éxito y Rompe Todas las Reglas para Llegar Ahí.

Empodera Tu Miedo: Utiliza Tus Miedos Para Superar La Mediocridad Y Convertir La Incertidumbre En Un Plan De Acción Seguro

FRACASA EN GRANDE

Fracasa para Llegar al Éxito y
Rompe Todas las Reglas para Llegar Ahí

Por Scott Allan

FRACASA EN GRANDE: Fracasa para Llegar al Éxito y Rompe Todas las Reglas para Llegar Ahí.

ISBN Paperback: 978-1-990484-54-4
ISBN eBook: 978-1-990484-53-7
ISBN Hardcover: 978-1-990484-55-1

CONTENIDOS

"Muchos de los fracasos de la vida son personas que no se dieron cuenta de lo cerca que estaban del éxito cuando se rindieron."

— Thomas Edison

Introducción

El Temor a Caer

"Nunca,, nunca, nunca te rindas."

— Winston Churchill

La mayoría de nosotros odia fracasar. Nunca me he cruzado con nadie que realmente dijera que lo disfrutaba, o que intentara fracasar con intención. Estamos tan ocupados tratando de tener éxito y salir adelante en la vida que, ¿quién piensa realmente en fracasar?

Sin embargo, el miedo al fracaso es la razón principal por la que la mayoría de la gente *fracasa*.

Cuando fracasas en algo —no completaste la carrera, te divorciaste a los seis meses de casado, o te fuiste a la quiebra por segunda vez— parece que todo el mundo te mira. Juzgándote. ¿Estarán pensando, "*¿Qué perdedor*"? Es probable que piensen: "*Mejor él/ella que yo*".

Y, tendrían razón. ¿Quién quiere pasar por dificultades innecesarias? ¿Quién quiere esforzarse mucho sin esa garantía de que funcione? ¿Quién quiere arriesgarse a quedar mal o a perder lo que más valora? ¿Quién quiere ser el que se quede fuera?

Cuando fallas en algo en la vida, parece que te conviertes en el centro de atención. La gente empieza a hablar de ti. Te señalan en la calle y dicen cosas como: "¿Oíste lo que le pasó a..."

¿O todo esto está en tu cabeza? Probablemente las dos cosas. ¿Pero sabes qué? No importa lo que le digan, creo que la mayoría de la gente ve el fracaso de otro como una advertencia: *Si hago lo mismo, ese podría ser yo.*

Aprendemos y registramos lo que pasa. Pero cuando finalmente tienes éxito, todos quieren saber, *"¿Cómo lo hiciste?"*

Tu fracaso se convierte en una historia de éxito. Tus dificultades se convierten en una serie de lecciones para que la gente se modele y tenga éxito. Tu lucha se transforma en una victoria.

Al evitar los escollos de quedar mal o avergonzarte, puedo apostar a que fallar nunca es algo que hayas planeado. Nunca planeaste que te despidieran de ese trabajo. Nunca quisiste quedarte en la ruina, divorciarte o sentirte solo sin un amigo en el mundo. Nunca planeaste decepcionar al equipo o cometer ese error crítico en el informe que le costó miles a la compañía.

Apuesto a que todo lo que has conseguido ha sido planeado cuidadosamente. ¿Y por qué lo planeamos todo? Para evitar errores. Pero los errores son inevitables.

Una vez oí a alguien decir: "Lo único en lo que he fallado es en la vida". ¿Y qué es esta vida sino un cubo de pruebas y errores? ¿Pero sabes quién es el que más falla?

Los que más fracasan son los que se lanzan hacia adelante sin miedo. Están listos para tomar el futuro sin importar lo que pase, listos para fallar rápido y duro. El éxito es sólo una parte del viaje, como un poste de la meta que golpean en el camino, pero no es el destino.

Este libro, *Fracasa en Grande*, es tu acompañante en lo que Scott Peck llama *El Camino Menos Transitado*.

En *El Camino Menos Transitado*, tu objetivo es hacer del fracaso tu mejor amigo. El miedo a fracasar debe convertirse en tu mayor arma. Esto va en contra de todo lo que te enseñaron en el mundo real, en la escuela, en el trabajo y en tu propia familia, donde el fracaso está mal visto y el miedo debe ser evitado.

Cuando te entrenan para que el miedo sea malo, esto controla todas tus decisiones para seguir adelante. Maniobras a través de la vida, esquivando obstáculos peligrosos (oportunidades) y evitas el riesgo a toda costa. Aprendiendo a jugar a lo seguro para mantener la paz, tu corazón y tu mente se vuelven inquietos. Te conformas con el camino fácil.

El camino fácil eventualmente se convierte en el camino difícil, y reconoces que todo lo que siempre has querido está al otro lado de todos tus miedos. Sí, los miedos que has estado evitando la mayor parte de tu vida.

El miedo a fracasar. El miedo a parecer estúpido. El miedo a la pérdida. El miedo a lo que otras personas pensarán. El miedo a vivir una vida sin sentido.

Si esto suena como tú, bienvenido. Estás en el lugar correcto. Juntos podemos resolver esto y, antes de que estés a la mitad de Fracasar en Grande, estarás avanzando sin miedo, y fallando a medida que avanzas.

Después de todo, *¿qué tiene que perder*?

Tu vida terminará algún día—quizá pronto—y cuando acabe, ¿te irás de este mundo con el corazón lleno de alegría, sabiendo que hiciste todo lo posible para dominar el cambio, y vivir todos tus días al máximo? ¿O te marchitarás lentamente, atrapado en un alma hecha de arrepentimiento y descontento?

Tú no quieres eso, y yo no quiero eso. Tu misión es erradicar toda oportunidad de que el arrepentimiento se apodere de tu mente. El arrepentimiento es el resultado final de no hacer nada para que tus sueños se hagan realidad. Al final, puede que no tengas éxito. Ese es el riesgo. Pero el mayor fracaso de todos es rendirse y elegir no hacer nada.

Lo que *Fracasar en Grande* Significa para Ti

Para que quede claro, este no es un libro sobre cómo fracasar menos o evitar fracasar del todo. Si quieres dejar de fallar, hay una solución fácil para eso: Encuentra algo realmente aburrido para hacer y repite lo mismo todos los días por el resto de tu vida. No puedes fallar en lo que es fácil. No fracasarás mientras vivas dentro de una zona de comodidad.

No hacer nada, no decir nada, y no intentar nada es la forma de evitar el fracaso. Pero sigues viviendo con miedo. ¿Cuánta gente conoces que vive de esta manera? Se quejan de los salarios que ganan, de las relaciones que no funcionan, o de los trabajos aburridos en los que están "atrapados" porque tienen que pagar deudas.

Pero esto no eres tú. Estás aquí para darle vuelta a las cosas. Quieres más de esta vida de lo que está lista para darte, y tienes el coraje de alcanzarlo y tomarlo. Pero este viaje no será fácil. Habrá desafíos que te harán retroceder. La gente se molestará con el nuevo tú y algunos podrían irse porque tienen miedo de en qué te estás convirtiendo. Yo digo que los dejes ir. Déjalo todo si eso significa que estás empujando hacia adelante y haciendo lo que siempre habías soñado hacer, aunque te asuste mucho.

Pero la pregunta que muchos hacen es, *"¿Cómo puedo fallar hacia adelante, y ser un éxito al mismo tiempo?"*

No es el fracaso lo que te hace exitoso. Es tu percepción de ello. Mucha gente fracasa en la vida, y se atormenta a sí misma cuando nada sale bien. Se asustan demasiado al volver a intentarlo. Desarrollan una personalidad de víctima que alimenta el miedo al fracaso. Comienzas a pensar, "¿Qué tal si la próxima vez es LA GRANDE en donde pierdo todo? *Será mejor que vaya a lo seguro y no vuelva a correr ese riesgo."*

Así que nos establecemos y caemos en una vida de confort mediocre. Nunca alcanzarás la grandeza en ningún nivel si aceptas tu situación como desesperada, o, has decidido que has llegado tan lejos como vas a llegar.

Otra cosa que me preguntan es, "¿Qué pasa si fracaso tantas veces que se vuelve algo cotidiano? ¿No comenzaré a verme a mí mismo como un fracaso?"

Si Abraham Lincoln estuviera vivo ahora mismo, ¿qué diría a eso? ¿Qué tal Thomas Edison? Este es el punto en el que necesitas cuestionarte: *¿Seré derrotado por el fracaso, o motivado por él? ¿Me arruinará, o me empujará hacia adelante con una ambición implacable?*

Mientras lees este libro, quiero que te preguntes:

- *¿Qué significa Fracasar en grande para mí?*
- *¿Qué decisiones he estado posponiendo?*
- *¿Qué acciones estoy evadiendo?*
- *¿Estoy en el camino que siempre he querido tomar, o sigo viviendo con miedo y esperando a que la vida cambie?*

Aquí no hay respuestas buenas o malas. Este no es un examen que puedas reprobar. Ya no estás en la escuela, y nadie te está diciendo qué hacer ni cómo hacerlo.

Tienes la llave del destino en tus propias manos.

Fracasa en Grande: Una Introducción al Curso

Hay siete áreas en las que aprenderás a enfocarte que definirán tu éxito cuando se trate de fracasar. Cada área es crítica cuando define tu curso de acción. Por ejemplo, las relaciones: La gente con la que pasas el tiempo influye en tus decisiones. Si te concentras en aprender, ¿qué es lo que estás estudiando y de quién estás aprendiendo?

Tu actitud juega un papel importante. ¿Cómo defines el fracaso, y en qué estado estará tu actitud cuando te encuentres en medio de una tormenta en tu vida y no haya salida?

Relaciones

La gente con la que pasas el tiempo ya sea te ayuda a tener éxito o... no lo hacen. Revisa tu compañía. Tienen que apoyarse mutuamente, y esto va para los amigos, amantes, compañeros de trabajo, o cualquier otra persona con la que entres en contacto. Ahora, no siempre podemos elegir a las personas con las que nos relacionamos o trabajamos, pero podemos decidir cuánto involucrarnos con ellos.

Si estás fallando debido a una relación en tu vida, necesitas cuestionar el valor de esa relación. ¿Vale la pena permanecer en esa situación? ¿Va a empujarte a alcanzar tus objetivos? ¿Estas personas te elevan a un nivel de confianza o tratan de mantenerte abajo para que estés atrapado? Verificaremos las relaciones más adelante en el libro. Tus conexiones son críticas para fallar sin miedo.

Actitud y Perspectiva

Eres el único que puede alimentar tu actitud. Nadie puede controlar esto por ti, y esa es la buena noticia. Construir y mantener una actitud positiva es crítico para el éxito. Esto no es negociable. Pero también tienes que protegerte contra las actitudes negativas de los demás.

Algunas personas pueden estar en posición de influir en tu actitud. ¿Hay alguien a tu alrededor que te haga sentir negativo? ¿Te hace sentir menos?

Si es así, esta persona, similar a las relaciones que discutimos, necesita ser removido de tu ambiente. La mala actitud puede ser contagiosa. Puedes enfermarte por ello.

Autodestrucción, Autosabotaje y Autocompassión

Un tema central que discutiré en Fracasa en Grande es el impacto de la auto-derrota y cómo nos saboteamos a nosotros mismos en formas que no podemos ver. La auto-derrota viene en muchas formas, a través de la adicción a tus hábitos diarios que definen tus acciones. Te mostraré cómo superar la autodestrucción y cómo manejarte a ti mismo cuando te enfrentas a la mentalidad de víctima, a los malos hábitos, a las viejas creencias y a las rutinas que te están fallando.

Decisiones

Esto encaja naturalmente con las dos primeras áreas importantes de tu vida: la toma de decisiones. ¿Por qué? Porque podemos decidir con quién pasamos el tiempo y podemos decidir quién queremos ser. La libertad de tomar una decisión clave es tuya. ¿Tienes miedo de decidir porque podrías tomar la decisión equivocada? ¿Cómo sabes lo que es una decisión equivocada?

En muchos casos, un giro equivocado lleva a una victoria más tarde. Y una victoria repentina puede convertirse rápidamente en una pérdida. Una decisión es simplemente un compromiso de tomar una acción específica. Es lanzar una moneda.

Piensa en dos personas que deciden casarse. Parece una buena idea en ese momento. Pero en el transcurso de una década se divorcian. La relación sale mal. ¿Podrían haber predicho el resultado cuando tomaron la decisión de casarse hace años? ¿Fue una mala elección?

No, fue una experiencia de aprendizaje, y a pesar de que no terminó en un "hasta que la muerte los separe," terminó cuando debía. El hecho de que no haya un final feliz no significa que haya sido un fracaso. El único fracaso sería no tomar una decisión y quedarse estancado cuando sabes que deberías seguir adelante con una acción.

Metas y Visión

¿Tienes alguna meta para tu vida? ¿En dónde quieres estar en cinco o diez años? Las metas son importantes porque te llevan hacia adelante. Puedes hacer estas metas junto con las personas de tu vida. Tu visión de la vida a la que aspiras hará que el fracaso valga la pena. Pero sin una visión que marque el camino, ¿cómo puedes esperar tener éxito?

Cada artista, creativo o empresario que ha tenido éxito en la historia del mundo tenía una visión de lo que el éxito significaba para él o ella. Un objetivo claro es el barco en el mar que se abre camino a través de las olas navegando en curso hacia su destino.

Aceptar las Dificultades

Creo que gastamos demasiado esfuerzo y tiempo evitando las tareas difíciles. Tratamos de encontrar atajos o una manera de hacerlo más fácil. La tecnología está ayudando con tantos de nuestros problemas en estos días que nos hemos vuelto demasiado dependientes de ella. Pero el camino difícil es por donde hay que ir. La forma en que lidias con las dificultades de la vida forja la mentalidad guerrera.

Sólo puedes ser un ganador cuando has aprendido a perder. Debes entrenarte para lidiar con el fracaso, aceptarlo como inevitable, y apreciar la oportunidad de tener este fracaso en tu vida.

La vida no es fácil. Nunca lo ha sido y nunca lo será. No se nos está dada la buena vida. Tenemos que hacerla y crear esta vida a medida que avanzamos. Si hay una forma fácil de vivir bien, no encontrarás esas respuestas aquí. Yo enseño el camino difícil porque es el único camino.

Mantente Aprendiendo... Siempre Aprendiendo

¿Has notado que la gente deja de aprender en una etapa de su vida en la que debería estar aprendiendo algo nuevo? Desafortunadamente, demasiada gente deja de aprender después de cierta edad o etapa de la vida. Han decidido que ahora tienen todo lo que necesitan para mantener su trabajo o el nivel de ingresos al que han llegado. Matando el tiempo viendo televisión sin sentido o pasando horas en los medios sociales.

Esto es el equivalente a llenarse la cabeza con comida chatarra. Si estás concentrado en aprender algo nuevo, es más probable que falles en el dominio de una nueva habilidad pero sólo hasta que alcances ese nuevo nivel.

Por ejemplo, yo empecé a aprender sobre SEO cuando tenía casi 50 años porque tenía que saber cómo trabajarlo para el blog. La edad, la educación pasada o los exámenes que reprobaste no tienen nada que ver con tu habilidad para aprender. Puedes adoptar cualquier nueva habilidad si te impulsa a ganar más conocimientos.

Deberías estar leyendo un libro durante 30 minutos al día o tomando un curso en línea. Ya no tenemos que gastar miles en clases de la universidad. Entra en línea, compra un curso en línea, y empieza a aprender algo nuevo este fin de semana.

El Éxito está en la Travesía, No al Final

Ahora mismo, estás en una travesía. Ese viaje es para descubrir lo mejor de lo que eres y lo que representas. Si puedes entender este concepto y creerlo con todo tu corazón, puedes dejar fuera a los detractores y las voces de duda que te desgarran cada día.

Estamos en un campo de batalla, y esa batalla comienza en tu cabeza. Fracasa en Grande te da las armas para ganar esta guerra y ser grande en cada área de tu vida: Relaciones, finanzas y asuntos espirituales. Todo en lo que siempre has sido malo gestionando comenzará a tener sentido.

Las áreas de la vida en las que fracasas mostrarán mejores resultados al regresar. Todo se reduce a aprender. ¿Estás dispuesto a aprender de nuevo? ¿Puedes entender que una de las razones principales por las que has fracasado sin duda en la vida es porque al principio no aprendiste muchas de las habilidades básicas de la vida? ¿Es esto culpa tuya?

Sí... y no. Tienes la opción de aprender de nuevo, si quieres. Puedes darle la vuelta a todo hoy cuando estés listo para aceptar una nueva forma de pensar y hacer.

No importa los fracasos que hayas tenido antes, quiero que captes estos momentos de tu vida como curvas de aprendizaje muy necesarias que tienen un propósito más elevado. No lo parecía entonces, y si estás luchando hoy, puede que no lo parezca ahora, pero tu corta vida en este planeta se medirá por la acción que tomes y la diferencia que hagas.

Fracasa en Grande: Tu Más Grande Recompensa

A lo largo de este libro veremos las estrategias y consejos para aprender a fracasar en grande. Pero cuando se conquista el miedo interno al fracaso, es un sentimiento absolutamente gratificante. Todas esas emociones negativas y sentimientos de indignidad se ven disminuidas. Puedes reconocer cuando estás escapando. Empiezas a sentirte bien contigo mismo y ese sentimiento de vergüenza es menos.

Tendrás que trabajar para ello, y la recuperación llevará tiempo. Pero empieza hoy. Cuanto antes empieces, antes empezarás a sentirte bien contigo mismo. Fallar no es la bestia temerosa que hemos hecho parecer. Como verás a lo largo del resto del libro, el fracaso es tu compañero en este viaje.

¿Listo para Fracasar?

Estamos tan acostumbrados a escuchar historias de éxito que la gente rara vez habla de fracaso como la mayor parte de la curva de aprendizaje. Un amigo mío que era el mejor vendedor de su organización tenía un dicho que hacía que todos los vendedores repitieran antes de salir a vender:

"Sin fracaso, no hay venta."

Aprenderás a apreciar el acto de practicar el fracaso mientras das saltos y saltos hacia el éxito.

¿Listo para enamorarte del fracaso?

Hagámoslo.

"¿Por qué perder el tiempo demostrando una y otra vez qué tan grandioso eres, cuando puedes estar mejorando?¿Por qué esconder deficiencias en vez de superarlas? ¿Por qué buscar amigos o parejas que sólo apuntalen tu autoestima en lugar de aquellos que también te desafíen a crecer? ¿Y por qué buscar lo probado y verdadero, en lugar de experiencias que te estiren? La pasión por estirarse y mantenerse firme, incluso (o especialmente) cuando no va bien, es el sello distintivo de la mentalidad de crecimiento. Esta es la mentalidad que permite a las personas prosperar durante algunos de los momentos más difíciles de sus vidas."

— **Dr. Carol S. Dweck,** autor del bestseller *Mentalidad: Cambiando la Forma en la que Piensas para Cumplir tu Potencial*

El “Secreto” para el Éxito

Tuve un mentor que una vez afirmó tener el secreto definitivo del éxito. De hecho, sus afirmaciones eran tan profundas que tenía cientos de personas que le pedían que les asesorara, aunque cobraba 500 dólares la hora. Y sin embargo, aunque podría haber tomado todo su dinero y hacer una fortuna fácilmente, rechazó a la mayoría. De los muchos que querían contratarle, mi mentor sólo trabajó con dos personas.

Cuando alguien le preguntó por qué era tan selectivo en su proceso de contratación, dijo:

"La mayoría de la gente no está preparada para lo que tiene que hacer para triunfar. Quieren un mentor porque creen que hay una fórmula especial o un secreto comercial que les voy a dar y que no pueden conseguir en ningún otro sitio. Y están tan desesperados por ello que la mayoría están dispuestos a pagar lo que sea. La mayoría quiere la fórmula para evitar los obstáculos del camino. Eso no es lo que yo enseño. Enseño a la gente qué hacer cuando (no SI) fracasan y qué hacer al respecto. Pero la mayoría no está preparada para fracasar. Mi primera lección es siempre: "Aprende a fracasar". La mayoría se rinde después de eso".

Aprendiendo a Fracasar

Pero al igual que el dinero no puede comprar el amor, tampoco puede comprar el éxito. Si tener dinero significara la felicidad, no tendría tantos clientes ricos. La mayoría de ellos tenían dinero en efectivo y no temían utilizarlo. Pero el problema era más profundo que la estabilidad del dinero. La mayoría tenía miedo de morir... con miedo. Podían comprar lo que quisieran, sí, pero muchos no podían comprar lo que más ansiaban: el valor de ser ellos mismos, de vivir la vida como almas libres capaces de vivir sin miedo.

Cuando compartí mi secreto con los clientes que estaban preparados para ello, ellos también aprendieron a vivir como guerreros intrépidos. Al final, todos queremos ser ese guerrero intrépido. La persona que puede enfrentarse a cualquier cosa y ganar. Muchos de nosotros queremos ser el héroe de nuestra propia historia, pero cuando realmente echamos un vistazo al interior de lo que "creemos" que somos, el imperio se desmorona. La mayoría de la gente tiene una visión débil y distorsionada de sí misma, que está sumida en la fantasía.

Queremos vivir un estilo de vida sin miedo. Ser el dueño de tu destino es el sueño supremo, pero cuando llega el momento de enfrentarse a esos miedos reales al fracaso, la crítica y el rechazo, todo se desmorona. Fracasar -si no has hecho lo suficiente- se convierte en el resultado que harías cualquier cosa por evitar.

¿Cómo se evita fracasar en algo? Sencillo: evitas hacerlo. Este es un hecho duro: la mayoría de la gente fracasa sin hacer nada. Fracasan al no presentarse al gran partido, así que fracasan por defecto. Esta forma de autosabotaje es difícil de detectar. Cuando estás en el campo de juego de la vida y pierdes el gran partido, estás en el escenario para que todo el mundo te vea. Tu fracaso es de dominio público. Tienes que volver a la línea de los perdedores y aguantarte. Pero, aquí es donde comienza el crecimiento.

Se aprende haciendo. Todo lo que consigues es una medida del riesgo asumido. Si te juegas una gran mano, puedes perderlo todo. Si ganas, te llevas a casa las ganancias. Tenemos miedo de perder esa mano, así que nos aferramos a ella. Pero la vida es impaciente. No espera a nadie. Estás aquí para jugar el juego o para ver el juego. Los que se arriesgan están en el campo, ganen o pierdan, y normalmente ambos.

Aquí es donde entra en juego Fracasa en Grande. Este libro trata del viaje de ese guerrero intrépido. Cuando crees en el gran

PORQUÉ de tu misión, se elimina el YO de la ecuación. No se trata de ti más de lo que se trata de mí. Lo creas o no, eres capaz de la grandeza, aunque no estés en un lugar de tu vida en el que lo sientas así.

Puede que te falte confianza (¿a quién no, verdad?) y que los problemas de autoestima (ya los has tenido antes, ¿verdad?) te impidan lanzarte y, como diría Nike, "Just Do It" (Solo hazlo).

Hazlo ahora. Empieza hoy mismo. Sal al mundo asustado y abraza tus miedos.

Fracasa a lo grande no es sólo otro libro que te hace sentir bien y te infla con tácticas de motivación que nunca ven la luz del día. Te presentaré a docenas de emprendedores y creativos que abrazaron el fracaso como el billete dorado hacia el éxito y se lanzaron hacia adelante, muchos perdiéndolo todo, para volver más fuertes que nunca.

En Fracasar en Grande 2, aprenderás a:

- Dominar la influencia psicológica del fracaso
- Aceptar el miedo a asumir riesgos
- Tener éxito en el seguimiento de tus grandes objetivos
- Reducir tu tasa de fracaso desarrollando tus habilidades
- Desenganchar tu mentalidad del fracaso
- Hacer un esfuerzo adicional y a no rendirte cuando las cosas se pongan difíciles
- Afrontar el fracaso incluso cuando no sea tuyo

Tengo otro libro que va bien con Fracasa en Grande 2, y es Undefeated. Te invito a que utilices este libro para relacionarlo con lo que vas a aprender. Este material te enseñará las estrategias específicas para hacer lo que sea necesario para tener éxito.

Lo que sea necesario.

Esa es la cita que hay en mi pared y con la que me despierto cada día. Sé que, *cueste lo que cueste*, puedo superar cualquier limitación autoimpuesta. Cueste lo que cueste, puedo fracasar tantas veces como sea necesario y seguir saliendo con fuerza y energía recargada. Cueste lo que cueste, puedo fracasar y levantarme para volver a intentarlo.

Estoy seguro de que tú también puedes.

Ahora, déjame hacerte esta pregunta: ¿qué significa el éxito para ti? Es decir, si vas a comprometerte con esta fórmula de fracasar a lo grande, tienes que saber lo que significa una vida de errores. ¿Te entusiasma o te aterroriza pensar en ello?

Recuerda que está bien tener miedo. Nadie dijo que tuvieras que ser valiente y estar seguro de ti mismo antes de hacer algo que te haga avanzar. Sólo tienes que estar dispuesto a emprender una acción masiva cuando tengas miedo.

Desarrollar un plan de acción Fracasar en Grande

Ahora, antes de sumergirnos en el primer capítulo, considera esta pregunta:

¿Cuál es tu actitud hacia el fracaso? ¿Tienes una percepción positiva o negativa del fracaso? ¿Cómo afrontas los problemas cuando se producen? ¿Evitas los obstáculos en lugar de afrontarlos de frente?

Independientemente de los fracasos que hayas tenido en el pasado, quiero que captes esos momentos de tu vida como curvas de aprendizaje muy necesarias que tienen un propósito superior. No lo parecía entonces, y si estás luchando hoy, puede que no lo parezca ahora, pero tus logros en esta vida se medirán por la acción que realices y la diferencia que marques.

Me pasé la vida con miedo a fracasar y a cometer errores, a parecer estúpida, a disimular cuando metía la pata y a mentir para tapar el desastre. Aprendí muchas lecciones sobre cómo manejar el miedo y la importancia de dejar que la gente te vea tal y como eres realmente. Sabía que superar la culpa y la vergüenza abriría nuevos caminos que nunca antes había experimentado. En este libro, profundizaré en ello.

¿Por qué te cuento esto? Porque creo que estás aquí por una gran razón. Es esta razón la que nos ha reunido en este libro.

Vivir con éxito *es* el viaje

Es un viaje increíble el que estás realizando. Vivir una vida impulsada por un propósito es una hazaña magnífica. Muchas personas, cuando se ponen en marcha para conseguir un objetivo, se sumergen tanto en alcanzar el destino que olvidan que la lucha para llegar a él es el objetivo. Es el trabajo duro que realizas, el sacrificio que haces para trabajar en tu sueño, y las habilidades y tácticas aprendidas para prepararte para el éxito.

Pero llegar allí es sólo el principio. Tu vida se convertirá en una cadena de éxitos a medida que aprendas a conquistar nuevos obstáculos, a asumir retos difíciles sin miedo a fracasar y a comprometerte a empujar con fuerza cuando algo o alguien te empuje con fuerza.

Fracasar a lo grande tiene que ver con todos los pasos que das de aquí a allá, a menudo sin saber si cada paso es el correcto, y finalmente sin importarte si lo es. Dar ese paso -pasar a la acción- es lo que hacen los ganadores.

¿Cuántas personas conoces que hayan renunciado a sus sueños porque dejaron de avanzar? ¿Por qué se rindieron? Dejaron de dar esos pasos críticos. El miedo se interpone y tiene una voz poderosa. Dice: "Si no puedes hacerlo bien, no lo hagas" o "El momento de tener éxito fue hace diez años, y ahora es demasiado tarde".

Nunca es demasiado tarde, a menos que creas que lo es. Mientras te quede aire en los pulmones y una pizca de ambición, puedes hacer crecer esa única semilla hasta convertirla en algo imparable. Puedes fracasar a lo grande cuando la mayoría fracasa por defecto.

Mi cita favorita sobre el fracaso es de la autora de mega-bestsellers, J.K. Rowling: *"Es imposible vivir sin fracasar en algo, a no ser que vivas con tanta cautela que sea como si no hubieras vivido en todo, en cuyo caso, fracasas por defecto".* — **JK Rowling**

Es mejor fracasar haciendo lo que te gusta hacer. Sólo puedes avanzar cuando fracasas hacia adelante. La inacción te lleva a fracasar por defecto cuando sueñas con la vida que podrías haber tenido por no haber actuado intencionadamente cuando tuviste la oportunidad.

Fracasa en Grande: Tu mayor recompensa

A lo largo de este libro, veremos las estrategias y consejos para aprender a fracasar a lo grande. Pero cuando conquistas tu miedo interno al fracaso, es una sensación absolutamente gratificante. Todas esas emociones negativas y sentimientos de indignidad disminuyen. Puedes reconocer cuando estás escapando y empiezas a sentirte bien contigo mismo.

Tendrás que trabajar para ello, y la recuperación llevará tiempo. Pero empieza hoy mismo. Cuanto antes empieces, antes empezarás a sentirte bien contigo mismo. Fracasar no es la bestia temible que hemos hecho ver. Como verás a lo largo de este libro, el fracaso es tu compañero de viaje.

¿Listo para fracasar?

Estamos tan acostumbrados a escuchar historias de éxito que la gente rara vez habla del fracaso como la mayor parte de la curva de aprendizaje. Un amigo mío, que era el mejor vendedor de su organización, tenía un dicho que hacía repetir a todos los vendedores antes de salir a vender por el día:

"Sin fallas, no hay ventas."

Aprenderás a apreciar el acto de practicar fallando mientras das saltos hacia el éxito.

¿Estás preparado para fracasar a lo grande y conseguir lo imposible?

Hagamos esto.

Desengancha tu Mentalidad de Fracaso

"Los ganadores no tienen miedo a perder. Pero los perdedores sí. El fracaso forma parte del proceso del éxito. La gente que evita el fracaso también evita el éxito".

— **Robert T. Kiyosaki**, Autor de

Padre Rico, Padre Pobre

Fracasar en la vida es un resultado inevitable. Intenta pensar en un momento de tu vida en el que hayas tenido éxito en todo. Has fracasado en exámenes, deportes, relaciones y trabajo. En cierto modo, te has fallado a ti mismo al no estar a la altura de tu máximo potencial. En todos los aspectos de tu vida, cometer errores críticos -y lo que calificas de "fracaso"- debería verse en realidad como un progreso

Algunas personas ven el fracaso como algo que hay que temer y evitar. Se abstienen de ir más allá de sus límites porque fracasar es una experiencia desmoralizadora, emocionalmente dolorosa y que reduce la autoestima.

Hay otros que ven el fracaso como un paso necesario para llegar a donde tienen que ir. Al otro lado del fracaso está todo lo que siempre has querido y más. Pero cuando temes el fracaso hasta el punto de paralizar tu mente, tu vida queda atrapada en una burbuja, incapaz de liberarse.

Libérate de tu mentalidad de fracaso

Fracasar puede inducir estrés y hacer que nos cuestionemos nuestra valía y competencia. Experimentamos profundos temores impulsados por la ansiedad. El fracaso -y el miedo que genera- es persuasivo y manipulador. Nos convencemos de que no tenemos ninguna posibilidad, así que dejamos todos los riesgos sobre la mesa y optamos por el camino fácil. Pero el camino fácil es el camino para perder todo lo que podrías ganar.

¿Estás preparado para rendirte, alejarte y dejar que el fracaso te robe todo lo que podrías tener si estuvieras dispuesto a asumir riesgos? Yo creo que no.

Ahora, tómate un minuto para considerar estas preguntas:

- ¿Minimizas tus logros y crees que tu éxito no está justificado?
- ¿Piensas que no has conseguido tanto como los demás, y que tienes que demostrar aún más tu valía?
- ¿Estás apegado a los fracasos de tu pasado, y crees que serán tu futuro?
- ¿Evitas cualquier forma de responsabilidad porque quieres evitar fracasar?

Atrapado por el Fracaso

Las personas que luchan con una mentalidad de fracaso han sido sometidas a:

- Críticas duras
- Problemas de rechazo
- Ideales perfeccionistas
- Expectativas poco realistas
- Momentos humillantes
- Falta de confianza en sí mismos y en los demás
- Falta de amor (de la infancia y de las relaciones personales)

Cuando se nos hace creer que no valemos nada, se crean sentimientos más profundos de defectuosidad. Luego llevamos este sentimiento de defectuosidad a todos los aspectos de nuestra vida. Desarrollamos una mentalidad autodestructiva de que nunca somos lo suficientemente buenos, hagamos lo que hagamos, y que fracasar es una expectativa con la que aprendemos a vivir.

Por ejemplo, elegimos relaciones con personas que acaban controlándonos o maltratándonos. Puede que asumas un papel en tu trabajo porque te coloca en una posición de poder sobre los demás. No intentas nada nuevo porque esperas fracasar antes de hacer nada. La sola idea de enfrentarte a tu miedo al fracaso te genera ansiedad y exclusión social.

Los fracasos más evidentes que todos hemos experimentado pueden ser observados por todo el mundo: unas malas notas en la escuela, la pérdida de un cliente en tu negocio o una relación fallida, como una mala ruptura o un matrimonio. Pero el fracaso que nadie puede ver es el único que conoces: el fracaso de uno mismo. Es el fracaso más doloroso de todos porque es interno.

Cuando fracasamos, se validan todos los sentimientos que tenemos de que no somos buenos. Pero la verdad es que nadie nace fracasado. Se produce por años de condicionamiento negativo. Estamos entrenados para temer el fracaso y, por tanto, condicionados para temer el cambio. Al resistirte a fracasar en la vida, estás eligiendo escapar. Nuestras estrategias de evasión son las que nos mantienen atrapados en un bucle perpetuo de auto derrota.

Antes de seguir adelante, quiero que hagas una lista de fracasos. Escribe todas las cosas en las que crees que has fracasado, como relaciones, trabajos o cualquier otra cosa que se te ocurra.

Esta es mi pequeña lista:

1. Fracasé al intentar entrar a la universidad después del colegio

2. Fracasé dos veces en la creación de mi propio negocio

3. Fracasé tres veces en mi examen de conducir

4. Fracasé en mi intento de dar lo mejor de mí en las relaciones

He fracasado en muchas cosas, pero también he tenido éxito en muchas. A través de los errores, aprendí sobre todo lo que no funciona. Así es como podemos cerrar la brecha de nuestros errores y acercarnos al éxito.

Ahora, haz una lista de diez cosas en las que hayas tenido éxito y con las que te sientas feliz. Puedes hacer un seguimiento de cómo tus fracasos en la vida se convirtieron después en éxitos. Por ejemplo, yo fracasé varias veces en los negocios, pero al final también tuve éxito porque me mantuve en ello. Fracasé en la escuela, como mucha gente, pero eso sólo me hizo estar más decidida a triunfar. Con el tiempo, fui a la universidad y me gradué.

El fracaso no tiene por qué ser una condición permanente, como veremos. Puede que no tengas éxito hoy en lo que te esfuerzas, pero con el tiempo, si te mantienes y sigues trabajando en ello con una pasión impulsada, algún día mirarás atrás con gratitud por la lección que la lucha te enseñó.

Si estás preparado, echemos un vistazo al miedo al fracaso, lo que hace, de dónde viene y las estrategias que podemos implementar y poner en marcha para recuperarnos.

La anatomía de una mentalidad de fracaso

Mi padre era un hombre con mucho éxito. Destacó en los negocios y fue un líder en su sector durante muchos años. Las empresas para las que trabajó a lo largo de sus 35 años de carrera le pagaban bien, y le llevaban por todo el país para asistir a conferencias y pronunciar discursos. Pero tenía un defecto fatal que nadie conocía: creía que en el fondo no valía nada, que era un fracasado, y constantemente se quedaba corto cuando se comparaba con su competencia.

Desde fuera, parecía tener mucho éxito, con un trabajo seguro, credenciales, una gran casa y un yate. Pero no era suficiente. Luchó por aceptarse a sí mismo tal y como era, esforzándose en cambio por convertirse en alguien respetado y admirado. La batalla que libró no fue con sus competidores en los negocios. Fue con él mismo.

Una noche, me contó esta historia. " Ahí estaba yo, en esta sala de juntas, con otros empresarios. Algunos de ellos eran multimillonarios y hombres con imperios. Me miraban y me pedían mi opinión sobre cómo debían cerrar un trato o vencer a su competencia. Cada vez que esto ocurría, lo único que pensaba era: '¿Qué me están pidiendo? Sólo tengo un grado 11 de educación".

Mi padre nunca terminó el colegio y lo arrastró durante toda su vida. Sus padres pensaban que debía dejarlo y conseguir un "trabajo de verdad". Debido a la falta de apoyo en casa, con unos padres que no se preocupaban mucho por su futuro, dejó de ir a la escuela. Pero era un hombre inteligente y quería tener éxito.

Trabajó duro para llegar a un nivel ejecutivo en su sector, pero la sensación de fracaso siempre se le quedó grabada. Nunca se consideró digno de estar en una sala con otras personas que tenían títulos, miles de millones de dólares y vivían en casas más grandes que la mayoría de las ciudades pequeñas. Pasó gran parte de su vida atrapado con el miedo a fracasar porque escuchaba a sus voces negativas que le transmitían mensajes falsos.

Las voces de nuestro pasado, y las acciones negativas que nos hicieron, conforman en gran medida el nivel de éxito que experimentamos. Es un enigma cómo alguien que logra más que el promedio de las personas puede seguir considerándose indigno sin importar lo que haya obtenido.

"Sólo cuando te arriesgas a fracasar descubres cosas. Cuando vas a lo seguro, no estás expresando lo máximo de tu experiencia humana".

— Lupita Nyong'o

Puedes tener éxito, pero hasta que no aceptes que eres lo suficientemente bueno y que todo lo que tienes es un regalo que requiere gratitud, siempre serás pobre. He conocido a muchas personas en la vida que lo tenían todo externamente, pero internamente estaban completamente en bancarrota y nunca pudieron disfrutar de lo que tenían.

No sólo tememos fracasar, sino que lo vivimos. Andamos con la creencia de que no somos lo suficientemente buenos. Trabajamos duro, jugamos duro y nos tomamos la vida muy en serio para no bajar la guardia. Tenemos este sentimiento continuo de vergüenza, como si nos avergonzáramos de ser nosotros mismos y prefiriéramos ser otra persona.

Al igual que el nivel social de auto derrota, no nos consideramos dignos de tener, ser o poseer nada. Entramos en las relaciones con problemas de dependencia y llevamos una pesada carga. Nos sentimos incompletos.

"Si sólo pudiera probarme a mí mismo con un éxito más, más dinero o un estatus social más alto".

Se trata de un ciclo autodestructivo perpetuo que nunca se detiene. No hasta que le pongamos fin creando una corriente de pensamiento que eleve nuestra negatividad.

No tiene nada que ver con el éxito. No se supera el fracaso teniendo éxito y acumulando logros.

Si luchas con la mentalidad del fracaso, puede que tengas algunas o todas estas características. Esto no es un test; utilízalo para identificar los rasgos principales que utilizas con más frecuencia:

Estás profundamente arraigado en una mentalidad de fracaso si:

- Persigues el éxito sin descanso, pero nunca estás satisfecho.
- Nunca puedes estar a la altura de las personas con las que te comparas.
- Minimizas tus destrezas, habilidades y capacidad de éxito.
- Te sientes como un farsante y crees que los demás te descubrirán tarde o temprano.
- Te predispones al fracaso porque, si tienes éxito, te darán más responsabilidades en las que estás seguro de que fracasarás.
- Crees lo peor de ti mismo, y que cada nuevo reto que se te presenta es otra oportunidad para meter la pata.
- Obsesión por lo que los demás piensan de ti, lo que te lleva a exagerar e inventar cosas.
- Haces lo menos posible para no destacar.
- Tienes miedo de comprometerte.
- Tienes una expectativa de fracaso, por lo que saboteas tus posibilidades de éxito incluso antes de intentarlo.

La apariencia externa frente a las convicciones internas

Si estás atrapado en una mentalidad de fracaso, tienes mucho dolor interno que nadie puede ver o sentir más que tú. Sabes que está ahí porque lo sientes cada día, como un secreto que mantienes cerca de la superficie, pero lo suficientemente profundo como para que permanezca oculto.

Nadie conoce tu miedo como tú. Así que, para mantener este secreto enterrado, evitas correr riesgos. Tu mentalidad de fracaso es lo que te frena, y te paraliza avanzar o llamar la atención. Te aterroriza que te pidan que asumas mayores responsabilidades, y te arriesgas a sentir vergüenza. Prefieres operar desde detrás de los frágiles muros de tu ego y tu mentalidad basada en el miedo.

Los críticos y la gente que se equivoca

Cuando se trata del fracaso, somos nuestros peores críticos. El mundo que nos rodea no tiene que hacer nada para contribuir a nuestros sentimientos de inferioridad. Ya podemos hacer bastante nosotros mismos. En la superficie, podemos parecer seguros de nosotros mismos, tener el control y tomar grandes decisiones.

Pero la verdadera batalla es la lucha interna a la que nos enfrentamos día a día. Es enfrentarse a esa sensación interna de fracaso. Puede parecer que lo tienes todo controlado, pero en tu interior te aterra quedar expuesto como el fraude que crees que eres.

Al luchar contra tus sentimientos internos de perfección, vergüenza y fracaso, tu capacidad de creer en ti mismo disminuye. Crees que, hagas lo que hagas, nunca será lo suficientemente bueno.

Tal vez hayas tenido una experiencia similar de niño, que provocó esta creencia. La sensación de no estar a la altura, la idea de que podrías decepcionar a alguien -normalmente a tus padres- o tu tendencia a destruir tus posibilidades de éxito mediante el autosabotaje.

¿Por qué nos saboteamos a nosotros mismos? Hay varias razones. En primer lugar, si te pones a fracasar, nadie esperará nada de ti. Te quedarás solo, que es lo que anhelan la mayoría de las personas que luchan con sus emociones negativas. Queremos que el mundo actúe como si no existiéramos. De este modo, nadie nos observa. Puedes vivir tu vida en paz con tus vicios negativos y nadie te criticará.

Al auto sabotearnos, la presión desaparece y ahora podemos validar todas nuestras excusas para no intentar nada. "Ves, te dije que era demasiado difícil", o qué tal: "Es la última vez que lo intento". Pero el sabotaje es un método de huida. Es un mecanismo de supervivencia que hemos desarrollado para evitar el dolor de enfrentarnos al fracaso.

La estrategia de autosabotaje es como un enemigo silencioso. No sabemos que está ahí hasta que lo buscamos. Si tienes un patrón o un historial de fracasos en algo, lo más probable es que ya lo sepas inconscientemente. Ahora es tu oportunidad de sacarlo a la superficie y exponerlo como lo que es. Sólo podrás detener el comportamiento destructivo cuando veas el poder que tiene y cómo está manipulando tus acciones.

Cuando éramos niños, a menudo éramos:

- Criticados
- Se nos presionaba para que tuviéramos éxito y se nos reprendía cuando no lo teníamos
- Se espera que cumplamos ciertos criterios antes de que nos den amor
- Se nos escudriña por intentar ser diferentes o únicos.

Métodos de Escape

Ahora sabemos que utilizamos tácticas de evasión para sabotearnos a nosotros mismos y no tener que responsabilizarnos de nuestros éxitos o fracasos.

Pero el camino parece imposible de recorrer cuando hay obstáculos en cada esquina. Y si eres como yo, llevas la mayor parte de tu vida sorteando obstáculos difíciles. Es agotador. A lo largo de nuestra vida, la huida se ha convertido en una acción por defecto cuando queremos evitar el fracaso. Se abandonan las relaciones, el trabajo o los asuntos personales. Los problemas no se abordan, sino que se apartan.

Hay varias tácticas que utilizamos para practicar la evasión de lo que no queremos tratar. Puedes procrastinar y posponer las cosas indefinidamente o distraerte con otras tareas para evitar las cosas que exigen tu atención. Escapar es un medio de sabotaje. Puedes huir, pero nunca te recuperarás. Sólo podemos mejorar si adoptamos una postura y elegimos no dejarnos vencer.

Hace años, cuando me di cuenta de mis métodos de huida, pude ver los patrones que practicaba casi a diario. Evitaba hablar de temas difíciles, como los problemas de pareja. Mi actitud era: "Se solucionará solo". Pero luego, o bien se encargaba otra persona, o no se solucionaba en absoluto.

La evasión de los problemas es una huida de la realidad. Es una táctica de supervivencia. Como nunca aprendimos a enfrentarnos a nuestra realidad cuando éramos niños, hemos desarrollado nuestros propios métodos de afrontamiento. Puede que no sea saludable, pero crea una sensación de seguridad interior. Aprendimos a sobrevivir porque no teníamos otra opción.

Cuando el mundo te hace sentir que no eres bueno, buscas escapar de él.

Procrastinar y minimizar

Al igual que la evitación de problemas, la procrastinación es un poderoso hábito autodestructivo que puede desarrollarse desde la infancia. Nos impide actuar inmediatamente y arruina nuestras posibilidades de avanzar.

Para evitar el fracaso, la procrastinación es la opción número uno para muchos. Es una forma de autosabotaje a muchos niveles. Es un círculo vicioso de auto derrota. Por supuesto, muchas personas procrastinan en distintos grados, pero algunos lo hemos convertido en un hábito de supervivencia.

Cuando es el primer factor por defecto al que acudimos para escapar, lo deja todo en suspenso. No puedes recuperarte cuando estás ocupado enterrando el dolor. Lo contrario de la procrastinación es emprender una acción masiva. Estos son los pasos de acción que te hacen salir de tu dolor.

Rechazar los elogios es otro método de evitación, pero con esta táctica estás minimizando tu logro porque crees que no tiene valor. Crees que cualquiera podría haberlo hecho, así que no era para tanto. Simplemente te esforzarás más la próxima vez para hacer un mejor trabajo.

Al minimizar tu propio éxito, nunca sales de la rutina del fracaso por autocompasión. Sigues yendo a por la siguiente gran victoria, pero no dura mucho.

El relanzamiento de la mentalidad del fracaso

Ahora que hemos analizado esta mentalidad en detalle, vamos a entrar en las estrategias que podemos utilizar para relanzar tu plan de acción. Voy a exponer cuatro estrategias que puedes poner en marcha para recuperar y reparar tu mentalidad de fracaso.

Te sugiero que te centres en una sola estrategia cada vez. No te abrumes y pienses que tienes que curarte en una semana. Este largo proceso de relanzamiento de tu vida no puede ser apresurado. No buscamos la perfección, sino que nos centramos en el progreso.

1. Responde a la mentalidad negativa

Hay personas en nuestro pasado que nos hicieron daño. Nos trataron injustamente, criticaron nuestros errores y nos hicieron sentir como si fuéramos grandes decepciones. Cuando volvemos a este punto de nuestro pasado, nos trae recuerdos dolorosos. Pero tenemos que examinarlo porque intentamos evitar la realidad de lo que ocurrió. Las cosas que ignoramos nos corroen con el tiempo. Esto conduce a la depresión, la ira y un profundo dolor que nunca tiene tiempo de sanar. Podemos sanar esto ahora.

Enfréntate a las personas con las que estás enfadado. Imagina cómo sería visitar a esa persona y decirle lo que sientes. ¿Qué vas a decir? Este ejercicio te liberará de tu vergüenza. Mantente firme y no pienses ni por un momento que merecías que te castigaran o te trataran como lo hicieron. Si esa persona estuviera delante de ti ahora mismo, ¿cómo reaccionarías? ¿Qué dirías? ¿Qué retendrías?

El hecho es que no siempre podemos enfrentarnos a las personas con las que seguimos enfadados o resentidos. En muchos casos, no podemos hacerlo de todos modos, o en los casos en los que hubo abusos o hay profundas cicatrices emocionales, puede ser mejor mantener las distancias. Pero un ejercicio que funciona es imaginar que esa persona está contigo y que tienes cinco minutos para decirle cómo te sientes. Visualiza la conversación y cómo eres capaz de expresar tus sentimientos.

Descubrirás que puedes reforzar tu capacidad de perdonar. Pero esto no es necesariamente para que la otra persona se sienta mejor. Es para ti. Al ser capaz de soltar el dolor de lo ocurrido, te estás liberando para crecer en serio. Mientras sigamos resentidos, enfadados y amargados, será casi imposible seguir adelante. Te debes a ti mismo subir de nivel y dar un paso adelante.

2. Decide hacer algo que has estado posponiendo

¿Qué es lo que has estado evitando? Ahora es tu oportunidad de hacer que funcione. Tu decisión dará forma a todos tus días a partir de ahora. ¿Qué estás decidiendo hacer? ¿Es un sueño que una vez abandonaste? ¿O quieres acercarte a alguien con quien hace tiempo que no hablas?

Reconocer de qué huyes es el primer paso para pasar a la acción. Tus decisiones son poderosas. La vida que llevas ahora mismo ha sido el resultado directo de las decisiones que has tomado. La dirección de la vida de una persona se decide por las decisiones tomadas en cada momento.

La indecisión crea preocupación y miedo. Pero las decisiones tomadas con intención crearán las circunstancias de tu vida, hoy y dentro de treinta años.

3. Fracasar hacia adelante. Fracasa a menudo

Cuando fracasamos en algo, el primer instinto es retroceder, reevaluar y quizás volver a intentarlo. Pero mucha gente no lo vuelve a intentar. Vuelven a evaluar y luego intentan algo menos arriesgado, tomando otro camino predecible que garantice el éxito. Así no fracasarás, pero tampoco tendrás éxito.

La única forma de avanzar es aceptar las lecciones que has aprendido y seguir adelante. De hecho, las personas que más fracasan, son las que más obtienen. Salen adelante y consiguen lo que siempre han querido. Los demás luchan por las mismas migajas porque tienen una cosa en común: tienen miedo de emprender acciones masivas y fracasar hacia adelante. Tu derrota es un peldaño. Sólo puedes dar un paso adelante cuando hayas dado tres pasos atrás.

4. Haz una lista de control de cómo vas a tener éxito

Esta es una tarea poderosa. Conocemos todas las formas en que hemos fracasado. El fracaso se ha convertido en nuestro oficio principal. ¿Pero qué pasaría si elaboráramos una lista de control de todas las formas en que podemos tener éxito? Por ejemplo, ésta es mi breve lista de control sobre lo que estoy poniendo en práctica para tener más éxito:

- Levantarme temprano y hacer ejercicio.
- Leer treinta minutos al día.
- Dar paseos con más frecuencia.
- Esbozar la novela que siempre he querido escribir.
- Inscribirme en un curso.
- Escribir una carta a alguien que me hizo daño en una ocasión, detallando cómo le perdono. El envío de esta carta es opcional.
- Sumar lo que agradezco al final de cada día. El objetivo es llegar a 20 por día.
- Centrarme en un objetivo que siempre he querido alcanzar. Enumerar mis logros en los últimos diez años, por pequeños que sean.

La Mentalidad del Crecimiento Sin Miedo

"Desarrolla éxito a partir de fracasos. El desánimo y el fracaso son dos de los pasos más seguros hacia el éxito."

— **Dale Carnegie,** *autor del bestselling Cómo Ganar Amigos & Influir en la Gente*

El éxito de la travesía de *Fracasa en Grande* comienza con tu mentalidad. La mentalidad está en el centro de tu universo mientras te mueves por esta vida. Si tu mente está mal enfocada, influye en tus pensamientos, decisiones, emociones y acciones.

Para todo gurú de alto rendimiento, empresario de clase mundial, líder de negocios, padre/madre soltero, escritor, creativo musical y personas de todas las profesiones y condiciones sociales, la mentalidad juega un papel fundamental en su éxito o fracaso. Más allá del talento, las habilidades, el dinero o los contactos sociales, su propia mente —y la relación que ha conectado con el fracaso—es responsable del resultado final.

El fracaso—y tu percepción de fracasar— tiene una relación directa con tu mentalidad. Esta es tu actitud, creencias y pensamientos hacia la gente, los eventos y la vida en general que interpretan lo que algo significa para ti.

Las personas que han dominado la mente, y tienen una alta capacidad para aprender cualquier cosa sin importar su situación, edad, raza o tipo de personalidad, aprovechan la mentalidad de aprender y ganar. Tienen una mente abierta—una mentalidad de crecimiento—que es necesaria para este nivel de aprendizaje. Cuanto más avanzada sea su mentalidad de crecimiento, más rápido será su ciclo de aprendizaje. Cuando su mentalidad se centra en el crecimiento, los obstáculos mentales se destruyen. Se forja la actitud que hace o rompe su actitud hacia el fracaso

Hay siete componentes clave necesarios para dominar tu mentalidad de crecimiento, y te enseñaré cuáles son más tarde.

La Mentalidad hace la Diferencia

En Resumen: La mentalidad produce impacto. Si estás albergando la mentalidad de una persona que vive en la escasez, abraza el miedo, está llena de duda y desconfianza, o simplemente no cree que la vida es la gran ópera que podría ser, estás estableciendo tu mentalidad para alinearte con estos pensamientos. Al hacerlo, decides el curso de tu destino.

La forma en que percibes el fracaso, tu interpretación de lo que significa, y las decisiones que tomas que te empujan a hacerlo a pesar del miedo siempre volverán a tu forma de pensar en torno al fracaso.

Es por eso que necesitas aprender sobre la influencia que la mentalidad de alto octanaje tiene sobre todo. Si abordas la vida con el "estado mental equivocado", vas a hacer la vida más difícil de lo que tiene que ser. La mayoría de los problemas que tú y yo tenemos se crean dentro de nuestra propia mentalidad: Preocupación, ansiedad, miedo, escasez y actitud

Trabajar a lo largo de tu vida con el fracaso—y fracasando hacia adelante—puede ser una experiencia agradable. No crees esto todavía, pero hacia el final de este libro, el miedo a fracasar —y tu percepción del fracaso— tendrá un repunte positivo.

Sé que esto suena contrario a todo lo que te han enseñado sobre el fracaso. Estamos condicionados, desde muy jóvenes, a creer que fracasar es malo y que el éxito es bueno. Perder es malo y ganar es bueno. No existe el #2, sólo el #1.

Piensa en tu travesía hasta este momento, y en el contexto, algunos de los fracasos que has soportado a lo largo de los años que te han traído hasta aquí. Evoca viejos recuerdos de grandes errores cometidos y cómo los superaste. Si estás leyendo esto, significa que lo has hecho. ¡Estás aquí! Podrías estar pensando, *El fracaso no es para mí*, o *Siempre le he tenido miedo*. Miedo o no, todavía estás haciendo lo necesario para sobrevivir— y prosperar —en la vida.

Son las personas que se han rendido, han dejado de aprender, se han vuelto negativas y amargadas, están llenas de arrepentimiento y resentimiento, y ahora viven sin esperanza, las que sufren el peor fracaso imaginable—el fracaso de la vida. ¿Qué sentido tiene tener este don de la vida si no se está dispuesto a empujarse a sí mismo para crecer?

Tu vida, tan pronto como desarrolles la voluntad de fracasar a lo grande y aplastar tus obstáculos, sin importar lo grandes que parezcan, te pone en el asiento del conductor ganador. No tienes que convertirte en el número uno para ganar el juego, sólo apareces para jugar, juegas duro, y no te rindes hasta que el juego termine.

TÚ decides las reglas de cómo es que quieres Fracasar en Grande, y luego rompes las reglas.

Tómate un momento para pensar dónde estarás dentro de seis meses si el fracaso se convierte en tu mejor amigo en lugar de tu peor enemigo. ¿Qué harías a partir de hoy? ¿Cómo te sentirías si finalmente comprendieras todos los obstáculos que te bloquean y pudieras eliminarlos desarrollando una relación positiva con el fracaso?

La mentalidad comienza con **actitud**. Tu actitud establece la escala para tu éxito en todo. Cuando alineas tu mentalidad con la actitud, creas una fuerza mental inquebrantable. Puedes poner fin a albergar sentimientos negativos construidos en torno a viejas creencias, heridas pasadas y fracasos pasados. Un cambio de actitud es tomar la decisión de cambiar la vieja forma de hacer y comportarse.

Tu mentalidad está hecha de dos dimensiones: **fija y de crecimiento**. Para tener una mentalidad abierta a los desafíos de fracasar rápido y hacia adelante, debes trabajar desde tu mentalidad de crecimiento. Esto va para cada área de tu vida.

Relaciones Personales. ¿Quién no ha fracasado en una relación o en un matrimonio? Una mente fija en una relación es un obstáculo para hacer crecer la relación. Las relaciones son, por naturaleza, constantemente cambiantes. Si estás luchando por mantenerla igual, año tras año, eventualmente se rompe y pierdes la lucha.

Esta es una de las razones fundamentales por las que muchas relaciones fallan. Una o ambas partes no están dispuestas a contribuir al crecimiento de la relación. El miedo lleva a la relación hacia el fracaso.

Negocios y Carrera. Si tienes una mentalidad fija en tu trabajo, te sientes cómodo haciendo las mismas tareas de la misma manera por el tiempo que sea necesario. Si se introduce una nueva forma, te resistes a cambiar el viejo sistema.

Puede que incluso dejes tu trabajo y encuentres otro que te permita hacer lo mismo una y otra vez. Pero no progresas, tu vida está estancada, y tu oportunidad de asumir retos se convierte en obstáculos profundamente arraigados que no puedes conquistar.

El Gran Sueño. ¿Tienes un sueño para tu vida? ¿Una gran meta que debes alcanzar? Si lo tienes, eres una de las élites y necesitas la mentalidad correcta para lograr tus sueños.

La construcción de un sueño requiere años de acción consistente, persistencia y fallas repetitivas antes de que comience a funcionar. Conoces las historias de famosos empresarios, gurús de negocios, músicos, actores, autores, o exitosos constructores de casas que crearon negocios en línea...

desde sus cocinas, garajes o dormitorios universitarios, construyeron imperios que perdurarán por generaciones.

Todos tenían una cosa en común: La voluntad de intentar, de fracasar y de aprender. Están dispuestos a hacer lo que sea necesario para tener éxito. Cuando corres hacia tus sueños, lo haces con la voluntad de aceptar el fracaso para llegar allí. La gente que evita construir sus sueños se conforma con una vida de mediocridad. Estás jugando dentro de tus propios límites y el miedo controla tu destino.

Liderazgo, educadores y mentores: Miramos a nuestros líderes y mentores para que nos muestren qué es lo que debemos aprender y a lo que debemos prestar atención. Si eres un entrenador o mentor— con una mentalidad de crecimiento— entrenarás a otros no sólo para que sean seguidores sino para que lleven a otros al éxito.

La idea es que no quieres que la gente sea como tú, o que se quede por debajo de ti, sino que usen sus propias ideas y sabiduría para crear su propia cosa. Un entrenador, líder, mentor o maestro está en el negocio de ayudar a otros a crecer.

La voluntad de intentar, de fracasar y de aprender. Estas tres cosas son primordiales para tu disposición a fallar a lo grande. Pero para fracasar a lo grande, eres el jugador de póquer que aparece en la mesa con nada más que la voluntad de apostar tu dinero por la apuesta más grande. Puede que tengas miedo, pero estás dispuesto a arriesgarte. Tu suerte se convierte en oportunidad, y esto podría convertirse en la puerta abierta que has estado buscando.

He estado hablando de la mentalidad, y la mentalidad de crecimiento es la mentalidad que necesitamos para tener éxito. ¿Pero cómo nos aseguramos de que estamos en el camino correcto? ¿Cómo sabes que tu mentalidad está lista, dispuesta y capaz?

Carol Dweck, la autora del libro bestselling de un millón de copias, *Mindset*, escribe:

"El cambio de mentalidad no se trata de recoger algunos consejos aquí y allá. Se trata de ver las cosas de una forma distinta. Cuando las personas – parejas, coaches y atletas, gerentes y trabajadores, padres e hijos, maestras y estudiantes – cambian hacia una mentalidad de crecimiento, cambian de un marco de juzgar y ser juzgado a un marco de aprender y ayudar a aprender. Su compromiso es con el crecimiento, y el crecimiento requiere mucho tiempo, esfuerzo y apoyo mutuo para lograr y mantenerlo."

Para desglosarlo, echemos un vistazo a los rasgos de una mente fija y una mente en crecimiento.

Mentalidad Fija

Si tu mentalidad ha sido "fijada", aquí están las creencias comunes y los patrones de pensamiento de la mente fija.

Desafíos/Obstáculos: Los desafíos me asustan porque fallo en todo.

Habilidad y destreza: Esto es para lo que me entrené. Es todo lo que puedo hacer. No sé nada más, y es demasiado tarde para aprender.

Cualidades Personales: Esto es quien soy. Mis cualidades ya no se pueden cambiar, es demasiado tarde cuando te conviertes adulto.

Dinero/finanzas: Nunca he tenido dinero y nunca lo tendré. Mis padres siempre estuvieron en la quiebra y por eso siempre estaré igual.

Trabajo/carrera: Para esto fui entrenado y es todo lo que puedo hacer.

Cambio/Transformación: He tratado de cambiar antes, pero sólo terminé donde estaba. Un nada, un don nadie. No me gusta el cambio.

Fracaso: Lo intenté unas cuantas veces y no pude hacerlo funcionar. Supongo que era un desafío demasiado grande.

Esfuerzo: Esta es la forma en la que siempre he hecho las cosas. ¿Por qué arreglar algo que no está roto?

Críticas: Si me critican, es porque no soy bueno en algo, y otros se alegran de señalármelo.

Mentalidad de Crecimiento

Si tienes una mentalidad de crecimiento, estás listo para aprender, para comenzar desafíos, y fracasar rápido y hacia delante sin que se meta tu ego en el camino.

Aquí están las creencias comunes y los patrones de pensamiento de la mentalidad de crecimiento:

Desafíos/Obstáculos: Crezco a partir de los desafíos y me ayuda a crecer. Por cada obstáculo que supero, es una forma de que mi carácter se nivele.

Habilidad y destreza: Puedo aprender cualquier tipo de habilidad y tener éxito en ello. No hay límites para esta posibilidad.

Cualidades Personales: Puedo cultivar y cambiar los rasgos o cualidades a lo largo del tiempo. Puede que no suceda de inmediato, pero con esfuerzo y diligencia, puedo hacer un cambio.

Dinero/finanzas: El dinero es abundancia. Lo que gane o ahorre depende de cuánto quiera.

Trabajo/carrera: Puedo hacer cualquier tipo de trabajo con el entrenamiento adecuado.

Cambio/Transformación: Nadie se queda igual. El cambio y el crecimiento son parte del ciclo de la vida.

Fracaso: Cada vez que fracaso, he encontrado una forma que no funciona. Puedo intentar otra cosa.

Esfuerzo: Mi cantidad de esfuerzo es igual a la tasa de éxito que obtengo.

Críticas: La retroalimentación es constructiva, y puedo usarla para progresar y mejorar para la próxima vez.

Una mentalidad fija batallará con los conceptos de Fracasa en Grande que están en este libro. Ahora, podrías estar leyendo los rasgos de la mentalidad fija y de crecimiento y descubrir que estás 50/50. O tal vez te has dado cuenta de que tu mentalidad es muy fija y tienes trabajo que hacer para desarrollar una mentalidad de crecimiento más fuerte. Eso está bien. No todo el mundo tiene una mentalidad perfecta. Es por eso que estás aquí. Para crecer, aprender y prosperar con la vida que se les ha dado.

Tu mentalidad es la clave para construir otra forma de vida. Para tener acceso, sólo necesitas creer en el crecimiento que está ocurriendo mientras fallas en tu vida... y amar cada minuto de ella.

He dedicado gran parte de mi vida al crecimiento, sólo porque en una etapa de mi vida, estaba aterrorizado de fracasar. Fracasé en la escuela, en casa y en las relaciones. Pero fui capaz de superar todo esto con un solo pensamiento que, hasta el día de hoy, es la fórmula para mi propia mentalidad. Es mi propio mantra personal lo que lo mantiene real.

Mi mantra diario es una fuerza positiva que despierta mi mente a la posibilidad ilimitada. Te animo a que desarrolles tu propio mantra mental, pero siéntete libre de usarlo hasta que crees el tuyo. Recita esto cada mañana y se convertirá en tu faro de energía positiva.

"Creo, confío y tengo una gran confianza en mis habilidades para tener éxito a través de aprender y hablar con las personas adecuadas. Sé sin duda que puedo lograr los sueños más extravagantes que he creado. Si un obstáculo me frena, encontraré la forma de superarlo. Si me caigo, me levantaré y seguiré adelante. Si fallo, lo intentaré de nuevo. No me doy por vencido. Me doy permiso para tener éxito."

A lo largo de este libro, se te presentará un sistema de técnicas y estrategias pragmáticas centradas en el desarrollo de tu mentalidad para que puedas reenmarcar el fracaso como una fuerza positiva en tu vida. Aprenderás a cambiar tu perspectiva sobre lo que es el fracaso y cómo servirá como tu estrategia para el éxito y no como el obstáculo que te impide llegar a él..

Ahora, aquí hay cinco estrategias para ayudar a desarrollar tu mentalidad de crecimiento. Incluso si estás seguro de que tu mentalidad es sólida, te beneficiará comprobarlas. Quiero que estés preparado y entusiasmado para emprender este viaje. Creo en ti y en tu capacidad para hacer grandes cosas con tu vida.

Todo comienza aquí...

"El fracaso debe ser nuestro maestro, no nuestro entierro. El fracaso es un retraso, no una derrota. Es un desvío temporal, no un callejón sin salida. El fracaso es algo que podemos evitar sólo si no decimos nada, no hacemos nada, y siendo nada."

— **Denis Waitley**

Desarrollando Tu Mentalidad de Crecimiento Sin Miedo

"Sólo hay una cosa que hace que un sueño sea imposible de alcanzar: el miedo al fracaso."

— Paulo Coelho

Aquí hay cinco estrategias que utilizo continuamente para desarrollar mi mentalidad para poder aprender de mis fracasos y crecer como resultado de eso.

(1). Rompe tus limitaciones desafiando algo nuevo.

Una trampa común es identificar tus habilidades y capacidades actuales como fijas. He aquí un ejemplo de una expresión de mentalidad fija: "No puedo hacer eso". Pero la verdad es que no puedes hacerlo ahora, pero podrás hacerlo mañana o la semana que viene. Piensa en todo lo que puedes hacer ahora que no podías hacer hace cinco o diez años o incluso la semana pasada. No se trata de quién eras, sino en quién te estás convirtiendo al aceptar un nuevo desafío. Siempre puedes aprender haciendo.

Aquí dejo algunos ejemplos:

Tocar un instrumento

"No lo puedo hacer" puede ser remplazado por "No puedo hacerlo todavía, pero si practico el piano una hora al día, podré tocar un poco."

Escribir un libro

"No puedo escribir un libro, pero si empiezo a escribir hoy, podría ser un autor publicado en seis meses."

Usar una computadora

No soy muy bueno con la tecnología. Pero si tomo ese curso de fundamentos de computación, seré 100% más eficiente en mi trabajo dentro de tres semanas.

Deportes de natación:

"No puedo nadar 10 metros sin hundirme. Pero si me uno al club de natación y aprendo a gatear correctamente, pronto estaré nadando vueltas como Ian Thorpe."

De ahora en adelante, quiero que monitorees tus diálogos y que te sorprendas a ti mismo cuando digas cosas como:

"Nunca he sido Bueno en..."

"No puedo hacer..."

Conviértelo en un contratiempo momentáneo que termine con una nota positiva. También podrías decir: "Antes era alguien que no podía (rellenar tu reto), pero ahora puedo..."

Esta estrategia y hábito son un cambio de juego para cambiar a tu mentalidad de fracasa en grande. Es la fórmula para desarrollar tu mentalidad de crecimiento. No tienes limitaciones, excepto las que tú mismo te impongas. Estando dispuesto a tratar de mejorar tu situación, no importa cuán difícil sea, conviertes un "no puedo" en un "puedo hacer". Estos desafíos aumentan la confianza pero también te condicionan a fracasar.

Detente a ti mismo cuando uses expresiones limitantes. Hay muchas cosas que no puedes hacer, y muchas más que nunca serás capaz de hacer, pero si hay una habilidad o ejercicio que siempre has querido aprender, hazlo. Empieza en pequeño y amplía la escala.

(2). Crea tu "diario de mantras" de citas y afirmaciones positivas.

Esta es una práctica que resultó en grandes ganancias para mi mentalidad de fracaso en grande. Esto es lo que haces: Invierte en una bonita libreta para diario. Compré uno en Barnes and Noble con una chaqueta de cuero. Costó unos 40 dólares, pero se convirtió en mi diario de creación positiva. Luego lo llené con citas positivas, afirmaciones y mi propio mantra personal. También escribo mis metas en este diario.

Cuando me encuentro con una cita positiva inspiradora, la escribo en el diario. Si creo un mantra que dice la verdad sobre la vida, la misión o convertirse en el mejor, lo escribo. Este diario se ha convertido en mi "biblia de la positividad" personal.

Esto es lo que debes hacer:

1. **Compra un buen diario.** Asegúrate de que es algo que atesorarás. No lo hagas con un cuaderno barato o algo que se tirará al montón y se olvidará. Gasta dinero en un bonito diario. Revisa en tu librería local o Amazon.

2. **Comprométete a escribir en su diario durante diez minutos al día.** Puedes copiar una cita o afirmación. Puedes llenar una página con tus pensamientos o una idea que hayas tenido para un nuevo negocio. Este diario se convertirá en tu herramienta fundamental de inspiración personal.

Haz una lista de tus citas favoritas. Léete estas citas por la mañana. Yo añado una cita por día a mi diario. Se ha convertido en mi fuente de inspiración positiva. Te encantará la creatividad de hacer esto también.

(3). Haz una lista de las grandes victorias de los fracasos. Si quieres conectar con tu miedo al fracaso, tienes que reconocer que existe. La mayoría de las personas que fracasan ciegamente, y se tropiezan en la vida sin comprender las lecciones que el fracaso tiene que enseñar, evitan el fracaso fingiendo que no existe. Lo que evitas tiene una forma de sorprenderte.

Un ejercicio que recomiendo es hacer una lista de sus fracasos recientes y pasados. Escríbelos. Lee la lista. Puedes usar el ejercicio de diario que sugerí.

Haz tu lista de fracasos y expon el resultado de ese fracaso. ¿Qué resultó de ahí? ¿Qué aprendiste? ¿Qué habrías hecho de forma diferente?

A continuación se muestra un ejemplo de cómo crear un cambio utilizando esta sencilla fórmula:

Mi fracaso es: Llegué tarde a una entrevista de trabajo porque me quedé dormido.

Resultado: No conseguí el trabajo que quería. Ni siquiera me vieron.

Lección aprendida: Acostarme más temprano y tener dos alarmas de respaldo.

Identificar tus fracasos te permite ver tus progresos. En lugar de que tu monólogo interno te diga "fracasas todo el tiempo", toma una posición y desafía esa voz. Sí, puede que hayas fallado en muchas cosas. Es estupendo. Pero también estás aprendiendo de esta experiencia y convirtiéndola en algo bueno. Esa es tu gran victoria, tu momento de "fracasar en grande".

El fracaso nunca es el resultado final. Tendemos a verlo como el final de todo, y la gente se aleja de él pensando, *Bueno, eso no funcionó, supongo que no estaba destinado a ser.* Date la oportunidad de darle la vuelta.

Aquí tienes un desafío para ti. Haz una lista de tus cinco mayores fracasos de hoy. Dedica treinta minutos para hacer esta práctica. Luego añádele a lo largo de la semana. Intenta hacer una lista de treinta, y luego aumenta esto a cuarenta. Yo tengo una lista de cuarenta y siete fracasos hasta la fecha. ¿Cuántos se te ocurren a ti?

(4). Aduéñate de tu fracaso. Cuando cometes un error, le cuestas dinero a tu empleador, decepcionas a tu familia o le fallas a tu equipo, sólo hay una manera de manejarlo realmente: Asume tu error. Hazlo tuyo. Ahora la pregunta es: ¿lo posees o lo ocultas? Seré honesto, solía ser alguien que corría o se escondía. No quería asumir la culpa. Esta estrategia nunca funciona. Siempre sabes que fue tu culpa, incluso si no lo admites públicamente.

Nos hemos vuelto buenos para echar la culpa o cazar a los responsables. Pero cuando uno es el dueño, asume la responsabilidad. No debes aferrarte, señalar o intentar que alguien se haga cargo de tu parte.

Puede que sólo tengas la mitad de la culpa, y no importa. Deja que la otra persona se preocupe por su mitad. Cuando estás involucrado en una situación que va mal, y tienes un papel que jugar, das un paso adelante y lo tomas.

Para fracasar en grande, tenemos que actuar en grande.

Piensa en un incidente en el que estuviste involucrado y alguien fue culpado en tu lugar. ¿Cómo te hizo sentir eso? ¿Todavía piensas en ello? Yo sé que yo sí. Ahora, dada la misma situación de hoy, ¿cómo responderías? ¿Qué acción tomarías? Si no puedes responder todavía, espera hasta que llegues más lejos en el libro y nos sumergamos en esto más.

(5). Toma más riesgos. Ahora bien, al tomar riesgos, no me refiero a apostar tus ahorros esperando ganar en el blackjack o poner tu vida— o la de alguien— en peligro. Hablo de los riesgos que evitamos porque tememos el resultado fallido que podría ocurrir.

Por ejemplo, estás trabajando en un trabajo que odias y no está alineado con el propósito de tu vida. El riesgo sería dejar tu trabajo y hacer lo que te gustaría hacer. Dejar un trabajo a tiempo completo es arriesgado si tienes cuentas que pagar, y quién no, ¿verdad?

Considera esto. Aunque tomar este riesgo podría llevar a un gran fracaso, ¿qué te costaría el no tomarlo? ¿Mantenerte en una línea de trabajo que te hace infeliz mientras tu vida se va terminando día a día? No voy a hacerlo sonar bonito. La vida es corta, y más corta para algunos que para otros.

Ahora mismo, ¿podrías identificarte con un riesgo que no tomaste y del que luego te arrepentiste? ¿Hay alguna acción que quieras tomar ahora pero que temes que no resulte a tu favor? No puedo decirte si arriesgarte lte traerá el resultado que deseas. Lo que puedo decir es que si no haces nada, nada cambia.

Nada está garantizado. Si estás esperando ese riesgo seguro que te entrega todo sin el riesgo de que pierdas nada, probablemente no va a generar mucho cambio.

El tiempo es limitado y no espera a nadie. Deja de esperar ese momento perfecto. Ya sabes lo que quieres. ¿Qué estás esperando?

Permiso concedido. Mucha gente actúa como si necesitara permiso para seguir adelante. Sólo necesitas eso de una persona: De ti. Tu permiso ha sido concedido. No hay nada más que esperar.

Estas cinco prácticas pueden llevar tu mentalidad de fracaso a otro nivel. No tienes que intentarlo todo a la vez. Si pudiera hacer una sugerencia, empezar con **el diario de mentalidad de fracasar en grande.**

Estas cinco prácticas pueden llevar tu mentalidad de fracaso a otro nivel. No tienes que intentarlo todo a la vez. Si me dejas hacer una sugerencia, comienza con el diario de mntalidad de fracasar en grande:

1. Enumera una acción que has estado postergando. ¿Cuál es? Luego escribe un paso de acción que piensas tomar en los próximos cinco minutos.

2. ¿Hay algún error que hayas cometido recientemente y que no haya reconocido? Se honesto, todos hemos pasado por eso. Ahora, cuando esta situación se repita, ¿qué harás?

3. Utilizo una cita todos los días como refuerzo positivo. Ahora mismo, escribe tus citas inspiradoras favoritas. Pueden ser de tus autores favoritos o de alguien que conozcas personalmente y que haya dicho algo que te guste.

Los Nueve Rasgos de la Mentalidad de Fracasos Exitosos

"El éxito no está construido sobre el éxito. Se construye sobre el fracaso. Se construye sobre frustración. A veces se construye sobre catástrofes."

— Sumner Redstone

Los triunfadores de alto nivel tienen el don de avanzar y aplastar sus miedos sin importar lo desafiantes que sean. Pero no poseen ninguna habilidad "mágica" o especial a la que el resto de la población no tenga acceso. Lo que se reduce a rasgos específicos del carácter que la gente exitosa ha implementado como parte de su fórmula para hacer las cosas.

Tu perspectiva hacia el fracaso lo es todo. Es un estado de ánimo. Al desarrollar los rasgos positivos que usan los ganadores de *Fracasar en Grande*, dejas de perder el tiempo buscando atajos.

Estas creencias—los rasgos de tu mentalidad — pueden convertirse en tu ruta para fracasar en el futuro.

Rasgo #1: Los Fracasos Exitosos Aceptan El Riesgo Como Parte De La Fórmula De Fracasos Rápidos

Cualquiera que haya tenido gran éxito en su vida te dirá que todos los riesgos tomados valieron la pena. Los fracasos de alto nivel, la gente que sabe lo que significa ir todo el camino, tienen tanto miedo como tú y yo.

Pero aun así lo hacen.

A pesar de perder lo que ponen en la mesa, los ganadores aparecen para jugar el juego. Tu mentalidad debe estar preparada para aceptar lo que pase, porque sabes que puedes manejarlo.

La mayoría de nosotros tememos al riesgo hasta cierto punto. Podrías dudar antes de arriesgarte porque el miedo a perder está por encima de la potenciación de tu mente. Si me arriesgo y fallo, ¿podré volver a intentarlo? ¿Puede mi confianza sufrir una pérdida? ¿Decepcionaré a mis amigos y familiares ya que ellos cuentan conmigo para tener éxito?

Debes ver el valor de tu riesgo. En lugar de imaginar un resultado negativo, visualiza lo que sucederá cuando tengas éxito. ¿Cómo cambiará tu vida? ¿Cómo cambiará la vida de otras personas?

El riesgo es una gran parte de la vida. Estás en riesgo tan pronto como te despiertas. Pero no te impide salir de la cama, moverte a lo largo del día, ir al trabajo o conducir tu coche a través de una intersección concurrida. Este es un riesgo al que te has acostumbrado.

Ahora, prueba un riesgo que has estado evitando pero, que sea un paso necesario para lograr tu objetivo.

Rasgo #2: Los Fracasos Exitosos Perciben El Fracaso Como Una Estrategia Para Toda La Vida

Puedo pensar en muchos fracasos de los que me alejé. Tuve que dar un paso atrás y reevaluar si seguiría adelante o no. Pero fallar no es un evento y no es el final del camino. Podría ser un obstáculo o un momento difícil que necesito atravesar. Si fuera fácil, todo el mundo lo haría.

Como dijo Winston Churchill, "El fracaso no es fatal y el éxito nunca es definitivo". Piensa en las personas que fracasaron muchas veces en el viaje, sólo para terminar triunfando años después. En el otro extremo, ¿qué hay de las empresas que tuvieron éxito ganando miles de millones al año sólo para ir a la quiebra?

Así que, ya que trabajaremos en nuestra actitud hacia el fracaso, no es algo de una sola vez. El fracaso nunca es permanente y el éxito tampoco. Tomar acciones intencionales y comprometerse con la autodisciplina para mejorar continuamente es la única fórmula que funciona.

Rasgo #3: Los Fracasos Exitosos Aceptan el Rechazo Como un Elemento Necesario

El rechazo es una fuerza dominante. Impacta en la confianza de todos hasta cierto punto. No dejes que te retenga. No te falles a ti mismo. Puedes descargar mi libro sobre cómo vivir Libre de Rechazo, y usarlo como un libro de compañía para *Fracasa en Grande*.

Veamos un ejemplo de cómo funciona el rechazo en una de dos maneras.

Dos mujeres trabajan para una compañía de ventas. Ambas tienen el reto de tocar en cien puertas. El desafío es: No dejes de golpear hasta que hayas llegado a las cien.

Una de las mujeres empieza fuerte, en realidad tiene once ventas de veinticinco casas. Pero entonces su racha disminuye y, en las últimas veinticinco casas, es rechazada una y otra vez. Sintiéndose como un fracaso, ella eventualmente renuncia y se va a casa.

La otra mujer llega a los cien hogares. Pero no llega a ninguna venta hasta la casa 89. Fue rechazada por 88 clientes hasta que vendió su primer producto. Luego, continuó con el resto de las casas, completando su objetivo de todas las cien. Pero, en total, sólo vendió un producto.

Cuando el presidente de la compañía se enteró de esto, nombró a la mujer como empleada del mes, no por la cantidad de ventas sino por su compromiso de perseverancia. A pesar del rechazo recibido, ella siguió adelante, rechazo tras rechazo, hasta que consiguió esa primera victoria.

Cuando le preguntaron cómo logró seguir a pesar de que tanta gente rechazara su discurso de venta, dijo: "No me están rechazando. Están diciendo que no al producto. Ni siquiera ven al vendedor. Al menos, así es como yo lo percibo".

También dijo: "La mayoría de los vendedores se toman el NO como algo personal, pero cuando alguien entra en tu propiedad buscando gastar dinero, sólo estás haciendo la introducción. No están 'comprando un vendedor', quieren tu producto. O no lo quieren."

Para seguir adelante y lograr tu objetivo final, debes estar listo para el rechazo. Sucederá. Pero la diferencia está en cómo percibes este rechazo. ¿Dejarás que te derrote, o puedes seguir adelante sin importar qué?

Rasgo #4: Los Fracasos Exitosos Persisten En Los Momentos De Resistencia

¿Cuánta gente conoces que empieza algo y se rinde después de unos días? Empiezan a jugar un nuevo deporte, pero se rinden si no se han hecho profesionales en los primeros tres meses. Comienzan a pintar pero la dejan después del primer intento porque no parece un Picasso. Dejan un puesto de ventas después del primer día cuando nadie compra nada en las primeras veinte llamadas.

El éxito no es un evento de la noche a la mañana. Se necesita tiempo, práctica, paciencia y un nivel de acción persistente y resistencia antes de ver los resultados. Si quieres romper las barreras de tu mente, debes estar dispuesto a hacer lo que sea necesario. El camino difícil es el camino cuando se trata de manejar desafíos como el miedo, la crítica y el rechazo.

Cuando te dedicas al camino de fracasar rápido hacia delante, cada paso te lleva más cerca de tu objetivo. Si te quedas atascado, tómate un tiempo para evaluar dónde estás y toma medidas inmediatas cuando tengas claro tu plan.

Si tropiezas, levántate de nuevo. Cuando fallas en algo por centésima vez, mira la situación y ve lo que podrías hacer de manera diferente. El curso es correcto a medida que avanzas. Tómalo con calma si es necesario. No es una carrera. En muchos casos, un éxito de la noche a la mañana es la culminación de cinco, diez o veinte años de trabajo constante.

Encontrarás resistencia cuando tu objetivo sea digno de la lucha. Todo lo que se obtiene fácilmente es raramente valorado. Los campeones que se abren paso se encuentran con la resistencia de frente y descubren cómo atravesarla.

Para perseverar, mantente comprometido con tu objetivo y desarrolla una visión detallada de la vida que quieres llevar.

Rasgo #5: Los Fracasos Exitosos Se Comprometen A Formar Nuevos Hábitos

En la disertación de Albert Gray llamada "El Denominador Común del Éxito" investigó los rasgos comunes que exhiben las personas exitosas. Estos rasgos, llamados "Los denominadores comunes del éxito", son los rasgos que separan a los fracasados de los que fracasan y pasan al éxito.

En el estudio, Gray dice:

“El común denominador del éxito—el secreto del éxito de cada persona que ha sido exitosa— radica en el hecho de que formó el hábito de hacer cosas que a los fracasados no les gusta hacer.”

Mira a tu alrededor. ¿A quién conoces que está viviendo la vida que quieres? Si la respuesta es nadie, sigue buscando a esa persona. Debes encontrar a alguien que esté llevando a cabo los hábitos que la mayoría de la gente se niega a hacer. Entonces, cuando encuentres a esta persona, emula las acciones que están realizando.

¿Qué hace esta persona constantemente? ¿Habla de sus logros, o simplemente mantiene la cabeza gacha trabajando? ¿Cómo habla esta persona? ¿Utiliza palabras de empoderamiento, y si es así, cómo habla? Habla como ellos. ¿Ha fracasado esta persona? ¿Cómo ha manejado el fracaso?

Sé un observador y un buscador. Busca al individuo exitoso que admiras. Copia las acciones que toman que traen resultados. Pronto, experimentarás resultados similares construyendo los hábitos que la mayoría de la gente se niega a hacer.

Aquí hay algunos ejemplos de los hábitos en los que invierte la gente exitosa:

- Apartar dos horas al día para escribir tu primera novela
- Despertarse a las 5am todos los días para trabajar en su negocio a futuro
- Establecer prioridades y objetivos diarios
- Programar la lectura como un hábito cotidiano de éxito
- Mantener el enfoque como una estrategia clave
- Poner fin a las compras sin sentido o a la navegación por Internet
- Compromiso con el desarrollo de la mentalidad que lleva al dominio de la mente

La clave para el dominio personal—y condicionarse a fracasar rápidamente —es realizar tareas que la mayoría de la gente no hará.

Rasgo #6: Los Fracasos Exitosos Son la Visión Enfocada en el Fin Ultimo

Las personas exitosas tienen una visión clara de lo que quiere lograr, y eso impulsa su perseverancia para superar los niveles de incomodidad. Los triunfadores de alto nivel pueden ver todo más allá de los "árboles del bosque" porque pueden visualizar lo que hay que trabajar para hacer realidad el sueño.

Los verdaderos visionarios pueden ver lo que hay más allá del esfuerzo. Cuando visualizas cómo podría ser la vida en medio de tu lucha más difícil, esto despierta el entusiasmo y la pasión que te impulsa a seguir adelante.

Sin una visión para tu futuro, no tienes ningún plan para llegar ahí. La acción sigue a la visión. Una visión crea la realidad. Siempre darás en el blanco cuando puedas ver lo que estás buscando.

Como dijo Helen Keller:

"La única cosa peor que ser ciego es tener la vista pero sin visión".

Empieza a trabajar en tu visión ahora mismo. Reserva veinte minutos por la mañana y por la tarde para este ejercicio. Siéntate en silencio e imagina la vida que estás llevando. ¿Qué trabajo estás haciendo? ¿Dónde vives? ¿Con quién estás? ¿Dónde quieres estar dentro de un año?

Verte a ti mismo haciendo el trabajo que amas, pasando tiempo con la gente que te importa. Crea tu visión con detalles vívidos. No dejes nada fuera de tu sueño, no importa lo imposible que parezca. Todo es imposible hasta que empiezas a creerlo.

Toma una decisión firme sobre lo que quieres ser, hacer y tener. Al comprometerte con tu voluntad de fracasar, reduces tu factor de miedo. La resistencia se rompe con la fuerza de tu mentalidad. Los obstáculos se destruyen a través de tu resistencia para tener éxito sin importar el precio.

Cuanto más vívidas y detalladas sean las imágenes, y cuanto más fuerte creas en ti mismo para lograr lo imposible, más impulsado estarás para trabajar por tus objetivos. Una visión clara de dónde quieres estar proporciona un contexto más profundo para la vida que puedes tener.

Rasgo #7: Los Fracasos Exitosos Se Centran En Una Meta Maestra

Una Meta Maestra es crítica para el éxito. Es una meta tan grande que al principio parece imposible de alcanzar. Jim Collins, en su libro Built to Last (Construido para durar), llama a estas metas BHAG (Big Hairy Audacious Goals). De acuerdo con Collins, un BHAG es una meta visionaria de más de 10 años que describe su futuro imaginado, y es uno de los hábitos exitosos tanto de los individuos como de las empresas visionarias.

A menudo me refiero a un BHAG como una Meta Maestra.

Tu meta maestra es la GRAN meta a la que te comprometes y que enciende tus sueños. Una Meta BHAG (Maestra) se construye sobre decisiones a largo plazo e hitos establecidos cada año.

Como Brown dijo:

"Tus objetivos son los mapas de carreteras que te guían y te muestran lo que es posible para tu vida."

¿Tienes una meta que siempre has querido alcanzar? ¿Es tan grande que te asusta incluso pensar en alcanzarla? ¿Crees que es posible alcanzar esta meta?

Tus metas pueden parecer más grandes que cualquier cosa que hayas soñado, pero así es como se forjan los sueños. Nadie ha conseguido nunca lo que realmente quería jugándosela fácil y seguro.

Haz de tu meta tu misión. Decide trabajar por ello sin importar lo que pase, sin importar lo grande que sean tus retos o lo duro que sea el trabajo. Dirige cada esfuerzo para lograr estas metas y no te detengas ante nada hasta que hayas alcanzado tu objetivo.

Aquí hay 4 puntos a considerar al desarrollar tu Meta Maestra:

(1). Una Meta maestra es una meta clara, convincente y alcanzable con un plazo de 10 a 20 años.

(2). Una Meta maestra tiene hitos claros y convincentes establecidos cada semana, mes y año.

(3). Una Meta maestra refleja claramente la misión de tu vida.

(4). Una Meta maestra es grande, atrevida y aterradora. Te da miedo pensar en ello, y esto alimenta tu determinación de hacerlo realidad.

(5). Tu Meta maestra se construye con absoluta necesidad. Es tu gran razón. Esta meta debe ser alcanzada sin importar lo que pase. Proporciona una razón tan convincente que el fracaso no es una opción.

Piensa en esto:

En veinte años, ¿dónde te ves? ¿En qué clase de persona te has convertido por el éxito que has logrado?

Ahora, escribe tu meta maestra basado en los criterios listados. ¿Cuál es tu BHAG? ¿Cuánto tiempo puedes comprometerte a esta meta cada semana?

Revisa tu progreso al final de cada semana. Cree puntos de objetivo diarios y semanales al comienzo de cada semana. También puedes establecer objetivos mensuales y dividirlos en objetivos semanales y diarios.

Tu meta maestra es un compromiso de por vida. Te encontrarás con obstáculos en el camino y fallarás muchas veces, pero mantente fijo en tu gran por qué.

Rasgo #8: Los Fracasos Exitosos Eliminan Todas las Excusas

Inventamos excusas para justificar las razones por las que no deberíamos hacer algo. Esto lleva a la postergación. Una vez que compras la excusa, se convierte en una verborrea automática por defecto que te escupe en el momento.

El fracaso puede ser engañoso. Creyendo que nunca podremos alcanzar nuestros objetivos, empezamos a formular el razonamiento detrás de estas creencias. Las excusas surgen como un medio para apoyar nuestras falsas creencias. Las excusas nos dan la justificación para dejar de intentarlo. Se vuelve más fácil rendirse y dejarlo. No hay presión para tener éxito, y no tienes que estresarte de poder fallar.

Creo en el lema: "Si haces nada, eres nada". Una excusa es la mentira que te dices a ti mismo para evitar la vergüenza de quedar mal. Debemos detenernos a nosotros mismos en cada oportunidad cuando usamos una excusa para no actuar. Esto comienza con, "Oh, no puedo porque..." o "Lo haré más tarde después de que..."

Las justificaciones creadas que te obligan a someterte a la inactividad pasiva son más perjudiciales que el peor de los fracasos que podrías soportar. La definición de un verdadero fracaso no es alguien que lo intentó y nunca tuvo éxito, sino más bien alguien que nunca tuvo el coraje de intentarlo en primer lugar.

No perseguir las cosas que quieres en la vida es un fracaso disfrazado. Usamos excusas para defendernos de las heridas del mundo mientras construimos muros que protegen intereses limitados y egos frágiles, y para preservar el limitado campo de visión a través del cual vemos el mundo. Sus excusas para no perseguir sus sueños pueden parecer válidas, pero bajo la superficie hay un camino que conduce a un falso razonamiento y a una amarga derrota.

Si realmente vas a hacerlo más tarde, comprométete con la acción. Establece una hora y una fecha. Hazlo. Si no, se convierte en otra mentira que usarás repetidamente sin intención de seguir.

Elimina tus excusas. Reconoce el patrón de comportamiento en ti que se inclina hacia la evitación del fracaso y el comportamiento auto-saboteador que alimenta el fracaso.

Tus sueños son demasiado importantes para ser víctimas de excusas. Empieza a convertir las excusas en palabras positivas de empoderamiento. No eres impotente; tienes un gran poder desde el interior.

Rasgo #9: Los Fracasos Exitosos Se Centran En El Propósito Y El Significado

Tu sentido de trabajar por un propósito y significado en la vida tiene una gran influencia en tu actitud de "fracasar rápido". Cuando tu propósito impulsa todo lo demás antes que él, el fracaso es aceptado como un medio necesario para lograr el objetivo mayor. El propósito elimina el miedo y prioriza tus acciones.

Construir un sentido de propósito es clave para eliminar la acción autodestructiva que se lleva a cabo por defecto. ¿Cómo se construye y se expande el sentido de propósito? A lo largo de este libro vamos a profundizar en el material que cubre la gratitud, la autocompasión y el sentido de pertenencia en las relaciones.

Guiado por un propósito en tu vida, sobre todo estrategias, cuando crees en lo que haces, en tu misión y en el trabajo que debes cumplir, tu impulso es un motor interno que no puede ser derrotado. Es este sentido de propósito el que impulsa a las personas exitosas a hacer lo que hacen.

Nada es por accidente. Todo sucede cuando un triunfador de alto nivel está totalmente comprometido con lo que está impulsado a hacer. No es lo que obtienes al dominar el fracaso, sino en quién te conviertes finalmente.

Los 9 rasgos consolidados

No te preocupes si no has dominado estos nueve rasgos todavía. Este es un trabajo en progreso, y puedes continuar desarrollando tu mentalidad y construir estos rasgos en tu vida mientras trabajas con este material.

Aquí están los nueve rasgos de los fracasos exitosos consolidados:

1. Los Fracasos Exitosos Aceptan el Riesgo como Parte de la Fórmula de Fracasos Rápidos
2. Los Fracasos Exitosos Perciben el Fracaso Como una Estrategia de por Vida
3. Los Fracasos Exitosos Aceptan el Rechazo Como un Elemento Necesario
4. Los Fracasos Exitosos Persisten en los Momentos de Resistencia
5. Los Fracasos Exitosos se Comprometen a Formar Nuevos Hábitos
6. Los Fracasos Exitosos son una Visión Enfocada en el Fin Último
7. Los Fracasos Exitosos se Centran en una Meta Maestra
8. Los Fracasos Exitosos Eliminan Todas las Excusas
9. Los Fracasos Exitosos se Centran en el Propósito y el Significado

Seis Creencias Limitantes Que te Fallan (y cómo cambiarlas)

"No tengas miedo de fracasar. No desperdicies energía tratando de cubrir el fracaso. Aprende de tus fracasos y pasa al siguiente desafío. Está bien fallar. Si no estás fallando, no estás creciendo."

— H. Stanley Judd

Tus creencias son los pilares de tu mentalidad y marcan el ritmo de todas las acciones futuras. Las creencias marcan la pauta para todo lo que es posible en tu vida. Son los poderosos motores de la certeza y de las convicciones arraigadas. Si quieres ser la fuerza que controle tu destino, debes reconocer tanto las creencias que te dan poder, como aquellas que limitan tu éxito.

Las creencias poderosas abren nuevas puertas, hacen posible lo imposible y preparan el escenario para la vida que te está preparando para llevar. Las creencias negativas, por otro lado, son anclas que te pesan, aplastan tu motivación y debilitan tu determinación de seguir adelante con una acción intencionada. En lugar de aceptar el fracaso como un paso necesario, tus creencias limitantes te convencen de que el fracaso debe evitarse.

Si luchas con el miedo y te frenas por las limitaciones que te has impuesto, podrías estar aferrándote a viejas creencias, lo que hace difícil seguir adelante.

Tienes una opción cuando se trata de tus creencias. Muchas creencias que definen tu realidad tienen poder sobre ti sólo cuando les permites tomar el control de tu mente. Todos tenemos creencias limitantes a las que nos aferramos cuando se trata de entender de qué se trata el fracaso. Pero sin saber por qué estás fallando sin ganancias, batallarás para hacer ganancias en el futuro.

Por ejemplo, si tienes la creencia de que eres perezoso, actuarás esta creencia y perderás tu tiempo de calidad viendo Netflix o jugando a videojuegos. En lugar de invertir tiempo trabajando en tus objetivos de vida, se desperdicia tiempo en actividades sin sentido que no producen nada.

Cuando crees que nada bueno saldrá de tus acciones, nada lo hará... porque tus creencias negativas lo alejan todo. Es la ley de atraer y repeler. Puedes atraer todo lo que quieras a tu vida... si crees que es tuyo y te lo mereces.

A continuación, he identificado seis creencias limitantes que hacen que mucha gente fracase. Creas tu propio éxito estructurando tus pensamientos, hábitos y creencias en línea con una mentalidad de crecimiento. Cuando tus creencias están alineadas con tu misión, abren la puerta a toda la magia.

Creencia limitante #1: Si hubiera tenido las habilidades adecuadas, la educación, o un fondo privilegiado, habría tenido una mejor oportunidad de tener éxito.

Esta creencia limitante toma el lugar #1. La creencia limitante de que tus circunstancias te definen. Con esta creencia, se te hace creer que tu educación define en dónde finalmente tendrás éxito. Tu creencia sobre el estatus social de la familia es otro factor limitante. ¿Naciste en un ambiente rico, de clase media, de pobreza, o en algún lugar intermedio?

He visto a gente de familias privilegiadas fracasar en la vida cuando tenían todos los recursos disponibles. Sin embargo, alguien con falta de recursos—sin dejar que esto sea un factor dentro de lo que podría lograr—pasó a crear una vida de riqueza que supera con creces todo lo que tenían al principio. Al final, la educación y la habilidad juegan un papel, pero no determinan el resultado. Sólo tú puedes hacer eso y lo que estás dispuesto a creer.

Hay muchos empresarios exitosos que fracasaron en la escuela. Esta es una prueba social de que no estamos definidos por las circunstancias en las que nacemos. Creas tu suerte sabiendo lo que quieres, aceptando nada menos que lo que vales, e ignorando a los detractores que te dicen que te quedes donde estás.

Independientemente de si fue hace cincuenta años u hoy, no estás definido por lo que sabes, sino por lo que puedes hacer con este conocimiento. Tu educación y entrenamiento son una plataforma de salto, y eso es todo. Puede que no tengas acceso a los recursos que tienen las personas más privilegiadas, pero creer que eso es lo que necesitas para tener éxito es tu punto débil.

"El problema no es tu falta de recursos, sino tu falta de ingenio", ha dicho muchas veces el gurú de la motivación Tony Robbins.

"Comienzas a volar cuando dejas de lado las creencias autolimitantes y permites que tu mente y tus aspiraciones se eleven a mayores alturas."

— Brian Tracy

Mira aquí los fracasos que prueban que todos están equivocados:

- Oprah nació en la pobreza y usó sacos de papas como ropa.
- El Coronel Sanders dormía en su auto tratando de vender su franquicia de pollo frito viviendo de un ingreso de retiro cada vez menor.
- Larry Ellison, de Oracle, abandonó el colegio y luego la universidad, iniciando un negocio que casi fracasó antes de hipotecar su casa para mantenerse a flote.

- Walt Disney dejó la escuela, fue despedido por "falta de imaginación", y perdió todo cuando se le ocurrió la idea de Mickey Mouse en el tren.

- JK Rowling era casi una indigente, en asistencia social, y una madre soltera cuando estaba escribiendo el primer libro de Harry Potter.

Tu educación, antecedentes, entrenamiento previo y todo lo demás puede ser destruido en un momento. Cuando decides hacer algo y te comprometes a ir realmente por ello, nada puede interponerse entre tú y lo que quieres. A lo largo de este libro, voy a destruir tus creencias limitantes para que nunca más interfieran con tus grandes victorias de fracaso.

Creencia limitante #2: Mi vida está a merced de acontecimientos externos

Tu mentalidad está en el centro de aprender a convertir el fracaso en una ventaja exitosa. Estar conectado—y en línea con tu actitud y mentalidad hacia el fracaso—es tu capacidad para hacer actos responsables.

Al final del día, no importa lo que te pase, no es razón para que te golpeen las circunstancias del mundo. Incluso si terminas perdiéndolo todo, lo único que no puede serte quitado es tu poder de elección. Debes preguntarte en cualquier momento, "¿Qué puedo hacer ahora mismo para controlar esta situación?"

Viktor Frankl, el sobreviviente del holocausto que pasó cuatro años sobreviviendo en los campos de exterminio nazis, dijo:

> *"Todo puede ser tomado de una persona, menos una cosa: la última de las libertades humanas - elegir la actitud de uno en cualquier conjunto de circunstancias, elegir tu propio camino."*

En primer lugar, sólo puedes controlar lo controlable. Lo que sucede a tu alrededor—o a ti—no es enteramente tu culpa. Pero eres responsable de cómo reaccionas a estos eventos externos.

Esto es lo que sí puede controlar:

- Hábitos diarios
- Lo que comes
- Aprender nuevas habilidades
- Desarrollar tu mentalidad
- Desiciones claves
- Cómo pasas tu tiempo
- Tu reacción al enojo o actitud de otra persona

No hay mucho que puedas hacer si tu compañía decide dejarte ir porque están haciendo recortes de personal. Puedes quejarte con tus amigos y familia, acampar fuera del edificio de tu ex-empleador, e intentar recuperar tu trabajo si realmente lo extrañas tanto.

Si estás en una posición en la que te sientes impotente para hacer algo, puede ser que no puedas hacer mucho. Concentra tu energía en las acciones que pueden mejorar tu situación para mejor, y no empeorarla.

Pregúntate: "¿Qué opción tengo aquí? ¿Cómo quiero manejar esto? ¿Lloraré y haré un caos o tomaré un enfoque positivo y trabajaré hacia algo mejor?"

La gente fracasa de muchas formas, pero no es el tipo de fracaso en el que estás pensando. Puede ser que tengas una relación que fracasa, perder mucho dinero, perdiste tu trabajo, o el objetivo por el que has estado trabajando durante los últimos cinco años se ha secado de repente y está fuera de alcance.

Hay eventos en tu vida que están fuera de tu control. Tu estrategia debería ser decidir en qué debes concentrarte y qué necesitas dejar ir.

Creencia limitante #3: Fracasar es evitable (si juegas seguro)

¿Eres alguien que minimiza el riesgo haciendo lo menos posible? ¿Gastas energía tratando de evitar el desastre jugando a lo seguro? Una de las mayores creencias que te fallan es esta: *Cuanto menos riesgo asuma, mayores serán mis posibilidades de salir adelante sin perder nada.*

Cuando evitas tomar cualquier riesgo, estás diciendo NO a avanzar hacia tu objetivo.

¿Has oído hablar de Bronnie Ware? Bronnie Ware es una enfermera australiana que pasó varios años trabajando en cuidados paliativos, cuidando a los pacientes en las últimas 12 semanas de sus vidas. Ella registró sus epifanías moribundas y publicó sus observaciones en un libro llamado *The Top Five Regrets of the Dying (Los cinco principales arrepentimientos de los moribundos).*

De los cinco arrepentimientos que tuvieron los pacientes, el más frecuente entre ellos fue:

Ojalá hubiera tenido el valor de vivir una vida fiel a mí mismo, no la vida que los demás esperaban de mí.

Sin esperanza de que sus sueños se hicieran realidad, estas personas vivieron jugando a lo seguro y nunca se desempeñaron realmente al nivel que podrían haber hecho. La mayoría de la gente tuvo que morir sabiendo que era debido a las decisiones que habían tomado, o no habían tomado, lo que se convertiría en su legado.

Si temes fracasar, quiero que pienses en esto: La semana que viene, te enfermarás. Confinado a una cama porque estás demasiado enfermo para moverte, te pone en posición de reflexionar sobre tu propia vida, lo que lograste y todo lo que no lograste. Visualizando este momento, ¿cuáles son tus últimos arrepentimientos?

Ahora, volvamos a este momento.

Reflexiona sobre esta verdad: Tú y yo moriremos algún día, y puede que sea más pronto de lo que crees. ¿Qué harías desde este día hasta el último si pudieras hacer algo? ¿Cuál será la elección que hagas, el riesgo que tomes, que cambie tu destino de donde estás ahora a donde quieres estar?

¿Cuál será el resultado final si no haces que esto suceda? ¿Cómo te sentirás al final de tus días? Como mucha gente que ha estado allí, podrías terminar lamentando las cosas que siempre quisiste hacer pero que nunca hiciste.

No dejes que pase.

El fracaso *es* evitable. Puedes evitarlo, minimizar tus riesgos y jugar a lo seguro para no perder nada precioso. ¿Pero qué estás perdiendo? ¿Dinero, orgullo, vergüenza o tu falsa autoestima?

No vivirás para siempre, y no vivirás por mucho tiempo, pero lo que decidas ahora, al abrazar tu mayor momento de fracaso y estar totalmente de acuerdo con él, será el factor que defina el tipo de vida que lleves. No podemos sentarnos en casa cada noche viendo Netflix pretendiendo que todo está bien cuando la vida pasa por delante de nosotros y nuestros sueños se mueren un día más a la vez.

Mientras Bronnie Ware entrevistaba a los moribundos en sus últimos momentos, y revelaba al mundo su último fracaso aplastante... el fracaso de nunca haber vivido de verdad, esta es su llamada de atención. El tiempo es ahora, y el día es hoy.

Estás vivo, y puedes elegir hacer lo que quieras. Si el miedo te retiene ahora, ¿crees que será mejor dentro de cinco, diez o treinta años cuando el último miedo al que te aferres sea el de morir? Confía en mí. Si vives esta vida como el viaje salvaje que es, persiguiendo y finalmente viviendo tus sueños, cuando el fin de los días llegue, estarás esperando pasar a la siguiente aventura.

Creencia limitante #4: Una vez que se fracasa, siempre se fracasa...

Esta es una creencia centrada en el sabotaje de tu futuro. Si fracasas en ganar una carrera, ¿nunca volverías a correr? Si fallas en una prueba, ¿dejas de hacer pruebas? Si fracasas en el matrimonio, ¿no vuelves a tener citas? Este es tu monólogo interno negativo alimentándote de mentiras.

Puedes silenciar esta voz ahora mismo. Si alguna vez te dices esto de nuevo, es una mentira. Los fracasos se elevan desde el fondo del peor fondo que puedas imaginar. ¿Necesitas más pruebas? Sigue leyendo este libro porque te doy suficientes ejemplos para exponer esta creencia limitante por lo que realmente es.

Creencia limitante #5: No tengo talento, habilidades, creatividad o habilidades especiales

Si te dices a ti mismo estas cosas, sí, tienes razón. El talento es el resultado del trabajo duro. Algunas personas nacen con talento natural, pero la mayoría de las habilidades se mejoran con un aprendizaje arduo. De hecho, el trabajo duro le gana al talento todos los días. Mi orador favorito es Gary Vaynerchuk. ¿Por qué? Él no deja que la gente se salga con la suya alimentando sus excusas de ego. Lo dice tal cual es y lo que dice es: "Si usted confía sólo en el talento para tener éxito, se sentirá decepcionado"."

El talento no tiene nada que ver con el éxito. Hay mucha gente talentosa que no ha trabajado lo suficiente y por eso tienen el talento sin nada más que mostrar.

La creatividad, aunque puede ser un rasgo innato, también es una habilidad. ¿Sabes cuántos escritores creativos pueden escribir un manuscrito perfecto en el primer borrador?

De acuerdo con **Ernest Hemmingway**:

"El primer borrador es una mierda."

Tu habilidad puede ser aprendida. Esta creencia limitante es lo que le falla a mucha gente y las limita. Es parte de la mentalidad fija. Quieres la mentalidad de crecimiento que establece:

"Puedo tener todo lo que quiera, aprender todo lo que necesite, y tener éxito trabajando duro, más allá de cualquier talento que tenga."

Nunca dejes que nadie te diga que no puedes tener éxito si no tienes la educación o la habilidad. Si necesitas entrenamiento o fortalecimiento de habilidades, ponte a trabajar y aprende lo que necesites.

Antes de empezar a escribir libros, no sabía mucho sobre la producción de libros. Pero me comprometí a aprender todo lo necesario para publicar mis propias obras. Leí libros sobre la publicación, tomé algunos cursos, y simplemente fui a por ello. Podría haberme sentado y haber dicho: "No sé nada de esto, así que, ¿por qué intentarlo?"

Cuando tienes deseo, y tu pasión es más fuerte que cualquier otra cosa, no tienes barreras que te detengan.

Creencia limitante #6: "Si no he tenido éxito hasta ahora, nunca lo tendré..."

Puedes trabajar duro durante diez o veinte años en algo y no llegar a donde quieres estar con el éxito que esperabas. Para llegar a ser bueno en algo, puede tomar un corto tiempo o décadas. Pero no es el resultado final en el que deberías centrarte.

¿Cuántos cuadros creó Picasso antes de que le gustara lo que estaba produciendo? ¿Cuántos tiros hizo Jordan en el aro antes de llegar a la NBA? ¿Cuántas novelas escribió Dan Brown antes de que sus libros empezaran a venderse?

Cuando creas en lo que te gusta hacer, trabajarás en esto día a día. Obviamente, no te convertirás en un jugador de la NBA si sigues practicando tiros a una edad madura, pero nunca llegarás a ninguna parte si te rindes demasiado pronto o empiezas a pensar, *nunca llegaré allí.*

Lo que crees es en lo que te conviertes.

Tú decides en qué momento estás listo para dejarlo. Pero entiende a lo que estás renunciando. ¿Significa que estás dejando de lado tu sueño para conformarte con un trabajo que nunca quisiste? ¿Estás preparado para vivir una vida de existencia mediocre porque no pudiste aguantar y concentrarte en los pequeños pasos de acción del día a día?

Thomas Edison, que fracasó miles de veces en la creación de sus inventos, dijo:

"Muchos de los fracasos de la vida son personas que no se dieron cuenta de lo cerca que estaban del éxito cuando se rindieron."

Podrías estar cerca. Dale otra semana. Otro día. Sigue presionando más fuerte durante una hora más. No te des permiso para ser derrotado. Convierte esta creencia limitante en un mantra inspirador:

"No estoy donde quiero estar todavía, pero estoy mucho más cerca de lo que estaba el año pasado."

Si eres consistente en tus acciones, esto es cierto. Las pequeñas acciones tomadas diariamente cuentan para el objetivo final. Esto va desde escribir las primeras cinco mil palabras de un libro, tirar 20 aros al día, o correr 2 km cada mañana. Tu éxito es una medida de estas acciones tomadas consistentemente. El fracaso no es definitivo hasta que nos detengamos antes de llegar a la meta.

Ahora, puede que tengas más de seis creencias limitantes. Sin embargo, puedes empezar hoy mismo a hacer un cambio en tus creencias.

En mi libro Conduce tu Destino, discuto el poder de las creencias y proporciono una fórmula de seis pasos para cambiar una creencia.

Cambia tus Creencias Limitantes: El Proceso de Seis Pasos

Aquí hay seis pasos que puedes dar para empezar a cambiar cualquier cosa en tu vida. Ten en cuenta que esto lleva tiempo y que no siempre tendrás éxito haciendo algo una o dos veces. Como cualquier otro hábito, tienes que mantenerlo.

Paso 1: Identifica la creencia que quieres cambiar. Este es el primer paso para tomar una acción positiva. Sólo puedes cambiar algo si sabes lo que necesitas cambiar, y por qué quieres cambiarlo.

Las principales creencias negativas que te hacen sentir inferior, inadecuado o inútil deben ser las primeras en tu lista. ¿Por qué aferrarse a pensamientos dolorosos por más tiempo? Este es un paso difícil para la mayoría de la gente. Hemos estado alimentando nuestro dolor durante tanto tiempo que empieza a parecer normal.

Puedo asegurarte que al trabajar con tu dolor, y reconociendo las creencias negativas que creaste sobre ti mismo, tu vida dará un giro dramático.

Aquí hay algunos ejemplos de creencias que puedes tener sobre ti mismo. Mira si reconoces alguna de ellas:

"Todo lo malo que me pasa es culpa mía."

"Siento que soy menos competente que todos los demás cuando se trata de tener éxito o salir adelante en la vida."

"Me siento como un fracaso o un 'don nadie' cuando en presencia de otras personas que obviamente son mejores que yo."

"No tengo cualidades de las que valga la pena hablar o que le puedan interesar a alguien".

"Debería ser perfecto en todo momento. Tengo que mostrarle a la gente que soy perfecto."

"Soy inherentemente defectuoso".

Puede que tengas una serie de creencias erróneas sobre ti mismo que te han quitado poder durante la mayor parte de tu vida. Sé que yo las tenía antes de trabajar para cambiarlas. La clave es reconocer cuáles son. Algunas están enterradas profundamente. Otras son más notables y pasan por tu mente cien veces al día. Se sienten tan normales que no cuestionas su validez.

Tómate el tiempo para escribirlas y enumera tantas como puedas. Puedes empezar con las partes de la lista anterior que apliquen para ti y agregarle tus propias creencias negativas. Presta atención a las creencias que apuntan a tu autoestima y devalúan tu valor.

Paso 2: Desempodera la vieja creencia introduciendo la duda e incertidumbre. Es hora de tomar una posición y cuestionar su creencia, analizándola bajo un microscopio mental a través de un análisis estricto. Es hora de poner tus creencias a prueba.

Vas a cuestionar tus creencias, atacar tu vulnerabilidad, derribar stus muros y debilitar tu estructura. Si una creencia se ha construido sobre mentiras y falsedades, no resistirá el escrutinio de tu ataque.

Profundiza en tus ideas y haz camino. Haz preguntas pertinentes que liberen el poder que tu creencia tiene sobre ti. Dite a ti mismo que esta ya no es una realidad en la que decides creer. Desmiéntelo completamente. Elige creer en otra cosa. Aquí es cuando tu mente hace un cambio hacia el replanteamiento de lo que ha sido entrenado para aceptar.

Paso 3: Reencuadrar la nueva creencia mientras se le quita el poder a la vieja. Llenos de miedo, dudas y falta de confianza, podemos fácilmente volver a los viejos patrones de derrota. Podemos convencernos de que las creencias negativas son verdaderas.

Cuando decides reemplazar tus viejas creencias, estás haciendo un compromiso firme: *Me niego a volver a sentirme así. De ahora en adelante, voy a rechazar todos los pensamientos negativos.* Si haces esto lo suficiente, pensarás y te comportarás de manera diferente.

Paso 4: Visualiza la persona en la que te convertirás una vez que hayas creado una nueva creencia. Visualízate comportándote de forma diferente, tomando nuevas y decisivas acciones, y empujando a través de tu miedo en lugar de ser bloqueado por él. Visualízate superando los obstáculos que, hasta ahora, te han estado frenando. Imagina la nueva forma de vida que te espera al otro lado de la conquista de tus miedos.

Luego, visualiza los pasos que tendrías que dar para hacer esta transición. ¿Qué podrías hacer ahora mismo para empezar a construir el impulso? ¿Cómo tendrías que pensar y actuar para lograr un resultado que está aparentemente más allá de tu alcance o capacidad? Una vez que tengas la respuesta clara, es hora de empezar a ser esa persona.

Paso 5: Refuerza esta nueva creencia, tomando más acciones repetitivas para hacerla realidad. Ahora que tienes una idea sólida de los cambios que quieres, empieza por apoyar tu nueva creencia. Toma medidas inmediatas y vuelve a enmarcar tu antigua creencia con la nueva.

Si derribas la vieja creencia pero no haces nada para reemplazarla, eventualmente recurrirás a esa vieja forma destructiva de pensar. Cuando esto ocurra, recuerda cuál es tu creencia de reemplazo y continúa reforzándola una y otra vez. Tal refuerzo tiene que hacerse de manera consistente para tener éxito.

Intenta escribir diez de tus citas favoritas. Utiliza el poder de las palabras y afirmaciones positivas. Repítelas varias veces al día. Será incómodo al principio, pero se persistente.

Cuanto más uses palabras de poder positivo, más rápido podrás cambiar tus creencias para aceptar lo que dices y piensas. La persistencia y la consistencia son las claves. Pronto serás capaz de sacar tu caja de herramientas mentales positivas y usarlas para dominar los pensamientos y palabras negativas.

La autoconversación es una herramienta poderosa. Tus creencias negativas usaron esta herramienta en tu contra durante muchos años. Ahora sabes que puedes elegir pensamientos que apoyen tu nueva creencia. Dale a tu nueva creencia mucho ánimo y apoyo. Repítela tantas veces como necesites. ¡Convéncete a ti mismo de que es verdad!

PAso 6: Dale seguimiento con acciones. En esta etapa final, vas a fortalecer continuamente tu creencia a través de pruebas convincentes. Alterarás tus acciones y comportamientos para alinearte con la nueva creencia, ya que ésta comienza a echar raíces profundas en tu subconsciente.

Es importante reforzar las nuevas creencias de forma continua. Crea las creencias que quieres tener. No te conformes con pensamientos que te desvalorizan.

Una vez al año, podrías hacerte una pequeña prueba para ver dónde estás con tus creencias, y analizar si son consistentes con tus deseos y propósitos.

Puede que descubras, como yo lo hice, que hay nuevas discrepancias con tus creencias y valores actuales. Si es así, siempre puedes actualizar tu sistema de creencias cada año, haciendo cambios sutiles aquí y allá, ajustando tu curso para mantenerte en el camino.

Haciendo la Diferencia

Puedes cambiar tus creencias sobre el fracaso. Sólo porque tuviste una serie de fracasos mientras crecías, sufriste reveses, o perdiste todo después de arriesgarte a tener éxito, estos eventos no definen lo que eres capaz de hacer ahora.

El único momento que importa es el ahora. Puedes marcar la diferencia en tu futuro. Puedes hacer la diferencia en cómo actúas hoy. Cuando avanzas, te llena de energía creativa. Tu motivación viene de hacerte cargo del momento y no aceptar la vida tal como es, sino más bien hacerla de la manera que quieres.

Reflexión de Fracasar en Grande

¿Cuáles son tus creencias limitantes? ¿Cómo han influido tus creencias limitantes en tus experiencias hasta ahora?

Visualiza tu vida de ahora en adelante y el cambio que puedes comenzar a implementar cuando pongas fin a las creencias limitantes que tienes sobre el fracaso.

¿Qué es algo en lo que has estado trabajando durante mucho tiempo? Mide tu progreso ahora comparado con el mes pasado, el año pasado o hace diez años. ¿Qué tan cerca estás de alcanzar tu meta?

Cuando tus creencias limitantes te agobian, piensa en esta cita del autor de autoayuda americano Robert Collier:

"El éxito es la suma de pequeños esfuerzos, repetidos día tras día".

Haz la diferencia. Destroza tus creencias limitantes.

El Fracaso vs. El Éxito: un Cambio en Perspectiva

"Olvídate de las consecuencias del fracaso. El fracaso es sólo un cambio temporal de dirección para enderezarte para tu próximo éxito."

— Denis Waitley

La línea entre el fracaso y el éxito no es un camino multidireccional, es el mismo camino. Tu éxito está ligado a la cantidad de fracasos que estás dispuesto a soportar.

La razón #1 por la que la mayoría de la gente fracasa no es por los errores que han cometido a lo largo del camino sino por la falta de oportunidades que tomaron. Son los errores que no estás dispuesto a cometer los que los derrotan. Es el riesgo que evitas lo que te lleva a tu fracaso a largo plazo y no al revés.

Poniendo el fracaso en perspectiva, podemos condicionar la forma en que pensamos y sentimos sobre el fracaso. Mucha gente está atormentada por los miedos y amenazas de las voces del pasado que dicen, "¡Cuidado! No sabes en lo que te estás metiendo."

Dos personas pueden emprender el mismo camino y terminar en destinos diferentes. En el camino, ambos hombres se enfrentan a desafíos invisibles. Obstáculos que bloquean su desempeño o amenazan con detenerlos. El mismo camino, pero un hombre llega al final y el otro se rinde y vuelve al principio. Intenta encontrar otro camino que le lleve a la meta, un camino más fácil que no sea tan desafiante, pero todos los caminos son iguales: llenos de miedos, riesgos y obstáculos que debe conquistar antes de seguir adelante.

Frustrado y sin esperanza, se rinde, incapaz de seguir adelante.

El otro hombre se encuentra con los mismos obstáculos en el camino. Hay veces que se queda atascado durante días, incapaz de avanzar, y se sienta durante horas pensando en una solución que lo lleve a la siguiente fase. Este hombre tiene algo que el otro no tiene. Su actitud es diferente. Cree que la única forma de avanzar es seguir avanzando hasta el final. Decidió desde el principio que no importa lo que pase, tendrá éxito a pesar de los desafíos que se le presenten.

Medita sobre los problemas y reza para que lo guíen. De alguna manera, lo logrará. No sabe cómo, pero el destino sólo puede ser alcanzado si se mueve hacia adelante. Sabe que volviendo al principio, todos los caminos se enfrentarán a retos similares.

Cuando el hombre regresa a casa y se encuentra con su amigo con el que empezó, su amigo le pregunta: "¿Cómo es que llegaste al final del viaje y yo no?"

El hombre responde: "Simple. Seguí una filosofía. Seguí avanzando y nunca me di por vencido".

Es fácil ver el fracaso como un enemigo que se esconde en las sombras, esperando la oportunidad de saltar y arruinar tu vida.

En muchas culturas, se nos dice desde el principio que el fracaso es algo que hay que evitar. Si fallas, debes haber hecho algo malo. Si fallas, habrá consecuencias. Si fallas, serás castigado, no pasarás de largo y te olvidarás de recoger nada. Sólo los ganadores pueden cosechar los beneficios. Los premios no se dan al segundo lugar.

Para evitar estas consecuencias a cualquier precio, evitamos hacer cualquier cosa que implique un riesgo. Juega a lo seguro, mantén la cabeza gacha y saldrás adelante. Esto nos lleva a la forma de vida de "vida en una burbuja". Quieres salir adelante, tener éxito en la vida, pero nadie consigue lo que quiere a menos que esté dispuesto a pagar el precio por ello.

Y tomar el **riesgo da miedo**.

De hecho, la verdadera razón por la que tememos fracasar es porque la experiencia de fracasar ha sido recibida con críticas ("¡Oh mira, lo hiciste de nuevo!"), duras advertencias ("Ten cuidado de no volver a estropearlo") y la posibilidad de una reprimenda. Si esto es lo que le espera al otro lado del miedo, ¿no es de extrañar que prefiramos quedarnos en el lado del río que es el más seguro?

"El éxito está tropezando de fracaso en fracaso sin pérdida de entusiasmo."

— Winston Churchill

Quiero definir la diferencia entre el éxito y el fracaso. Crees que son identidades separadas y que una no tiene nada que ver con la otra. Pero, de hecho, una no puede sobrevivir sin la otra.

Mantener el compromiso de toda una vida de crecimiento personal se trata de estar en esto a largo plazo. Si estás enfocado en victorias a corto plazo y soluciones rápidas, fracasar hacia adelante probablemente no es para ti. Cuando te encuentras en el camino, descubres de qué estás hecho. Emprender un negocio por ti mismo, convertirte en empresario o casarte son compromisos a largo plazo. Y con cualquiera de estos hay una posibilidad de que fracase.

Las personas que fracasan, y planean fracasar, son las que entran en una situación a medias. Tienen puertas traseras construidas para escapar y se les puede oír diciendo: "Bueno, si no funciona, solo..."

Cuando construyes una ruta de escape en tu plan, estás planeando fallar en algún momento. Sólo quieres que la caída sea menos dolorosa de lo que tiene que ser. Tu plan de "recaída" es una expectativa de fracaso. No hay garantía de que tu negocio tenga éxito, pero si entras en él con la actitud de que "el fracaso es inevitable así que necesito un respaldo" vas a estar tomando decisiones construidas a partir del miedo.

Para tener éxito, debes comprometerte a hacer que funcione, incluso cuando está roto. Las relaciones no son perfectas, y la mayoría se rompen, pero aún así, sólo fracasas si no aprendes nada y sigues cometiendo los mismos errores una y otra vez.

Entras en una relación y cometes los mismos errores en el segundo matrimonio que en el primero. Eso termina y tomas los problemas que arruinaron los dos primeros y los llevas a todas las relaciones futuras. El resultado es una vida de fracaso perpetuo. Esto es lo que yo llamo el ciclo de bucle roto del fracaso perpetuo. Continúas haciendo una y otra vez lo que siempre has hecho y, como resultado, obtienes el mismo resultado.

Tengo un amigo que ha hecho negocios tres veces por su cuenta. Los tres negocios fracasaron. Pero ese no es el problema. Mucha gente fracasa en los negocios una y otra vez hasta que lo logran. Intentan algo diferente y fracasan cuando no funciona. Pero cuando cometes los mismos errores que te hicieron fracasar en primer lugar, no estás fracasando hacia adelante, sólo estás fracasando. Eventualmente, te quedas sin recursos y la gente se cansa de trabajar contigo.

Podemos ver ejemplos de personas que fracasan a nuestro alrededor. El gerente que se pasa de un departamento a otro. El dueño del negocio que se endeuda... otra vez... pidiendo prestado a amigos y familiares, nunca pagando esas deudas, y destruyendo la confianza en el camino. Los socios que se pelean por los mismos asuntos pero nunca resuelven nada. La salud de una amiga que continúa decayendo porque está comiendo todos los alimentos que el doctor le advirtió.

Los verdaderos fracasos de estas historias no se deben a las circunstancias o a las condiciones externas, sino a quiénes son. Los valores, creencias y acciones impulsadas por estos valores y creencias. Si quieres ganar dinero rápido, puedes recurrir a estafas de venta para estafar a la gente. Pero tu crecimiento a largo plazo nunca ocurrirá.

Remodelación de Experiencias Negativas

A lo largo de este libro, mi objetivo es reformular la forma en que se ve el fracaso. Si eres como mucha gente, el fracaso siempre ha sido un evento que debes evitar. Si estás fracasando en los negocios, en la escuela o en la vida, no significa que seas un fracaso total. Puede ser una señal de que estás haciendo algo que no funciona.

La experiencia consiste en probar, fallar y volver a probar, y seguir avanzando a medida que crecen tus fallas. Siempre puedes cambiar el camino en el que estás en cualquier momento. Puedes tomar un curso de acción diferente y cambiar tu comportamiento. Puedes desarrollar nuevos hábitos (más sobre esto más adelante). Puedes cambiar tu actitud y perspectiva hacia el fracaso.

Fracasar Para llegar al Éxito

Este es un libro que te mostrará cómo tener éxito como un fracaso; no se trata de evitarlo para sentirse más exitoso. Mi filosofía es que, ganes o pierdas, tienes que tomar algún tipo de riesgo para llegar a donde quieres estar. Mientras que otras personas se lo toman con calma, se relajan y beben durante el fin de semana, tú estás escondido en algún lugar construyendo algo que durará.

En este libro, quiero enseñarles lo que es el fracaso, lo que no es, y cómo podemos acumular nuestros errores para que nos ayuden a ser más exitosos para el mañana.

La incertidumbre es parte del proceso. No saber qué hacer a continuación es parte del juego. Empezar de nuevo cuando pierdes tu mejor juego es la forma en que es la mayoría de las veces. Pero lo que importa es que siempre estás listo para jugar, sin importar qué.

El fracaso es tu mejor amigo y nunca te mentirá. No puedes fallar cuando tienes la actitud de un ganador. Un verdadero campeón dice, "No lo hice tan bien hoy. Este fue mi peor día de actuación hasta ahora. Pero mañana, volveré aquí y entrenaré más duro, aprenderé más, empujaré más fuerte".

Una mentalidad con este tipo de actitud nunca puede ser vencida. La mayoría de la gente es derrotada, no por el mundo que les rodea sino por el mundo que hay dentro de ellos. Al final, eres derrotado por tu propia mano. Siempre serás derrotado por quien eres y no por quien es otro.

Echar culpa es para los débiles. Al asumir la plena responsabilidad de tu propia vida, todo lo que te rodea cambia. Se vuelve menos doloroso aguantar. Forma tu percepción de cómo deberíamos ser. Dejas ir las falsas percepciones y el derecho.

El derecho, la creencia de que el mundo o tus padres o tu cónyuge te deben algo por ser tan especial, debe romperse. No puedes seguir adelante si te aferras a tus creencias sobre el derecho. Creo que es mejor centrarse en esta idea ahora mismo:

"Soy responsable de todo lo que decida hacer. Puede que no sea responsable de lo que me pase a mí, o a mi alrededor, pero cómo reacciono a ello y cómo elijo vivir con ello depende de mi."

La vida es difícil.

El camino no es fácil. Si tienes la idea de que estás haciendo algo mal porque te has encontrado con dificultades, escucha lo que te digo: Si es difícil, y estás cometiendo errores en el camino, estás en el camino correcto. Tienes permiso para fallar, cometer errores y desordenar de todas las maneras posibles. Adelante.

Fracasa rápido y vuelve a la normalidad. Cae con fuerza y vuelve a subir.

La gente que espera que sea fácil se está preparando para fallar de la manera difícil. Cuando se topan con un obstáculo, suelen ser los primeros en darse por vencidos. Surge un problema que no pueden resolver... En cambio, ven la televisión. Si se arriesgan y fallan el tiro, salen de la cancha quejándose de que el juego debe ser amañado de alguna manera, para no volver nunca más al juego.

La vida es difícil, como nos dijo Scott Peck en "El camino menos transitado". La cuestión es que queremos que sea fácil. Usamos tácticas de escape para evadir la responsabilidad y culpar a alguien más cuando no funciona. Todo esto es el verdadero camino para fracasar duramente.

La diferencia entre el éxito y el fracaso: **El éxito es el resultado de haber fallado muchas veces.** El éxito es su actitud hacia el fracaso y la adopción de esto como el camino necesario. El fracaso es el único camino, el más difícil y el que mejor conoces para llegar a la cima de tus sueños. Es el corredor que va esa distancia extra cuando todos los demás se han quedado atrás y se han dado por vencidos.

Puedes ir rápido, ir lento, pero no te detengas.

> *"No importa lo lento que vayas siempre y cuando no te detengas."*
>
> **— Confucius (551–479 BC), filósofo**

Plan de Acción de Fracasar en Grande

¿Cuántos fracasos estás dispuesto a soportar? ¿Qué significa para ti hacer un esfuerzo extra? ¿Qué acción tomarás la próxima vez que falles?

"Mientras que una persona duda porque se siente inferior, la otra está ocupada cometiendo errores y volviéndose superior."

— Henry C. Link

Abraza el Miedo al Riesgo

"Dentro de veinte años estarás más decepcionado por las cosas que no hiciste que por las que hiciste. Así que suelta las amarras de proa, navega lejos del puerto seguro, atrapa los vientos alisios en tus velas. Explora. Sueña. Descubre".

— Mark Twain

En 1974, un joven programador llamado Paul Allen se topó con un artículo en Popular Electronics, que anunciaba el Altait 8800 -el primer microprocesador- en su portada. Paul le enseñó el artículo a Bill Gates y se les ocurrió la idea de desarrollar una implementación de BASIC (**Beginners' All-purpose Symbolic Instruction Code**) para el sistema.

Bill Gates no lo dudó, ya que era conocido por ser una persona hiperactiva y emprendedora. Se puso en contacto con el fabricante de Altair, MITS (Micro Instrumentation and Telemetry Systems), y se ofreció a demostrar la implementación de un sistema que aún no habían construido. Pero eso no importaba. Gates y Allen tomaron la decisión, se tiraron un farol sobre lo que realmente tenían y se pusieron a crear el sistema en ocho semanas con la ayuda de un ingeniero de sistemas llamado Monte Davidoff.

El riesgo valió la pena, el intérprete para el sistema funcionó y MITS aceptó distribuir el Altair BASIC.

Bill Gates tomó entonces otra decisión arriesgada: abandonó Harvard y se puso en marcha con Paul Allen para fundar Micro-soft (que luego se convertiría en Microsoft). Esto fue posible con el dinero obtenido con el Altair BASIC.

Bill Gates no es ajeno a la asunción de riesgos, pero la lección que tiene que enseñarnos se basa en las acciones emprendidas para construir algo que el mundo necesitaba. Sin embargo, Bill

Gates admite que estaba plagado de preocupaciones y ansiedad. El fracaso era siempre inminente, sobre todo cuando las empresas que idolatraba -Equipo Digital y Wang- quebró.

Bill Gates tenía ansiedad por dirigir una gran empresa, pero, como ha demostrado, asumir riesgos conlleva riesgos. También existe el riesgo de no correr riesgos. Debes decidir por ti mismo si la próxima decisión que tomes es un paso hacia tus sueños.

La oportunidad sólo se presenta una vez. Puedes dejar pasar una oportunidad en la que tienes que decidir en el momento si es lo que vas a hacer. Si el riesgo es lo que temes por la pérdida potencial, entonces debes estar dispuesto a aceptar las consecuencias.

"Nunca te arrepentirás de los fracasos que hayas tenido al intentarlo. Pero sí te arrepentirás de tu fracaso por no haberlo intentado nunca".

Como dijo Bill: *"Para ganar a lo grande, a veces hay que correr grandes riesgos"*. Pero no tienes que correr grandes riesgos ni jugarte los ahorros de tu vida. Tu nivel de riesgo debe estar en consonancia con el objetivo que persigues. Cuanto mayor sea el riesgo, más intensa será tu resistencia al fracaso.

Evaluación del riesgo: Jugar a lo seguro o jugar para ganar

El mayor riesgo que puedes correr es el de jugar a lo seguro para evitar cometer un error. Cuando jugamos nuestras cartas con tanto cuidado como para evitar perder la partida, nos retiramos del juego por defecto.

No importa si pierdes. Duele, y puede que sufras una pérdida, pero lo importante es que te presentas a jugar. Vienes al juego preparado para dar lo mejor de ti. No tienes que ser el mejor atleta en el campo para ganar, sólo necesitas la voluntad de jugar duro. Jugar para ganar, pero aceptar las derrotas, es una experiencia que todos los fracasos exitosos deben soportar.

Cuando pierdas, asume tu derrota y conviértela en una gran victoria para la siguiente ronda que juegues.

Los verdaderos perdedores lo intentan una vez, pierden el juego y se van quejándose de que el juego estaba amañado y de que la vida no es justa.

Pues adivina qué... **la vida no es justa**. Estás jugando contra las probabilidades cada día que te levantas para afrontar cada nuevo reto. Si buscas un juego fácil de ganar, hay muchos por ahí. Se llama no hacer nada, dejar las cosas para más tarde, quejarse y juntarse con gente que está deprimida por el mundo por la forma en que la han tratado.

La vida no es justa y no mereces ganar siempre. No se trata de que tengas derecho, sino de que te pongas un objetivo en lo que quieres, y lo desees tanto que estés dispuesto a perder 99 veces antes de conseguirlo en el centésimo intento.

La vida no está pensada para ser un marcador en el que cuentes tus victorias y tus derrotas. Perdemos mucho cuando nos arriesgamos. Nos arriesgamos porque queremos ganar y obtener las recompensas que conlleva ese riesgo.

> *"El miedo al fracaso es la intensa preocupación que experimentas cuando imaginas todas las cosas horribles que podrían ocurrir si no consigues un objetivo. La intensa preocupación aumenta las probabilidades de frenar o abandonar. Tener éxito depende en gran medida de tu capacidad para aprovechar el miedo".*
>
> **— Theo Tsaousides, Ph.D**

Corres un riesgo cuando inviertes dinero. ¿Por qué? Para ganar más dinero. Corres un riesgo cuando decides casarte. ¿Por qué? Para poder construir una vida con alguien, formar una familia o compartir la gloriosa aventura de la vida. Te arriesgas cuando dejas tu trabajo para crear tu propia empresa. ¿Por qué? Para poder construir tu propio sueño en lugar de construir el de otra persona. Te arriesgas cuando te subes a un avión y viajas miles de kilómetros a un país y una cultura en los que nunca has estado. ¿Por qué? Para poder experimentar esa forma de vida y ampliar tu mentalidad.

Corres un riesgo cuando dejas tu trabajo corporativo a tiempo completo para seguir una carrera como empresario, para abrir tu propio negocio y hacer el trabajo para el que has nacido. Por un lado, tu negocio podría fracasar al cabo de cinco años, como ocurre con el 90% de ellos. Podrías encontrarte de nuevo en tu trabajo corporativo con tus antiguos trabajadores señalándote y diciendo: "¡Ves, te lo dije!".

Esto me ocurrió una vez, y alimentó mi pasión por profundizar y tener éxito. Estaba decidido a no dejar que el fracaso fuera mi legado duradero, sino una parte de él. Tienes que aprovechar esa determinación, tirar de ella y ponerla al frente de tu fuerza motriz para seguir adelante. Cuando la gente te dice que "pares y seas realista", significa que estás en el camino correcto.

¿Hasta dónde estás dispuesto a llegar?

¿Estás dispuesto a arriesgarte a perder tu seguridad y la posibilidad de ser avergonzado para poder vivir tu vida tal y como debe ser vivida? ¿Escucharás a tus compañeros de trabajo mientras siguen con su trabajo, contentos de tenerte de vuelta en tu cubículo porque refuerza la verdad de que el riesgo es arriesgado? Pueden decir: "Ves, no le funcionó a Bill, así que tampoco nos funcionará a nosotros".

Tengo un buen amigo que dejó su trabajo tres veces antes de poder tener éxito en su negocio. Cuando su empresa fracasaba, volvía a trabajar para mantener a su familia y luego, cuando ahorraba lo suficiente, lo volvía a intentar.

¿Qué arriesgaba? Podría decirse que todo. Su mujer se impacientaba y se ponía nerviosa con su persistencia y su falta de éxito. Sus hijos estaban cansados de contarle a sus amigos que papá estaba buscando trabajo de nuevo. A los amigos de Bill les preocupaba que fuera demasiado temerario en sus intentos de tener éxito.

Pero Bill tenía algo que mucha gente no lograba aprovechar: empuje y determinación. Su ambición de triunfar era más fuerte que su miedo a fracasar. ¿Tenía miedo a fracasar? Por supuesto que sí. Tenía una familia que se apoyaba en él. Había gente que se cuestionaba su cordura y si debía "aceptar la realidad como el resto de nosotros y seguir con el trabajo fijo de 9 a 5".

El modo en que Bill lo veía era que, al no tener éxito, estaba fracasando. Si cedía, como muchos sugerían que hiciera, el fracaso final sería su propia felicidad, su alma y el regalo que podía aportar al mundo haciendo funcionar su empresa.

Había riesgo en ambos lados, pero mientras la mayoría de la gente que juzgaba sus acciones sólo podía verlo como lo que podía perder si fracasaba, Bill tenía una perspectiva diferente. Si no tenía éxito, tenía todo que perder: la oportunidad de crear una nueva vida, más libertad para pasarla con su familia y la oportunidad de ayudar a la gente mientras hacía lo que le gustaba, en lugar de realizar tareas sin sentido que le encomendaban otros. Para Bill, el riesgo valía la pena.

Como preguntó una vez Robert Schuller *"¿Qué gran cosa intentarías si supieras que no puedes fracasar?"*

Cuando se trata del riesgo, hay dos lados en cada perspectiva. Muchas personas ven el riesgo como algo peligroso. Te arriesgas y pones los ahorros de tu vida en una inversión que podría fracasar. Dejas tu trabajo para empezar una nueva aventura. Decides probar algo nuevo que muchos no han intentado nunca. ¿Por qué hacemos estas cosas y nos arriesgamos tanto?

Para las personas que están dispuestas a aceptar el riesgo, el miedo a no tener éxito es más fuerte que el miedo a fracasar. Es tan fuerte que el riesgo vale la pena.

El riesgo de no Arriesgar

La vida sin riesgo es una existencia mediocre. Debes asumir riesgos si la recompensa es grande y tiene valor. Si deseas tanto algo que no puedes prescindir de ello, el riesgo que decides asumir se convierte en una acción necesaria. Hay riesgos con un objetivo detrás, y luego hay riesgos que son tontos y deben evitarse.

Yo no correría por la carretera en un coche deportivo nuevo con el cinturón de seguridad desabrochado. Pero dejaría mi trabajo si quisiera perseguir mi sueño de escribir, como he hecho recientemente. ¿Existe un riesgo al dejar tu trabajo a tiempo completo? Por supuesto. Podrías fracasar en tu nueva línea de trabajo. Podrías quedarte sin dinero o que la economía se estrelle y lo pierdas todo.

"Y llegó el día en que el riesgo de permanecer apretado en un capullo fue más doloroso que el riesgo de florecer".

— Anais Nin

La razón nº 1 por la que la gente permanece en trabajos que odia es el miedo: el miedo a cometer un error, a perder ingresos y, como ya sabemos, el miedo a fracasar en lo que se conoce como el gran desconocido.

Elon Musk, fundador de Space X y PayPal y uno de los mayores empresarios de nuestro tiempo, dijo:

"Si algo es lo suficientemente importante debes intentarlo, aunque el resultado probable sea el fracaso".

La vida está llena de incógnitas, ¿verdad? ¿Cómo sabes que vivirás hasta los 75 años? ¿Cómo es que vivir tanto tiempo es algo bueno si nunca has hecho nada que te guste?

La mayoría de la gente tiene miedo al riesgo. Equiparamos el riesgo con el juego. Como te dirá cualquier jugador profesional, antes de poner tu apuesta sobre la mesa, deberías preguntarte: "¿Estás preparado para perder este dinero si no ganas?"

La mayoría de la gente no lo es. Y podemos entenderlo. Pero ¿cuál es el riesgo que corres cada día cuando no te arriesgas a cambiar? Estás en una relación que te hace miserable, pero tienes miedo de cambiarla. ¿Por qué? Puede que no encuentres a nadie más.

Quieres dejar tu trabajo y hacer lo que te gusta, pero tienes miedo de empezar. ¿Por qué? Tu trabajo es seguro y te da un sueldo a tiempo completo, a costa de tu felicidad.

Conozco a muchos empresarios exitosos. Todos ellos se arriesgaron para llegar a donde están, pero también conocían el riesgo de no arriesgarse. Te arriesgas a vivir el resto de tu vida estancado, haciendo un trabajo que odias. Te arriesgas a no llevar la vida que has soñado. Te arriesgas a que tu salud mental y física viva estresada.

Hay una historia de un hombre que estaba al borde de un abismo. Se le dijo que si quería convertirse en la persona que siempre había soñado ser, tendría que salir de la cornisa hacia la oscuridad que había debajo. El hombre dijo: "Pero no sé lo que hay ahí abajo".

"Sí, así es. Nadie lo sabe. Si lo supieras, no saltarías". Si quieres marcar la diferencia en tu vida, cambiar lo que no funciona, contar una historia diferente, tienes que ponerte en esa cornisa y preguntarte: "¿Vale la pena? Si salto y nada me atrapa abajo, ¿estaré bien?".

No hay garantías. Si las hubiera, no sería un riesgo. Y tampoco habría recompensa. Porque la recompensa sólo puede obtenerse cuando has pasado por el dolor, el trabajo y el esfuerzo para conseguirla.

"La seguridad es sobre todo una superstición. La vida es una aventura audaz o nada".

— Helen Keller

6 formas de potenciar el riesgo

(1). Deja ir tu seguridad

Te aferras a la seguridad porque te parece segura. La seguridad de un trabajo a tiempo completo, la seguridad de estar sano, la seguridad de tener dinero en el banco... pero la seguridad es una falsa creencia en un futuro que cambia constantemente. Tu vida, tu salud, tu dinero, tus oportunidades cambian de un día para otro.

Puede ocurrir algo en un instante que tire tu sensación de seguridad contra las rocas y te deje sin nada en el banco, con una salud precaria y una montaña de problemas que no esperabas. Ese es el riesgo de vivir. Si buscas una vida perfecta y sin problemas, una vida libre de riesgos, no existe.

(2). Aprovecha el día y da lo mejor de ti

Acepta el riesgo de vivir. La próxima vez que mires el reloj de la pared, observa cómo pasan los segundos y los minutos. Obsérvalo durante cinco minutos y luego diez. Sabes que tienes una cantidad limitada de tiempo en este planeta para hacer tu bien, desempeñar tu papel y crear influencia y ofrecer impacto.

No desperdicies este día. Aprovecha el momento, invierte en tus relaciones y haz esa cosa para la que has nacido. Tienes que dar lo mejor de ti cada día. Debes estar preparado. No te dejes caer en una vida de cómoda seguridad que no existe.

Mucha gente cree que la vida consiste en tener derechos. El derecho es una de las peores trampas en las que puedes caer, y es el camino hacia una vida de fracasos. El éxito NO aparecerá simplemente porque hayas seguido todas las reglas. El éxito es la culminación de años de trabajo duro. El que triunfa es el que actúa de forma persistente y constante.

La vida no está destinada a ser fácil. Es fácil creer que debería serlo con todos los falsos mensajes que la rodean. No creas en el camino fácil que promete hacerte rico de la noche a la mañana con el mínimo esfuerzo. Esto es una mentira. Si crees en esta ideología, te estarás poniendo en bandeja el fracaso y un resultado decepcionante.

Las personas que tienen éxito son las que pueden comprometerse con el camino difícil. Significa aprender a vivir sin antes de poder tener lo que quieres. Se trata de sacrificar la comodidad del ahora y posponer tu gratificación.

No esperes a que alguien te construya un puente para cruzar el río. Si no hay río, empieza a nadar. Si no hay barcos para cruzar el río, empieza a nadar. Si hay tiburones en el agua... lo adivinaste, empieza a nadar. Las condiciones nunca son perfectas. Cuando el tiempo es malo, ése puede ser el mejor momento para iniciar tu viaje.

Sé consciente de las excusas que surgen cuando estás evaluando el riesgo. Tu mente puede convencerte de que no pases a la acción. Aprovecha el miedo a la escasez y dirige tu atención hacia no hacer nada.

Aquí tienes varios ejemplos de excusas que puedes decirte a ti mismo:

- "Habrá otra ocasión, así que me arriesgaré la próxima vez".
- "Si no tengo éxito, la gente se reirá de mí. Me sentiré demasiado avergonzado como para enfrentarme a alguien".
- "Todo esto ya se ha hecho antes, y la mayoría de la gente que lo intentó, acabó fracasando estrepitosamente".
- "Parece demasiado difícil, como si fuera más trabajo del que necesito ahora mismo".
- "Esperaré hasta que tenga suficiente tiempo. Estoy demasiado ocupado estos días".
- "No es el momento adecuado. Esperaré hasta el año que viene".

(3). Tu actitud ante el riesgo

Henry David Thoreau dijo: *"Lo que obtienes al lograr tus objetivos no es tan importante como en lo que te conviertes al lograr tus objetivos".*

Es cierto que cuando emprendes una acción intencionada y haces algo diferente sin conocer el resultado, siempre hay resistencia. Te sientes incómodo. Asustado. Te planteas echarte atrás en el último momento.

Pero entonces, los que se arriesgan conocen el riesgo. Están dispuestos a asumir una pérdida. El riesgo vale la pena la recompensa. Sin embargo, el individuo que se resiste al riesgo tiene una mentalidad diferente. Ven la recompensa en no haber fracasado. Tienen éxito porque han llegado al final del día sin perder nada. Se sienten seguros en la falsa creencia de que el riesgo es una acción innecesaria.

Entonces, ¿por qué no nos arriesgamos más? Las excusas que utilizamos son abrumadoras. Aquí tienes algunos de los malos pensamientos que te impiden dar ese salto:

- El riesgo de pérdida es demasiado grande.
- La trampa de la comparación: "He visto a gente fracasar en esto antes..."
- El arrepentimiento: "Si fracaso, viviré para lamentarlo..."
- La motivación: "Lo haré cuando me sienta motivado. Y ahora mismo, no lo estoy".
- Excusas: "Es mucho trabajo y estoy demasiado ocupado..."
- Procrastinación: "Esperaré hasta que esté preparado..."

(4). **El camino a seguir es siempre hacia arriba**

La mayoría de los riesgos que la gente asume pueden parecer una tontería para los demás. Puede que incluso intenten disuadirte de hacerlo, recordándote los peligros que conlleva y lo que te ocurrirá si no funciona. Pero el riesgo también se basa en gran medida en la perspectiva.

Tus riesgos tienen que ser inteligentes. El riesgo que asumes debe merecer la recompensa. ¿Qué ganas con esta oportunidad? ¿Hay algún valor en el riesgo que te impulse a seguir adelante?

Si intentas algo audaz, podrías fracasar. Podrías perder tus ahorros, tu tiempo o tu confianza. Pero estas cosas no son lo más importante. Lo que puedes perder si no pasas a la acción es mucho mayor. Te arriesgas a perder tu sueño. Te arriesgas a vivir el resto de tu vida preguntándote siempre: "Si hubiera tenido...". El riesgo de vivir con arrepentimiento es mucho mayor que el riesgo de perder la riqueza material.

Siempre te arriesgas a fracasar, no por lo que intentaste y fracasaste, sino por lo que no intentaste en primer lugar. Aquí radica el verdadero fracaso en la vida. ¿Cuántas personas mueren con su música aún sonando en sus almas? ¿Cuántos llegan al final de sus días sabiendo que no tienen más segundas oportunidades en la vida? ¿Serás tú una de esas personas que ponen excusas hasta el final, con miedo a hacer esa cosa que siempre has soñado pero que nunca dio el primer paso?

Tu vida está en peligro a cada momento del día. Todo podría acabar hoy. Y si lo hace, quieres estar ahí, preparado para decir que hiciste todo lo posible en esta vida para hacerla lo mejor posible. Quieres poder decir que el fracaso nunca te frenó, e incluso cuando tuviste miedo, en esos momentos de temor y duda e incertidumbre, ignoraste el miedo y lo hiciste realidad de todos modos.

(5). Fallar rápido en movimiento

¿Tienes objetivos para este año? ¿Sabes cuáles son? Si lo sabes, quiero que saques tus objetivos y los leas. ¿Cómo te sientes respecto a tus objetivos? ¿Asustado, con posibilidades, tal vez factible? ¿O no sientes nada y te da igual conseguirlos? La mayoría de la gente, cuando establece objetivos (y el 90% de la población no lo hace), establece objetivos que son demasiado fáciles de alcanzar o demasiado vagos para ser vistos. Haz que tu objetivo sea un riesgo. Toma un objetivo este año y desafíate a conseguirlo.

Tu objetivo podría ser conseguir 50.000 dólares en ventas para tu empresa. Pues bien, aumenta esa cifra a 500.000 dólares. ¿Cómo puedes conseguirlo? No lo sé, no soy tú. Pero lo que sí sé es que la vida siempre te dará lo que le pidas.

En un poema escrito por J.B. Rittenhouse, titulado "Mi salario", la última frase es suficiente para hacerte parar, pensar y cuestionar todo lo que pides. Dice así: *"Trabajé por un salario de sirviente, sólo para aprender consternado, que cualquier salario que hubiera pedido a la vida, la vida seguramente lo habría pagado".*

Siempre obtienes lo que pides, y nunca más que eso. Podrías obtener menos de lo que pides, pero en cuanto fijes el límite de tu salario, ése será tu precio y no obtendrás más.

Cuando se trate del reto de la meta, arriésgate. Sé atrevido. Sé valiente y ponte un objetivo que te parezca absolutamente ridículo. No eres la primera persona que hace esto. Hay gente que hace realidad sus sueños, no por casualidad ni por una apuesta afortunada, sino por una acción intencionada impulsada por un objetivo que debe llegar hasta el final. No tienes que ser Bill Gates para arriesgarte. Sólo tienes que saber lo que quieres, y luego encontrar la manera de conseguirlo. Es hora de subir la apuesta. Sólo puedes fracasar a lo grande si vives a lo grande.

(6). El riesgo de decir "NO"

Todo aquello a lo que estás diciendo NO podría ser lo que te está atascando. ¿Dices que NO a una oportunidad porque conlleva riesgos? Si es así, ¿cuánto puedes ganar si ganas? ¿Cuánto podrías perder si lo intentas y fracasas? ¿Cuánto podrías perder si no haces nada y fracasas igualmente?

Ahora mismo, haz una lista de las cosas a las que dices NO cada día. Esta es mi lista:

- No, hoy no voy a hacer ejercicio. Prefiero ver la televisión y engordar más.
- No, no trabajaré en mi nuevo negocio. Prefiero ir a trabajar para otra persona y seguir siendo miserable, haciendo un trabajo que odio.
- No, no cambiaré mis pensamientos. Prefiero aferrarme a mi antigua forma de pensar que me hace infeliz.
- No, no dejaré esta relación. Prefiero quedarme con esta persona y perder mi tiempo tratando de hacerla feliz.

Evitamos asumir riesgos, por pequeños que sean, porque queremos conservar lo que tenemos. "Lo haré algún día cuando esté preparado", dices. "Lo haré cuando tenga suficiente tiempo, suficientes recursos o suficiente confianza".

Pero el día que deseas nunca llega. A la vida no le importa lo que hagas, ni lo que pienses, ni lo que decidas. Seguirá avanzando independientemente de tus decisiones. Pasarán los años y te harás mayor, pero seguirás aferrado a ese mismo estado de ánimo.

Sigues deseando ese día perfecto en el que todo esté a tu favor. Puedo decirte esto: el único día que importa y el único tiempo que tienes es ahora. Así que, ¿estás preparado para tomar este día y hacer algo grande con él? ¿Puedes visualizar dónde estarás dentro de seis meses si haces un cambio?

El cambio nunca debe ser algo que te ocurra. No es un acontecimiento o una obra de teatro montada por otra persona. Tú eres el director de escena, el director de atrezzo y el productor de tu propio espectáculo. En otras palabras, el mundo es un público y tú estás aquí para montar el mejor espectáculo que nadie haya visto jamás.

¿Estás preparado para tocar tu música para que el mundo pueda disfrutar de tu creatividad? ¿O vas a esperar a ese día perfecto en el que te sientas bien? La procrastinación es un juego que juega la mente cuando lucha contra los obstáculos mentales. Tu obstáculo eres tú.

Pero como Ryan Holiday escribió en El obstáculo es el camino: "Si es el camino, tienes que atravesarlo y aceptarlo como el único camino que vale la pena tomar".

He aquí una cita del ex juez asociado del Tribunal Supremo de los Estados Unidos, Oliver Wendell Holmes Sr.:

"Muchas personas mueren con su música aún dentro. Muy a menudo es porque siempre se están preparando para vivir. Antes de que se den cuenta, el tiempo se acaba".

El tiempo se acaba, y debes estar preparado para jugar ahora. Excusas fuera, limitaciones de la mente abandonadas, y todo lo que estás dispuesto a hacer, tener y ser es tuyo.

"El miedo al fracaso es la intensa preocupación que experimentas cuando imaginas todas las cosas horribles que podrían ocurrir si no consigues un objetivo. La intensa preocupación aumenta las probabilidades de frenar o abandonar. Tener éxito depende en gran medida de tu capacidad para aprovechar el miedo".

— Theo Tsaousides, Ph.D

Ocho Maneras en las que el Fracaso Influencia tu Vida

"El fracaso debe ser nuestro maestro, no el que nos entierre. El fracaso es un retraso, no una derrota. Es un desvío temporal, no un callejón sin salida. El fracaso es algo que podemos evitar sólo si no decimos nada, no hacemos nada y no somos nada."

— Denis Waitley

Fracasar es una curva de aprendizaje dinámica. La capacidad de fracasar y mantener una actitud positiva a lo largo del proceso es un sello distintivo de todo triunfador. Para muchos, el fracaso puede significar el final del camino. Si pierdes tu negocio, nunca empiezas uno nuevo. Si fracasas en una relación, dejas de salir con alguien para evitar el rechazo. Si tu libro es rechazado por varios editores, lo tiras a la basura y nunca vuelves a escribir.

El fracaso nos afecta a todos de maneras únicas y diferentes. Tiene una fuerte influencia sobre tus decisiones, las acciones que tomas y el resultado de tus objetivos. El fracaso puede conducir a profundos sentimientos de insuficiencia, vergüenza y miedo al rechazo. Cuestionas tu compromiso de seguir adelante y de intentarlo de nuevo. Mucha gente se queda atascada, perdida en la incertidumbre, se desmotiva y queda atrapada en un mar de pensamientos negativos.

Mientras caes en una espiral de dudas y preguntas el PORQUÉ, te encuentras contra las cuerdas, luchando duro en la última ronda de tu vida antes de golpear la alfombra.

A medida que avanzas en este libro, quiero que pienses en tu apego emocional al fracaso. Haz preguntas cuando tropieces con los desafíos y sé honesto contigo mismo. ¿Cómo afecta el fracaso a tu confianza? ¿Qué tipo de pensamientos se apodera de tu mente? ¿Buscas excusas para rendirte y hacer algo menos arriesgado?

Una de las razones por las que luchas con el fracaso y permites que impacte en tu mente de forma negativa se remonta al condicionamiento. Algunas personas fallan y continúan cargando hacia adelante, sin importar el contratiempo. Dos personas pueden fallar en el mismo objetivo y, sin embargo, uno seguirá adelante, y la otra persona se da por vencida.

¿Cuál es la diferencia? Cuando sobrevives al fracaso y decides continuar, ganas experiencia y conocimiento. Construyes una piel gruesa llamada *perseverancia*. Mientras que la mayoría de la gente se retrae para evaluar y cuestionar si vale la pena seguir adelante e intentarlo de nuevo, cuando dominas el miedo a fracasar, pierdes el control del miedo que te retiene.

Uno de mis primeros mentores tenía un dicho: Actúa ahora. Toma tus fracasos como lecciones. Avanza.

Mi mentor era una persona que tomaba acción. Fracasó mucho. Tampoco le importó. Como resultado, terminó teniendo mucho éxito en su negocio mientras otros perdían sus camisas y luego lloraban por ello con un trago en el bar local. Un día, nos reunimos para tomar un café y me dijo: "Me acabo de enterar de que mi negocio ha perdido 20.000 dólares". Uno de los empleados en los que confiaba me estaba robando, y ha desaparecido. El dinero también ha desaparecido".

Recuerdo haber pensado en ese momento que iba a quebrar o cerrar el negocio. En vez de eso dijo, "Supongo que tendré que seleccionar a los candidatos más de cerca". Y eso fue todo. Reforzó su política de contratación, entrenó a sus empleados para que se desempeñaran a un ritmo productivo más rápido que nadie, y en 18 meses había recuperado el dinero perdido, además, su negocio estaba prosperando de nuevo.

El fracaso tiene un costo, pero no tiene que costarte todo. La mayoría de las lecciones de la vida son gratis si prestas atención y aprendes del fracaso. Si quieres tener éxito, mira cómo la gente exitosa regresa después de haber caído en picada. ¿Cómo reaccionan? ¿Cuál es la primera decisión que toman? ¿Se asustan por el miedo y cierran todo como tortugas que se meten en un caparazón? No.

El fracaso afecta a tu tasa de éxito. Pero la forma en que influye en ti se reduce a tu actitud hacia la situación.

Aquí hay ocho maneras en que el fracaso influye en tu vida y te lleva a un resultado exitoso en tus metas. Mantente fijo en tu comportamiento y en cómo reaccionas cuando te enfrentas a una situación difícil. Aprovecha tu mentalidad de crecimiento y sal de tu zona de confort. Déjate asustar... y toman una acción intencional de todos modos.

(1). El Fracaso te Condiciona para Aguantar Más.

Condicionar tu mente y tu actitud al fracaso es prepararte para el éxito. No puedes tener éxito a menos que falles en el futuro para llegar allí. Cualquiera que te diga, "Oh sí, he llegado hasta aquí y no he fallado ni una sola vez", está implicando tres verdades:

1. No se han esforzado lo suficiente para tener éxito

2. Están tomando el tipo de acción equivocada

3. Están aceptando el mínimo denominador de ganancias y lo llaman éxito sin juicio. Cuanto más se te condicione a fracasar, más fácil será

Los boxeadores entrenan sus cuerpos durante años para recibir golpes duros. Los esquiadores profesionales se caen cientos de veces en las pistas antes de llegar al fondo con una puntuación casi perfecta. Los artistas y creativos producen un mal trabajo antes de que se considere una obra maestra. Cuanto más practicas y pones el tiempo y el trabajo, menos fallas y, tus fallas llevan a la maestría.

No se puede fingir la experiencia. Necesitas ponerte en una situación que invite a la incomodidad. Salir de tu zona de confort, pisar el centro del escenario en medio de un miedo escénico severo, y negarse a ser golpeado cuando acabas de perder por vigésima vez.

Concéntrate en condicionar tu mentalidad. Cuando te enfrentes a una resistencia, identifica la acción a la que te estás resistiendo. Ese es un punto de dolor obvio. Tu objetivo es romper esta resistencia cuando se interponga en tu camino. Obliga a tu mente a retroceder con fuerza. No permitas que las excusas desvíen tu atención. Cuanto más luches, más fácil será ganar. Dentro de unos meses, los obstáculos que una vez te desafiaron se romperán.

(2). El Fracaso es tu Maestro más Grande.

Si fallas, ¿eres un fracaso? Sólo hay una manera de ser un verdadero fracaso — cuando abandonas tu sueño a medio camino y vuelves a fracasar en la vida que odias.

Cuando te conformas con lo que la vida te da, en lugar de lo que creas de tu vida, el fracaso es tu resultado. Te fallas a ti mismo cuando te conformas con lo que está disponible. Pero fallar en sí mismo es lo que te da valor: el valor de seguir adelante, de decir NO, de desarrollar una creencia en tus fortalezas.

Si ves tus errores y dificultades como un camino necesario, en lugar de un obstáculo que te mantiene atascado, puedes aprovechar tu fuerza interna para romper cualquier desafío. Tienes que formar una perspectiva concreta, no sólo de quién eres ahora, sino de quién pretendes llegar a ser.

Henry David Thoreau dijo una vez:

"Lo que obtienes al alcanzar tus metas no es tan importante como lo que te conviertes al alcanzar tus metas."

¿Cuál es la visión que estás creando para ti mismo? ¿Cómo te percibirán los demás que te miran? ¿Quieres que tus amigos, familia e hijos se inspiren en tu compromiso de luchar por la grandeza?

Si es así, tienes que actuar con grandeza. La duda y la incertidumbre siempre te desafiarán cuando salgas de tu zona de confort. Pero tú decides si te creerás las mentiras:

"Fallé, así que no valgo nada."

"Fallé, lo que significa que todo está condenado a fallar".

Las mentiras son interminables, hasta que les pongas fin. Apaga las voces internas negativas. Sintoniza tu voz de aliento positivo. Es la voz que te habla con confianza, amor y seguridad.

Todos temen fracasar hasta que fracasan y sobreviven. Construimos una visión negativa de lo que significa fracasar. Lo percibes como algo a lo que no sobrevivirás, o "esto es el fin de todo" si no lo logras. He fallado muchas veces, y siempre me ha dado miedo. Pero siempre salí adelante en el otro lado. Tenía algunas cicatrices del curso de la batalla con los desafíos que enfrentaba, pero la derrota nunca fue una opción.

Como dijo Benjamin Franklyn: *"Las cosas que duelen, instruyen."*

Puedes percibir el fracaso como tu mejor maestro. Al abrir tu mente a la instrucción que tiene que enseñarte, tu vida se convierte en una lección de dominio personal. Esta es una educación que no puedes aprender en la escuela.

Deja que el fracaso sea tu guía. Aprecia tus errores avanzando y consuélate sabiendo que te estás fortaleciendo, desarrollando tu capacidad de recuperación, y agradece la oportunidad de estar en un camino de mejora constante e interminable.

(3). El Fracaso Cambia Tu Actitud Hacia El Cambio Deseado.

Si hay algo que el fracaso puede enseñarte es esto: El cambio es necesario para progresar. Si no intentas nuevas cosas, intentando y fallando en ellas, el crecimiento de tu carácter se estanca. Caes en una rutina. El cambio viene con el aplastamiento de tus obstáculos y la decisión de seguir adelante.

Tu vida se trata de experimentar tanto fracaso como puedas. Los niños cometen más errores que nadie, hasta que los adultos les enseñan que los errores no están bien y que deben tener cuidado. Pero ser cuidadoso puede invitar al miedo a tu vida también.

Empiezas a ser cauteloso; luego empiezas a temer lo que pasará si metes la pata. Y a medida que empiezas a evitar el riesgo, también evitas cambiar la forma en que están las cosas. El cambio sólo puede ocurrir cuando haces algo diferente.

(4). ElFracaso Pone A Prueba Tu Compromiso

Falla una vez y lo vuelves a intentar. Falla dos veces y... ¿qué harías? Tomemos a Thomas Edison como ejemplo. Todos sabemos lo resistente que era y cómo, a pesar de los fracasos, siguió intentándolo. Walt Disney falló repetidamente durante años y siguió adelante. Así que esto nos dice algo sobre el fracaso: Prueba su nivel de compromiso.

Si trabajas por algo en lo que crees y estás decidido a conseguirlo sin importar el costo, fallar sobre la marcha es un testamento de lo comprometido que estás. Las personas que se rinden justo antes de la línea de meta o dejan de intentarlo después de caerse unas cuantas veces no tienen el compromiso de terminar. Son pasados por alto por los pocos que están lo suficientemente decididos a llegar al final de la línea de meta.

(5). El Fracaso Influye En Tu Tasa De Crecimiento

Las personas que evitan los errores porque pueden fallar se están preparando para el fracaso de inmediato. Al evitar posibles errores, también se está renunciando a tomar las medidas correctas que conducen a importantes lecciones aprendidas.

La mayoría de nuestras lecciones en la vida pueden ser tomadas de los errores cometidos. Tal vez tuviste que cometer el mismo error varias veces antes de acertar. Tu ritmo de crecimiento y cómo aprendes está inmediatamente conectado con tu habilidad para intentarlo.

Mucha gente ni siquiera lo intenta. Esperan el momento perfecto cuando tienen el suficiente valor, o el suficiente dinero, o el momento adecuado. Pero el momento nunca es perfecto y de un día para otro la vida está en movimiento y moviendo las cosas. Tienes que tomar medidas sin importar las circunstancias.

El fracaso no es el retroceso que creemos que es. Todo lo contrario. La gente que comete muchos errores y fracasa rápido está en una curva de aprendizaje acelerada. Están fallando a un ritmo rápido porque saltan y van a por ello. Si aceptas el fracaso como tu única forma de aprender, te alejas de la duda y aceptas el resultado sin importar cuál sea.

(6). El Fracaso Influye En Las Personas Que Traes A Tu Vida

Superando y perseverando a través del fracaso, se nivela la mentalidad y se cambia a un nuevo papel en el juego. Los verdaderos fracasos, las personas que fracasan por defecto en la vida por no tomar medidas, nunca cambian y buscan invariablemente personas con ideas afines que piensen y actúen como ellos. Si estás decidido a ganar y te niegas a aceptar el fracaso como tu final del juego, quieres conectar con la gente de esa misma longitud de onda.

Si te juntas con gente que no está interesada en crecer o expandirse más allá de su zona de confort, te arrastrarán con ellos. No importa cuán fuerte seas, eventualmente caerás. El fracaso influye en tu elección de con quién pasas un tiempo valioso.

Si el tiempo es tu mayor recurso y es limitado (y sabemos que lo es), entonces es fundamental que busques personas influyentes de alto nivel que estén decididas a ayudarte a levantarte y a ser lo mejor que puedas ser. Demonios, quieres ser mejor de lo que eras el día anterior.

(7). El Fracaso Influye En Tu Sentido De Autoestima

Al fallar, y ver lo peor de tu fracaso, ganas un mayor sentido de valor. Te vuelves digno de fracasar probando a tu propia mente que todo lo que creías sobre el fracaso ha estado mal desde el principio.

Una de las mayores realizaciones que tuve hace años fue darme cuenta de que mi antigua forma de pensar me hacía creer que el fracaso devaluaba tu valor y te hacía menos que una persona. El fracaso significa que no vales nada a los ojos de todos. Pero, de hecho, es tu autoestima la que aumenta cuando pasas por momentos difíciles y haces que funcione sin importar lo que pase.

Esto es la construcción del carácter en su mejor momento; cuando estás dispuesto a poner tu carácter ahí fuera, a desafiar la forma de pensar de los muchos y tomar el destino en tus propias manos. El fracaso influye en tu sentido de autoestima porque aumenta tu valor personal construido sobre tu habilidad para romper la resistencia con agallas y resistencia.

Tu nivel de autoestima está en tándem con tu voluntad de fracasar, de hacer lo que sea para tener éxito, de desafiar los eventos, la gente e incluso los principios y reglas cuando todo va en tu contra y decir "No". Si crees en lo que haces, y crees en tu misión, no necesitas permiso para actuar.

(8). El Fracaso Influencia Tus Hábitos

Los hábitos que alimentas son los que determinan tu ritmo de superación del fracaso. Echemos un vistazo. Si quieres perder peso pero hasta ahora no lo has logrado, ¿son tus hábitos concurrentes con los de alguien que quiere perder peso? Si te alimentas de un sistema de malos hábitos, no conseguirás los resultados que realmente quieres. Tu sistema de hábitos juega un papel importante en cómo fallas.

Con un sistema de buenos hábitos que te empujan a crecer, puedes fracasar y seguir progresando. Pero los malos hábitos siempre te fallarán y te detendrán, llevando tu tasa de fracaso a lo negativo. El enfoque es simple pero la ejecución es el desafío. Una cosa es decir, "Voy a dejar de comer comida chatarra durante 30 días para poder perder peso". Tienes la intención, pero seguir adelante requiere otro nivel de esfuerzo.

Tus buenos hábitos siempre alimentarán tu éxito, incluso cuando te desvíes del hábito. Los malos hábitos son cualquier cosa perjudicial para tu verdadero deseo. Si quieres mejorar tu salud pero sigues fumando, obviamente no te sentirás bien contigo mismo. Deja este hábito y reemplázalo con 30 a 60 minutos de ejercicios cardiovasculares 3 a 5 veces por semana.

El fracaso en otras áreas de tu vida puede influir en tus hábitos. Si experimentas fracasos en tus relaciones personales o de negocios, puedes tratar de ahogar la realidad en azúcar o alcohol. El estrés y la ansiedad provocados por la preocupación, los problemas de autoestima o ambos pueden sacar a relucir lo peor de tus hábitos.

Te sugiero encarecidamente que pases 30 minutos de tiempo de reflexión tranquila al día. Esto podría ser usado para dar un paseo o en meditación. Construir un sistema de buenos hábitos en su rutina matutina y diaria evitará el fracaso potencial que los malos hábitos traen.

Destruye tus Excusas **De Miedo**

"No hay fracaso sino en dejar de intentarlo. No hay derrota, salvo desde dentro, no hay barrera realmente insuperable salvo nuestra propia debilidad inherente de propósito."

— Frank McKinney

Las excusas son falsas justificaciones creadas para convencernos de que no podemos vivir como queremos. Se trata de una poderosa forma de autoengaño: una mentira dentro de otra mentira que nos mantiene atrapados. Las excusas que apoyan nuestros fracasos se basan en una base de creencias falsas

Nada es posible cuando tienes miedo de probar cosas nuevas o explorar posibilidades. Este nivel de miedo pretende destruir tu potencial de crecimiento y desarrollo.

Creado a través de múltiples miedos -el miedo al fracaso, el miedo al rechazo, el miedo al éxito o el miedo al cambio-, al crearte excusas, permites que los patrones de pensamiento negativos tomen el control de tu mente. Esto afecta a la dirección de tu vida.

Al creer todas las razones por las que no puedes o no debes pasar a la acción, te frenan los miedos de "¿Y si...?".

Por ejemplo:

- "¿Y si fracaso?"
- "¿Y si no funciona como yo quiero?"
- "¿Y si pierdo todo mi dinero?"
- "¿Y si no le gusto a nadie?"
- "¿Y si hago el ridículo?"

Hay una forma de superar estos pensamientos autodestructivos. Al replicar con confianza y actuar intencionadamente contra tus voces internas de miedo e incertidumbre, las excusas temerosas pierden todo su poder de razonamiento.

Una vez que dejas de crear excusas para explicar por qué no puedes, adoptas una nueva actitud y desarrollas una forma de pensar positiva. Con un cambio de perspectiva, creas un sistema de nuevos hábitos y patrones de pensamiento, que conducen a una elección intencionada.

Cuando desarrollas el hábito de pensar en positivo y de convertir cada situación negativa en una oportunidad para sanar, las excusas negativas ya no tienen apoyo para controlar tus pensamientos o acciones. Eres libre de tomar mejores decisiones que te lleven a un resultado exitoso en lugar de un fracaso repetitivo.

El Don de la Voluntad de Hierro

Independientemente de tu profesión, riqueza o estatus social, los fracasos le ocurren a todo el mundo. Fracasar es una de las principales necesidades de autodesarrollo y crecimiento. Cuando fracasas repetidamente en la consecución de tu objetivo o en la realización de tus sueños en la vida, te duele. Creas resentimiento. Quieres conseguirlo, pero la distancia de aquí a allí es tan grande que parece estar a miles de kilómetro.

Piensa en lo que dijo Winston Churchill sobre el fracaso:

"El éxito consiste en ir de fracaso en fracaso sin perder el entusiasmo".

El fracaso te hace mejor. Es la garra que te impulsa a sobresalir en lo que sea que te estés esforzando. Cuando la decepción se cuele en tu mente, sácala de ahí. Cuando el miedo se apodere de ti y sientas que te doblas, dite a ti mismo: "Estoy sintiendo el miedo, pero lo hago de todos modos". Si alguien te sugiere que te rindas porque es demasiado difícil, recuerda los cientos de hombres y mujeres de éxito que lucharon contra la adversidad.

Reconoces estos fracasos:

- Michael Jordan falló la mayoría de los tiros que hizo.
- La mega-bestseller de J.K. Rowling, Harry Potter y la piedra filosofal, fue rechazado por varios agentes.
- Walt Disney fue despedido del Kansas City Star por falta de imaginación.
- El primer negocio de Bill Gates fracasó.
- La receta del pollo frito del Coronel Sanders fue rechazada por más de 1000 restaurantes cuando tenía 65 años y vivía con un cheque de seguridad social de 105 dólares al mes.
- El libro de Jack Canfield Sopa de pollo para el alma fue rechazado 144 veces, y un editor se rió de él cuando Canfield le dijo que el libro iba a vender medio millón de ejemplares.

El fracaso está en todas partes. Las excusas también están en todas partes. Depende de ti si crees en tus miedos o dominas tu valor.

Cuantas más oportunidades tengas de probar cosas diferentes, más aumenta el riesgo de fracasar. Las únicas personas que conozco que nunca se equivocan o fracasan en algo son las que nunca intentan nada diferente. No aceptan nuevos retos ni tienen el deseo de ser desafiados de ninguna manera. Se quedan estancados, no porque no puedan emprender una acción intencionada, sino porque deciden que no lo harán. Caen en la misma rutina día tras día y se arriesgan lo menos posible para no tropezar y parecer tontos.

Si caes en esta trampa, reduces el riesgo de fracasar, pero también dejas de superar tus propias limitaciones. Creas una zona de confort que se convierte en una prisión y reduce tus posibilidades de alcanzar el nivel de éxito que podrías tener.

Es posible que muchos de tus fracasos te hayan dejado recuerdos dolorosos: relaciones que nunca llegaron a buen puerto, malas inversiones, trabajos sin futuro, fracasos escénicos o momentos embarazosos que te dejaron traumatizado. Es tan doloroso que has decidido no volver a hacerlo. Pero al tomar esa decisión, también estás eligiendo fracasar por defecto.

Al no volver a levantarte e intentarlo de nuevo, aceptas el fracaso como resultado final. Es entonces cuando termina el crecimiento. Cuando dejas de crecer y subir de nivel, no te quedas estancado. Retrocedes y retrocedes. Temes quedar mal.

No tiene por qué ser así. Tienes más fuerza de la que crees. La mente no siempre tiene razón. Cuando está en medio del fracaso, te hace cuestionar todo, hasta quién eres y por qué estás aquí. Pero el fracaso, por muy doloroso que sea, es una parte necesaria de la vida. Es el camino hacia tus sueños y objetivos. El fracaso no sólo forma parte del viaje, sino que es el viaje.

Walt Disney dijo: *"Todos nuestros sueños pueden hacerse realidad, si tenemos el valor de perseguirlos".*

Cualquier cosa que deseemos está dentro del ámbito de las posibilidades, pero tu pensamiento negativo apoya la autoduda que aleja las posibilidades de éxito. Los pensamientos negativos crean creencias como: "No puedo hacerlo", o "No estoy hecho para eso", o "A otro se le ocurrirá una idea mejor". Tienes que eliminar este patrón de pensamiento destructivo antes de que tenga tiempo de completar su ciclo de auto derrota.

No importa el obstáculo, te enfrentarás a tu hora más oscura y perseverarás. Es esta voluntad de hierro la que atraviesa el miedo y rompe todos los obstáculos: la voluntad de hacer lo que sea necesario para alcanzar una visión, para lograr un objetivo magnífico y para hacer todo lo posible para superar la auto derrota.

Lee esta declaración y guárdala en la memoria:

Las personas que triunfan a pesar de los fracasos están hechas de una voluntad de hierro que pocos poseen. Siguen intentándolo. Cuando un camino no funciona, prueban otro. Con cada fracaso, tienen éxito porque están más cerca de conseguir sus objetivos.

Excusas: Caminos hacia el fracaso

La formación de excusas es un método utilizado para evitar el miedo a asumir un riesgo. En lugar de ir a por ello, la gente tiene demasiado miedo de arriesgarse a parecer estúpida o a dañar su ego por la vergüenza. Preferimos tomar el camino más fácil e inventar excusas para todas las razones por las que no es posible actuar.

Las justificaciones creadas que te obligan a someterte a la inactividad pasiva son más perjudiciales que los peores fracasos que podrías soportar. La definición de un verdadero fracaso no es la de alguien que lo intentó y nunca tuvo éxito, sino la de alguien que nunca tuvo el valor de intentarlo en primer lugar.

Al no actuar, produces los mismos resultados que si lo hubieras intentado y fracasado. Así que, ¿no sería mejor que te dieras una oportunidad? ¿Preferirías arriesgarte y ver qué pasa? Pregúntate: "¿Qué es lo peor que podría pasar?". Si puedes aceptar el peor escenario, no tienes nada que perder.

No perseguir las cosas que quieres en la vida es un fracaso disfrazado. Usamos excusas para defendernos de las heridas del mundo mientras construimos muros que protegen intereses limitados y egos frágiles, y para preservar el campo de visión limitado a través del cual vemos el mundo. Tus excusas para no perseguir tus sueños pueden parecer válidas, pero bajo la superficie hay un camino que conduce a un falso razonamiento y a una amarga derrota.

He aquí otras excusas que utilizamos para convencernos de no correr un riesgo:

- "Soy demasiado viejo para eso".
- "No funcionó para mis amigos, así que ¿por qué debería funcionar para mí?"
- "Esperaré a que otro lo haga y tenga éxito".
- "Ahora mismo estoy demasiado ocupado. Cuando las cosas se calmen, yo..."
- "No tengo las habilidades adecuadas".
- "Todavía estoy perfilando el GRAN plan".
- "Yo no soy así".
- "La inversión inicial es demasiado. No puedo permitirme perder ese dinero".
- "Llevo veinte años en este trabajo, así que es demasiado tarde para cambiar ahora".

Cuando inventas excusas para no emprender una acción inmediata, se refuerza tu determinación de seguir el camino de menor resistencia. El ego utiliza las excusas para controlar tu situación, tanto si la quieres como si la odias. Llegará un día en que otra persona asumirá el riesgo que tú no asumiste, y tendrá éxito donde tú fracasaste.

Su éxito final se convertirá en tu trágico fracaso. Su ganancia se convierte en tu pérdida. Puede que tropiecen unas cuantas veces antes de acertar, pero al final lo conseguirán, y prosperarán con el éxito que tú podrías haber tenido.

"El miedo: Pruebas falsas que parecen reales".

Si quieres evitarlo, la clave es no pensar en lo que puedes perder si fracasas. Pregúntate: *¿qué ganaré si tengo éxito?*

Este cambio de percepción es poderoso. Una línea de pensamiento te mantiene atrapado en la escasez (podría perder lo que tengo) y la otra forma de pensar se centra en la abundancia (ganaré mucho si tengo éxito).

Cuando parezca difícil alcanzar tu objetivo, escribe la única cosa que siempre has deseado y que este curso de acción podría proporcionarte. No te des permiso para fracasar por miedo. Muchas personas se rinden justo antes de la línea de meta, y no tienen ni idea de lo cerca que estuvieron de conseguirlo.

Utiliza la visualización para quemar tus excusas

La visualización es un ejercicio poderoso. La mayoría de la gente subestima la energía que se crea al visualizar repetidamente su "éxito futuro". Concéntrate en esta visión cuando tropieces y no tengas éxito la primera vez. Pasa constantemente esta visión por tu mente, una y otra vez. Visualízate viviendo este sueño.

Robert Collier dijo: *"Visualiza esa cosa que quieres, vela, siéntela, cree en ella. Haz tu plano mental y empieza a construir".*

Las excusas, el miedo o los pensamientos negativos no tienen defensa contra una visión poderosa. Agudiza el enfoque y canaliza toda tu energía en una sola corriente de esfuerzo concentrado. Crear esta fotografía mental de dónde estás ahora y dónde quieres estar es increíblemente poderoso.

Al integrar la herramienta de la visualización en tus hábitos diarios, desarrollas la capacidad de enriquecerte en todos los sentidos. Eres el arquitecto visual que suministra los planos y los proyectos. Tú aportas tus ideas; la imaginación visual es el carpintero de tus sueños.

Puedes implementar la práctica de la visualización en tu rutina diaria. Empieza haciéndote estas preguntas:

- ¿Qué harías si no hubiera limitaciones para el tipo de vida que deseas?
- ¿Cómo pasarías el resto de tus días si tus excusas no pudieran impedirte seguir adelante?
- ¿Qué te haría falta para lograr todo lo que siempre has soñado?
- ¿Qué oportunidades te gustaría tener? ¿Cómo vas a crear esas oportunidades?
- - ¿Qué acontecimiento visualizas que tendrá un profundo impacto en tu vida?
- - ¿Cuál es la vida que visualizas vivir algún día?
- ¿Qué acciones podrías llevar a cabo cada día para acercarte a la consecución de este sueño?

"Creo que visualizar el fracaso cuando estás empezando es algo realmente malo".

— Marcia Gay Harden

Contéstale a tus excusas

La clave para enfrentarte a tus miedos personales es quitarles el poder a las ideas y conceptos negativos, eliminando cualquier pensamiento insano que haya construido una falsa realidad. Contéstale a tus excusas.

Estas excusas son las mismas que has utilizado durante años para mantener las mentiras. Para evitar enfrentarnos a los retos y aprovechar las oportunidades, creamos excusas de por qué no podemos. Este comportamiento de autoconversación negativa puede desviarse con la práctica, y eventualmente eliminarse, y sustituirse por imágenes más positivas y potentes de ti mismo asumiendo papeles más proactivos.

Demasiadas personas han envejecido y se han dado cuenta de que podrían haber sido más y haber hecho más, pero el miedo les retuvo. Ahora el miedo es de otro tipo: el miedo a saber que nunca tendrán la oportunidad de hacer las cosas que siempre quisieron hacer.

Acostúmbrate a no poner excusas. No aceptes nada como imposible de conseguir hasta que hayas agotado todos los esfuerzos conocidos para conseguirlo.

Crea suficientes razones positivas de por qué debes hacerlo. Si te encuentras inventando múltiples razones de por qué no puedes, da un paso atrás y analiza cómo te sientes en ese momento. En muchos casos, estos sentimientos negativos influyen en las justificaciones que creamos.

Puedes cambiar tus excusas de palabras de debilidad a palabras de poder que te inspiren y animen a superar tus miedos.

Arrepentimientos antes de morir

Bonnie Ware era una enfermera que trabajó en cuidados paliativos durante muchos años. Sus pacientes eran personas que iban a morir a casa. Bonnie pasaba tiempo con cada uno de ellos antes de que fallecieran. Les pidió que compartieran los remordimientos que habían tenido durante su vida. De las entrevistas surgieron temas comunes. Éste era el mensaje central que muchos tenían en común:

Ojalá hubiera tenido el valor de vivir una vida fiel a mí misma, no la vida que otros esperaban de mí.

Cuando llegues al final de tu vida, ¿mirarás hacia atrás sin lamentarte? Si tienes remordimientos, ¿cuáles son? ¿Es demasiado tarde para cambiar esos acontecimientos?

El pasado no puede cambiar, pero podemos cambiar las cosas hoy. ¿Qué sueños has estado posponiendo? ¿Sigues esperando la felicidad en lugar de crearla por ti mismo?

Independientemente de tu edad, nunca es demasiado tarde para hacer lo que siempre has querido hacer. Recuerda que tienes el poder de reinventar quién eres en cualquier momento. Puedes tomar decisiones prioritarias para vivir de un modo que exprese plenamente quién eres como individuo.

Los pacientes terminales entrevistados por Bonnie Ware se arrepienten profundamente de cosas que nunca hicieron y de los miedos que les frenaron. Al no tomar decisiones que puedan cambiar tu destino, te estás preparando para el arrepentimiento. En su lugar, elige convertirte en lo mejor de ti mismo.

Tus sueños son demasiado importantes para ser víctima de las excusas. Empieza a convertir las excusas en palabras positivas de empoderamiento. No eres impotente; ejerces un gran poder desde tu interior.

El Poder de Decidir

Lo importante no es si pierdes o fracasas, sino lo que haces después de fracasar. ¿Inventarás una excusa para no volver a intentarlo? ¿Tomarás el camino fácil y seguro, pisando sin riesgo de tropezar? ¿O abrazarás tu mayor momento de derrota y lo convertirás en una victoria? ¿Estás dispuesto a levantarte para afrontar el siguiente reto?

Hay que elegir. Acepta tus fracasos y busca la oportunidad de convertir una pérdida en una victoria. Estamos educados para pensar que perder es fracasar y que fracasar es malo. Pero no es así. Cuando tropezamos y nada sale como debería, no es el fin del mundo.

Puedes recuperarte, levantarte de nuevo y volver a intentarlo. La mayoría de las cosas en las que temes fracasar son en realidad oportunidades de oro disfrazadas. Puedes elegir ignorar estas oportunidades o arriesgarte y actuar sobre ellas.

Si escuchas a tu miedo y reaccionas ante él permaneciendo pasivo, te paralizarás indefinidamente, sin poder pensar ni actuar. Tus miedos ganarán y serás derrotado en todo momento. Debes estar dispuesto a levantarte de nuevo después de experimentar esos continuos derribos, y negarte a ceder cuando las probabilidades estén en tu contra.

Un mentor mío tenía un dicho: "Sé siempre el último hombre en pie". En una carrera, después de que todos los demás se hayan rendido, tú eres el que sigue intentando llegar a la meta. Cuando el mercado se vuelve malo y acabas de sufrir un golpe financiero, estarás buscando formas de ganar más dinero. Cuando la gente diga que lo que persigues es imposible, conviértete en un creyente de lo imposible. Esta es la actitud que adoptan los campeones.

Puedes crear una fuerza positiva motivadora empujando hacia delante, trabajando con tu miedo y utilizándolo como palanca. Es como moldear la arcilla. Hasta que no la levantas y empiezas a trabajar con ella, permanece en su estado original. Tienes el poder de elección para crear lo que desees, independientemente de las condiciones actuales.

Toma Cargo y Toma una Decisión

Puedes empezar hoy mismo tomando las riendas y aceptando la plena responsabilidad de tu vida. Vive el estilo de vida empoderado que sabes que quieres.

A medida que aprendas a responder a los mensajes negativos, experimentarás el cambio. Deja de convencerte de por qué no puedes y dite a ti mismo por qué puedes, y las razones por las que sientes que te lo mereces, ¡porque lo mereces!

Nuestras excusas son convincentes, pero no tendrán ninguna oportunidad contra el contraataque de una declaración positiva. Durante mucho tiempo, me decía a mí mismo: "¿Por qué yo? ¿Por qué querría alguien contratarme? ¿Por qué querría alguien pagarme por mi trabajo cuando siempre hay alguien ahí fuera que puede hacerlo mejor? ¿Quién va a creer en mí cuando ni siquiera puedo creer en mí misma? ¿Qué tengo que ofrecer?".

Me di cuenta de que estas preguntas eran negativas y sólo podían llevarme a pensar más profundamente en el fracaso. Adopté un enfoque diferente y empecé a preguntar: "Oye, ¿por qué no yo?". Cuando te encuentres poniendo una excusa negativa, identifica el origen y sustitúyela por lo contrario.

Mira los siguientes ejemplos:

Algún día lo haré.

Empieza hoy mismo a realizar tu sueño. Si esperas a algún día, nunca lo harás. Todas tus excusas se agotan con cada nuevo día. Es hoy cuando se presenta la mayor oportunidad. ¿La aprovecharás, o esperarás a un "algún día" que quizá nunca llegue?

Me falta disciplina para tener éxito.

A nadie le falta disciplina. Nos faltan objetivos dignos que nos motiven e inspiren a pasar a la acción inmediatamente. Si crees que no tienes disciplina, es porque tienes objetivos que no te motivan ni te entusiasman lo suficiente como para hacer algo al respecto.

Escribe tus objetivos lo antes posible y ponte a trabajar en ellos. La disciplina no es algo con lo que se nace. Es una práctica en la que trabajas para llegar a ser competente. Empieza a disciplinar tus palabras y pensamientos para que trabajen a tu favor en lugar de en tu contra.

Me faltan la educación y los conocimientos para tener éxito.

Una educación cara en una universidad prestigiosa no siempre garantiza el éxito instantáneo. Todavía tienes que trabajar para conseguirlo. Durante años, creí que la falta de educación o el hecho de tener amplios conocimientos era un obstáculo para mí, hasta que recordé que Albert Einstein nunca terminó la escuela secundaria y, sin embargo, cambió el mundo con su visión, sus teorías y sus ideas. No es la falta de educación lo que provoca los grandes fracasos. Es la falta de imaginación.

Me educaron para ser ordinario.

Es perfectamente aceptable ser ordinario. En cierto sentido, todos intentamos hacerlo lo mejor posible con lo que tenemos. Cuando te das cuenta del propósito de tu vida, tienes la oportunidad de ser algo más que ordinario. Puedes hacer grandes cosas, pero seguir haciéndolas de forma ordinaria.

La forma en que te criaron sólo influye en tus resultados hasta cierto punto. Tú tomas la decisión de si quieres hacer las cosas de la manera en que fuiste entrenado para hacerlas.

Las personas que han logrado grandes cosas siguen siendo personas ordinarias. Sólo son personas normales que han conseguido grandes cosas porque se han comprometido a dominar su oficio.

No tengo tiempo para mis sueños.

Si no tienes tiempo para tus sueños, ¿para qué tienes tiempo?

Todo se ha hecho antes.

En las últimas décadas se han hecho grandes descubrimientos que han desafiado la imaginación humana de formas que nunca se soñaron posibles hace cien años. También es cierto que todos los días se exploran grandes ideas, y a veces perdemos la fe en nuestras ideas o en nuestra planificación porque tememos que otro ya haya llegado antes.

Sin embargo, no todo se ha hecho antes o estaríamos viviendo en un mundo sin necesidades crecientes. El mundo sigue necesitando nuevas ideas y visiones. A veces, estas ideas se basan en lo que ya se ha creado, y otras veces, se abre una nueva puerta que conduce a futuras ideas innovadoras y vías dinámicas.

"Puedes desanimarte por el fracaso, o puedes aprender de él. Así que, adelante, comete errores, haz todo lo que puedas. Porque, recuerda que es ahí donde encontrarás el éxito, en el lado opuesto del fracaso".

— Thomas J. Watson

Derrotar la "decepción del fracaso"

"Cualquier cosa que puedas hacer, o que sueñes que puedes hacer, comiénzala. La audacia tiene genio, poder y magia".

— Goethe

El fracaso puede ser una experiencia desoladora y decepcionante para la mayoría de las personas. Has quedado en segundo lugar en una maratón cuando se esperaba que quedaras en primer lugar. No has aprobado un examen por un 2%. No conseguiste el trabajo de tus sueños porque otro entrevistado fue a una universidad mejor. La persona a la que finalmente decidiste pedir una cita te dijo que no. El negocio en el que invertiste todos tus ahorros fracasó después del primer año.

Este tipo de fracasos y casi fracasos pueden dañar la autoestima, crear sentimientos de desesperanza y hacer que te sientas inútil. Esto te pone en situación de tener más expectativas de fracaso más adelante. En la siguiente carrera a la que te presentas, tienes menos confianza en ti mismo; en la siguiente entrevista de trabajo a la que vas, te presentas con una postura de fracaso, como si tampoco tuvieras ninguna esperanza de conseguir ese trabajo. Tienes una fuerte resistencia a pedirle a alguien una cita porque esperas otro rechazo. Al sentirte menos competente, menos motivado y menos de todo, empiezas a caer en pensamientos repetitivos que destruyen tu mentalidad positiva.

Lo que estás experimentando es una decepción a gran escala. Se trata de una profunda decepción de ti mismo. No sólo has defraudado a los demás, sino que te has fallado a ti mismo. Empiezas a dudar de que cualquier acción que lleves a cabo no supondrá más que más fracasos, más personas que te rechacen y más pérdidas. Esta forma de pensar está distorsionada y daña tu autoestima y tus sentimientos de autovaloración.

Comienza el tren del dolor de las descalificaciones negativas:

- "No soy bueno".
- "No puedo creer que haya pensado que tenía una oportunidad. ¿En qué estaba pensando?"
- "Es la última vez que asumo este tipo de riesgo".
- "Sólo los perdedores quedan en segundo lugar".
- "Si sólo fuera más inteligente, más sabio, más guapo..."
- "De todas formas, nunca tuve ninguna oportunidad".

Esta guerra psicológica contigo mismo sólo puede acabar de una manera: **que te rindas y aceptes el fracaso como resultado final**. Que te niegues a volver a intentarlo por miedo a perder. El ego desempeña un gran papel en esta historia. El ego odia perder porque te ha convencido de lo imparable, imbatible y de lo grande que eres.

El poder psicológico del fracaso puede ser perjudicial, pero eso no significa que tengas que aceptarlo. Todos nos sentimos decepcionados cuando fracasamos en algo. No debe gustarte, pero lo que sí puedes hacer es luchar contra los sentimientos de impotencia, desesperanza y desesperación. Ese sentimiento de profunda decepción en ti mismo es natural. Esperas tener éxito cuando te preparaste con ahínco para la entrevista, estudiaste muchas noches para ese examen, o te entrenaste todos los días en el campo para la carrera.

Pero fracasar en sí mismo no es la conclusión final. Sólo es definitiva si decides que has terminado, te rindes y no vuelves a perseguir ningún otro reto. Pero esto es lo que realmente es el fracaso: renunciar cuando estás tan cerca de tener éxito la próxima vez. Tirar la toalla cuando todo lo que tenías que hacer es esforzarte un poco más, hacer otro intento y aumentar tu conjunto de habilidades para tener la mejor oportunidad de éxito.

Tomar esa decisión crítica de no volver a intentarlo para no tener que pasar por el sufrimiento emocional de sentirse fracasado conduce a un patrón de auto derrota. El fracaso puede afectar a nuestra autoestima y sacar falsas conclusiones sobre nuestro carácter. Para empeorar las cosas, si te rodeas de un grupo que no te apoya, te recuerdan tu fracaso con desprecios:

- "Ya ves, te dije que no funcionaría".
- ¿Qué pensabas, que eras mejor que nosotros?"
- "No te preocupes, nadie tiene éxito en eso. Tú no eres diferente".

Al intentar superar esta decepción en ti mismo, buscas formas de evitar el bochorno, la humillación y la vergüenza. Estableces tus expectativas a la baja, reduces tu nivel de rendimiento esperado y generas excusas de por qué no debes esforzarte tanto a partir de ahora. Puede que te sientas "agotado" o que necesites un descanso antes de afrontar otro reto.

Ten cuidado con este enfoque. Tu razonamiento podría ser tu forma de escapar en secreto. Inconscientemente rebajas tus expectativas y aplazas la respuesta o la acción inmediata. El miedo a fracasar -y la decepción que conlleva- te golpea tan profundamente que te intimida volver a intentarlo. Esta intimidación te lleva al miedo, y tu miedo te lleva a la depresión y a sentirte como un absoluto fracaso en todo.

No vayamos por ahí. Antes de tomar la decisión de abandonar, crea una lista de opciones. Si renunciar no es una opción, cuál es el paso de acción que puedes dar ahora mismo para avanzar un solo paso.

Debes preguntarte: *¿Cuál es mi siguiente paso?* Estoy decepcionado por no haber tenido éxito, así que tengo uno de los dos caminos que puedo tomar:

1. Me rindo y vuelvo a mi vida como era antes de esto. Dejo de perseguir todas las metas, dejo de asumir riesgos y elimino cualquier actividad que pueda llevarme a un fracaso decepcionante de nuevo.

2. Me aguanto y lo vuelvo a intentar. Sólo que entreno más duro, me veo mejor, trabajo más rápido... y si vuelvo a fracasar, me esfuerzo más la próxima vez.

Tú decides el camino que hay que seguir para superar la decepción personal. Así que, aquí está. Puedes prepararte para ganar centrándote en hacerlo lo mejor posible. Entrena mucho, practica mucho, trabaja mucho. Entonces, cuando no llegues a la meta y acabes en el 2º o incluso en el 10º puesto, sabrás que has dado lo mejor de ti en ese momento. La única posición que es peor que el último puesto en una carrera es rendirse. Los ganadores terminan la carrera independientemente del lugar en el que se encuentren.

"Las perlas no se encuentran en la orilla del mar. Si quieres una, debes bucear para conseguirla".

— Proverbio Chino

No hay límites para lo bueno que puedes llegar a ser. Y siempre habrá competidores que entrenen más duro que tú. Pero no te resientas ni envidies a tu competencia. Aprende de las personas que son mejores que tú, que te ganan, y utiliza las tácticas que aplicaron para llegar a ser tan buenos como ellos. Aprende de tu competencia. Pero encuentra la forma de hacerlo mejor. Averigua lo que te funciona y sigue aumentando tus esfuerzos. El único momento en el que deberías estar decepcionado, no es si fracasas, sino cuando no entrenas lo suficiente para ganar.

Apaga el acoso negativo cuando empiece en tu mente. Es el monstruo negativo de tu cabeza el que es tu peor enemigo, y no otra persona. Otra persona no puede poner un pensamiento negativo en tu mente, independientemente de lo que te digas a ti mismo. Filtra la basura que corre por tu mente y mantente centrado en tu momento.

Al creer en esos pensamientos negativos, te conviertes en una víctima indefensa. Validas todas las razones por las que deberías renunciar. Tu decepción interna se apodera de tu mente alimentando mensajes negativos que no son ciertos.

Como dijo Leonard Mlodinow *"Un fracaso no significa que seas indigno, ni excluye el éxito en el siguiente intento"*.

No hay garantía de éxito, ni siquiera cuando te esfuerzas al máximo. Seguirás fracasando en tus días buenos. Pero puedes tener garantizado el fracaso si decides no actuar. Fracasarás si te crees una autoconversión negativa. Fracasarás indefinidamente si dejas que la decepción se prolongue y te lleve a un lugar más oscuro.

En el futuro, te entrenarás para adoptar un enfoque positivo hacia el fracaso. A partir de ese momento, verás el fracaso como una etapa necesaria para ganar. Ganar a lo grande o fracasar a lo grande, es lo mismo cuando juegas al máximo y dejas que la excelencia te lleve a la meta.

Elimina la Decepción del Fracaso con 3 Estrategias

Aquí tienes 3 pasos que puedes dar para eliminar la decepción cuando falles:

(1). Acaba con tus generalizaciones inexactas.

Los mensajes negativos que se cuelan después de experimentar una decepción están preparados para destrozarte. Son las voces que provocan sentimientos de vergüenza y humillación. Recuerda que tu voz interna no es una entidad independiente.

Es tu mente reaccionando al estrés, la preocupación y el miedo. Responde por defecto advirtiéndote de los riesgos que conlleva.

Al tratar de encontrar razones de por qué no has tenido éxito, te ofrece imágenes de por qué no estás destinado a tenerlo todo. Hace viajes al pasado y valida tu fracaso actual con fracasos anteriores. El fracaso puede ser muy convincente. Primero te derriba y luego te golpea cuando estás deprimido. Todas tus ideas preconcebidas sobre el fracaso se basan en miedos y mentiras que nadan en tu mente.

La autocrítica puede hacer tanto daño como que otra persona te critique. Cuando tienes un contratiempo, inmediatamente te inventas todas las razones por las que ha ocurrido. Estas razones se convierten en creencias, y las creencias se convierten en limitaciones basadas en el miedo. En este caso, cuando generalizas sobre por qué no eres lo suficientemente bueno, sobre lo que salió mal o sobre cómo otras personas son mucho mejores que tú, puedes dudar en intentar algo nuevo.

Puedes cambiar tu opinión sobre lo que significa el fracaso para ti. Puedes determinar si es un perjuicio para tu progreso, o una parte del mismo. Descubrirás que, al liberar tu mente de falsas acusaciones, se abre el camino para una comunicación honesta y natural con tu verdadero yo.

Respira profundamente y relaja tu mente y tu cuerpo. Elimina la presión de tener que estar siempre activo y adelantarte. Da un paso atrás, detente, reevalúa dónde estás y planifica tu próximo movimiento.

Hay momentos en los que nuestros objetivos parecen irremediablemente inalcanzables. Pero día a día, año a año, te vas acercando. Lo consigues, no a través de grandes victorias en las que se corre un gran riesgo, sino a través de pequeños pasos que conducen a pequeñas victorias que llevan a mayores ganancias a largo plazo.

(2). Fracasa Ahora, Ten Éxito Después

He dicho que el fracaso es inevitable. Y realmente lo es. Una perspectiva que funciona es saber de entrada que no vas a ganar en tu primer intento. Probablemente tampoco ganarás en tu segundo intento. Puede que tengas veinte intentos de conseguir un buen trabajo y no consigas ninguno. O las primeras cien llamadas de ventas que hiciste esta mañana resultaron en cero clientes potenciales y ninguna venta. Los cinco primeros libros que escribiste y publicaste te hicieron ganar menos dinero que el salario mínimo en una tienda de comestibles. Las tres primeras empresas que lanzaste fracasaron en un año. Tu primer matrimonio fracasó después de cinco años.

¿Pero qué significa todo esto? ¿Dejamos de intentarlo?

Cuando hablaba de esto con mi mentor, me dijo "Puedes fracasar ahora, o fracasar después. Conozco a muchas personas que han postergado durante años los objetivos y sueños de los que hablaban. El miedo subyacente es que fracasarían en lo que más les importaba. Pero hacer lo que te gusta requiere una persistencia que sólo se construye cometiendo esos primeros errores. Esperar a que llegue el momento adecuado no cambiará las reglas en torno a esto".

Fracasa ahora o fracasa después.

El miedo nos frena y pensamos: "Lo haré cuando me sienta más seguro" o "lo volveré a intentar algún día cuando sea el momento adecuado".

Puedes fracasar ahora o más tarde, sólo que esto último es más difícil. Si necesitas diez años para tener éxito, tienes que intentarlo, probarlo y fracasar durante los primeros cinco años. En el décimo año, obtienes un refuerzo positivo al acumular victorias.

Si te aferras a un sueño que se está gestando en tu interior, ahora es el momento de empezar. Puede que no tengas la oportunidad de "fracasar más tarde". Nunca habrá un momento perfecto. Ahora es el momento de fracasar.

Como dijo Zig Ziglar: *"No tienes que ser grande para empezar, pero sí tienes que empezar para ser grande".*

Empieza hoy. Fracasa ahora. Triunfa después.

***(3).* Perseguir tu misión de vida ES el viaje.**

Hablamos de alcanzar un objetivo, de llegar a ser el número 1 y de tener éxito como si fuera el resultado final lo que nos da la felicidad. Pero, ¿no son las pequeñas victorias y los fracasos a lo largo del camino? Después de alcanzar un objetivo, ¿no te preparas pronto para el siguiente?

La psicología del fracaso te enseña que, no sólo hay que esperar el fracaso, sino que fracasar en el camino es el viaje. Si conoces a alguien que ha tenido éxito y está viviendo su sueño, la pregunta que más le hacen es "¿Cómo lo hiciste?"

Escucha su historia y oirás un relato de superación de obstáculos, intentos constantes que fracasaron al principio y un largo viaje de victorias y derrotas hasta que lo consiguieron.

Y después de lograrlo, la vida no termina ahí. Sigues avanzando, pasando al siguiente nivel, asumiendo el siguiente reto.

Si te sientes frustrado por la falta de progreso y quieres que las cosas avancen más rápido, estás intentando librar a tu mente de la decepción que guarda por no haber tenido éxito. Tu éxito es hoy, al presentarte y darlo todo. Es la búsqueda lo que hace que la historia merezca la pena. Si tardas veinte años en conseguirlo, será una gran historia cuando estés preparado para contarla.

Recuerda siempre el viaje y tus pasos en el camino. Progresar de forma constante, aprender lecciones y nuevas tácticas, conocer gente nueva y forjar relaciones de calidad es el mejor éxito que cualquiera puede esperar.

"El valor le permite a la mujer de éxito fracasar y aprender poderosas lecciones, a partir del fracaso. Para que, al final, no haya fracasado en absoluto".

— Maya Angelou

La Batalla Con Mentalidad De Víctima

"Los fracasos, los fracasos repetidos, son señales del camino hacia el éxito. Uno fracasa hacia el éxito."

— C.S. Lewis.

Hay dos tipos de fracaso. Hay personas que fracasan hacia adelante tomando medidas de acción intencional a pesar del miedo con el que están lidiando. Estas son las personas de alto rendimiento, historias de éxito de alto nivel, y las personas que consiguen hacer lo que querían hacer

Pero otro tipo de fracaso, que se nos escapa a muchos de nosotros, es la mentalidad de víctima. Esta mentalidad te prepara para el fracaso tan pronto como se activa.

Su Mentalidad De Víctima: Un Camino Al Fracas

Tendemos a creer que son las acciones tomadas las que nos hacen fracasar. Por ejemplo: "Si no hubiera decidido empezar mi propio negocio, no habría perdido todo ese dinero." O, "Si no me hubiera casado, no estaría pasando por este complicado divorcio ahora mismo."

Podrías percibir estos eventos como fracasos. Pero déjeme preguntarte esto. ¿En qué punto de este proceso te sentiste exitoso? El día de tu boda, ¿no te sentiste bien? ¿O cuando tuviste a tus hijos, el día en que nacieron fue el mejor día de tu vida? ¿O el primer viaje familiar a Disneylandia?

Lo más probable es que no hayas pensado en estos momentos como un fracaso. Estabas en la cima del mundo. Pero ahora, 10-15 años más tarde, ya no funciona, y tú y tu cónyuge deciden separarse, y ahora estás seguro de que todo fue para nada.

Las voces de la negatividad que no estaban allí antes emergen. Estás abrumado por lo poderosa que es esta voz. Te martillea hasta que no queda nada. Empiezas a convertirte en una víctima en tu propia mente, y esta vida que te sirvió bien se ha convertido en una prisión.

El único camino verdadero para el fracaso es no intentarlo nunca. Crees que no hay esperanza, así que te rindes antes de actuar. Siempre hay una excusa y una razón para no tener éxito.

Conozco a alguien que dejó su trabajo para seguir una carrera en la música. Sus compañeros de trabajo y amigos dijeron que estaba loca porque los músicos rara vez ganan dinero hoy en día. Ella sabía el riesgo, pero también sabía el riesgo de quedarse en un trabajo corporativo que la estaba comiendo viva. Casi volvió dos veces ese año a su trabajo cuando las cosas no funcionaron o parecía que no podría pagar sus cuentas.

Pero Sara no se echó para atrás. La gente a su alrededor, por "preocupación", le advirtió de los riesgos de fracasar. Después de todo, no habrían intentado nada tan radical como dejar un trabajo bien pagado. Pero creyendo que los fracasos nunca toman medidas, perseveró y se convirtió en un músico de éxito. Los amigos que ella conoce aún se quejan de sus trabajos y de cómo desearían poder cambiar.

Pero no pueden hacerlo porque...

La mentalidad de víctima es un rasgo de personalidad adquirido en el que una persona tiende a reconocerse o considerarse víctima de las acciones negativas de los demás y a comportarse como si así fuera ante la evidencia contraria de tales circunstancias.

El miedo puede tener un gran impacto en ti. El miedo a perder la cara o a quedar mal delante de la gente. Puede que vuelvas a tu lugar de origen sólo para ser más infeliz de lo que eras antes de dejarlo. Tienes que saltar y seguir volando. No has fallado hasta que has dejado de intentarlo y has decidido que estás listo para conformarte con lo que todos los demás quieren.

Eso es un fracaso, al saber que tienes un don, algo que compartir con el mundo, y sin embargo tienes demasiado miedo de ir tras él, demasiado miedo de hacer algo al respecto, demasiado paralizado para seguir adelante porque sigues pensando¿Y si me caigo? ¿Y si se ríen de mí?

Bueno, puede que lo hagan. La gente siempre te advertirá de que no hagas algo que implique algún tipo de riesgo en el que puedas perder. ¿Por qué? ¿Tienen miedo de que falles?

NO. Tienen miedo de que tengas éxito. Que ellos son los que se quedarán atrás y tú eres el que muestra que el resto se puede hacer. Algunos pueden seguirte pero la mayoría no lo hará. Pero pronto le dirán a la gente cómo te conocieron una vez.

¿Estás tan preocupado por las acciones que estás tomando? Pero son las acciones que no estás tomando las que te están fallando. Es tu mentalidad de víctima la que te está haciendo fallar. Esta mentalidad se formó en la primera infancia a través de un proceso sistemático de intimidación, autodestrucción, crítica o un evento traumático que te ha causado un dolor tan profundo, desconfianza y pena que aprendiste a sobrellevar sintiendo lástima por ti mismo.

Quiero que sepas algo: Tienes el valor y el poder personal para recuperar tu vida. Tu forma de pensar es una elección. Haces esta elección cada minuto del día. Todo lo que has estado comprando existe porque te aferras a ello. Si quieres ser libre—y estoy seguro de que lo haces—así es como lo haces.

Cómo Una Trampa Mental De Fracaso Gobierna Tu Futuro

El curso que estás tomando en esta vida ahora mismo depende de tu mentalidad: ¿Tienes una actitud de mentalidad de víctima o una actitud independiente y madura? ¿Está tu mente condicionada a esperar un fracaso o un éxito? ¿Te percibes a ti mismo como alguien que merece ser feliz o estás confinado a ser miserable?

La víctima está atascada en "no puedo". Este es el sistema de creencias que te entrena para ser débil, para jugar un papel débil.

La trampa de la mente de fracaso está profundamente arraigada en el síndrome del impostor y en la creencia de que, sin importar el éxito que haya tenido, nunca es suficiente. Siempre estás subiendo una escalera que no lleva a ninguna parte porque no tiene fin.

Autosabotaje

El autosabotaje es una de las formas en que te fallas a ti mismo repetidamente. ¿Qué es el autosabotaje? Es el acto deliberado de arruinar tus posibilidades de éxito antes o después de lograr tu objetivo. ¿Por qué alguien destruiría deliberadamente lo que espera lograr?

Puede que no tengas una mentalidad de víctima, o al menos, en gran medida, que operes desde un lugar de poder personal. ¿Pero alguna vez haz sentido lástima de ti mismo, te sorprendes a ti mismo diciendo, "Simplemente no puedo hacer esto", o dudando de tus habilidades y capacidades? La mayoría de nosotros, en algún grado, caemos en esta trampa. Volvemos a los momentos de reflexión en los que fuimos maltratados, abusados o hechos parecer estúpidos.

La mente de una víctima está atrapada. Se ve a sí mismo como alguien que ha sido profundamente agraviado y el daño que se le hizo fue inmerecido e injustificado. Quieres compasión y que alguien reconozca lo que se ha hecho. Si no se le trata, se construye una mente preparada para el autosabotaje. Sientes mucha desconfianza, que has sido traicionado o engañado, y que no mereces nada de lo que la vida te ofrece. Tanto es así, que cuando algo bueno aparece, no puedes creer que realmente te está pasando.

Empiezas a cuestionar tu autoestima. Entonces empiezas a dudar de tu autoestima. Si esto persiste, la siguiente etapa te lleva a actuar, cuando deliberadamente harás algo para dañar tu éxito. Esto justifica tu sentido de fracaso y prueba que eres el perdedor que siempre supiste que eras.

El autosabotaje es una forma de fracaso intencional. Similar a la postergación, cuando tu mentalidad de víctima te ha convencido de que no eres digno de admiración, amor o éxito, busca eliminarlo, llevándote de nuevo al punto de partida. En esta etapa dirías, "Ahí está, ¿ves? Te dije (me dejaría/me despedirían/no podría pasar la prueba)".

Con el fracaso ahora justificado, puedes quedarte atascado en tu mentalidad de víctima, evitando el trabajo necesario para hacer que el cambio ocurra. El hecho es que rendirse es fácil. El verdadero desafío es hacer la transición de esta mentalidad de víctima.

Rompiendo Tus Demonios Mentales

Cuando decides que no harás algo, estás decidiendo fallar antes de intentarlo. Esta es una elección subconsciente. Es tu víctima interna diciendo, "No podemos hacer eso".

Esto es lo que sucede cuando escuchas ese diálogo interno negativo de la trágica víctima:

- Eliges comer comida rápida por segundo día consecutivo en vez de ir al gimnasio.

- Eliges gastar tu dinero en joyas costosas en lugar de ahorrar para ese negocio que quieres iniciar o ese viaje de ensueño en tu lista de deseos.

- Eliges jugar con tu smartphone durante 30 minutos en el sofá en lugar de ir a corer unas tres millas.

- Elijes ceder a tu mentalidad de víctima en lugar de tomar una acción intencional y hacer esa única cosa que podría cambiar tu vida para siempre. ¿Sabes siquiera lo que es?

Esto se reduce a un nivel más profundo de postergación. Tu hábito de aplazar es el mayor obstáculo que se interpone entre tú y el éxito. ¿Por qué? Es más fácil ceder y decidir "Lo haré mañana". Pero mañana llega y encuentras otra excusa. Tus excusas se convierten en el flujo normal de tu día. Cuando no quieres sentirte incómodo, y hay muy pocos que lo hacen, sólo tienes que meter la mano en tu "tarro de las excusas" y sacar la siguiente.

¿Qué dice tu mentalidad de víctima esta vez?

- "Estoy demasiado cansado."

- "Lo hago al rato cuando me sienta con más energía."

- "Lo intenté la vez pasada y no funcionó."

- "Mi lesión de rodilla no se ha curado del todo... del mes pasado."

- "Aún no he almorzado."

- "No soy lo suficientemente bueno. Mi propio padre me lo dijo."

- "Todos los de mi edad tienen más éxito que yo. ¿Qué sentido tiene?"

- "Fracasé tanto al crecer. Debe ser una señal."

- "No hay nada en lo que sea realmente bueno."

Excusas... aplazamiento... una mentalidad de víctima dura tallada en un rincón de tu mente. Estos tres vicios trabajan juntos con un propósito singular: Robarles una vida que podrían tener y alimentarlos con grandes porciones de una vida que están convencidos de que están atrapados.

Déjame decirte esto: *La única vida que te queda es la que eliges vivir.*

La mentalidad de víctima te diferencia de tu verdadero yo. He visto a mucha gente fracasar y tambalearse por la vida porque se negaron a levantarse del suelo en el que habían estado tumbados desde la infancia. Viejas voces del pasado, recuerdos a los que nos aferramos y fracasos pasados que nos han dejado cicatrices, desgastados por las batallas y rotos.

Si sigues creyendo en esta mierda, pasarás todos tus días fracasando. ¿Fracasando en qué?

Tu forma de vida se convierte en un símbolo de todo lo que representas. No tiene nada que ver con los logros momentáneos o las breves victorias. Es lo que estás pensando, sintiendo y haciendo ahora mismo. Tu pasado, el lugar en el tiempo donde tu mentalidad de víctima nació y tiene poder sobre ti, no vas a dejarlo ir porque tú lo desees. Se está riendo de ti ahora mismo porque está convencido de que eres demasiado débil para luchar.

Tu mentalidad de víctima no tiene nada que temer mientras tú tengas miedo. No tiene miedo al mañana porque espera que el mañana sea como cualquier otro día, contigo caminando con dificultad, haciendo y pensando de la misma manera, sin cambiar nada... y sin esforzarse por nada.

Bien, ahora que he pasado las últimas páginas pateándote los dientes y pintando el sombrío cuadro de cómo se ve tu futuro atrapado en este infierno, ¿estás listo para liberarte y ponerte serio?

Por cierto, todo el mundo tiene una mentalidad de víctima hasta cierto punto. Todos nos aferramos a algo que nos tiene en sus vicios y se niega a dejarnos llevar. Si no eres observador y no te despiertas con la conciencia de que estás ahí, podrías terminar desperdiciando años de tu vida atrapado.

- Atrapado en relaciones que son abusivas o poco saludables.
- Atrapado en un trabajo que está por debajo de tu verdadero potencial.
- Atrapado en un pueblo del que no puedes salir porque la idea de empezar una nueva vida en algún lugar te aterroriza.
- Atrapado en una zona de confort que quiere que te quedes como eres porque odia la incomodidad.
- Atrapado en un estado de sufrimiento porque sabes que estás destinado a algo más que una vida de rutinas aburridas y Netflix cada fin de semana.
- Atrapado en una mente que anhela la expansión, pero que está alimentando todo con la comida cerebral equivocada (afirmaciones, charla positiva, etc.).

Tu mentalidad de víctima, no importa cuán severa sea, puede romperse. Pero el primer paso para romperla es admitir que está ahí, siempre ha estado ahí alimentándote con mentiras, pretendiendo protegerte cuando en realidad te está protegiendo de la verdad.

Cuando te veas viviendo esta mentalidad fija, te dará una patada en la sobremarcha. Empezarás a hacer las cosas que te causan miedo, pero te sentirás cómodo con eso.

El miedo es bueno. El miedo significa que estás vivo. Sé que mucha gente dice que no le teme a nada. Pensé que eran una especie de súper humanos, pero resulta que no hacen nada y por eso no tienen miedo.

No esperes a que el miedo se desvanezca antes de salir de tu zona. En el momento en que el miedo haga su aparición, tu mentalidad de víctima protestará. Pasarás por mucho de eso. Empieza con las excusas. Luego una fuerte resistencia si logras pasar las excusas.

Cuando apagas los viejos hábitos y rompes ese viejo disco que ha estado sonando en tu mente, es que estás entrando en un nuevo camino... y delante de ti está el terreno accidentado, los obstáculos desconocidos y una forma de vida impredecible.

Aquí es donde el fracaso prospera porque sólo puedes fallar cuando te enfrentas a tus miedos y actúas de todas formas. Sólo puedes fallar cuando intentas algo diferente, abordas ese nuevo reto, o actúas de una manera que va en contra de tu mentalidad fija.

La mentalidad de la víctima vive en el mundo de la ilusión. Así es como ha sobrevivido durante tanto tiempo. Su propósito es exponer esa ilusión y abrirla para que el mundo la vea.

Déjame compartir contigo una historia que escuché una vez.

Un hombre había pasado los últimos diez años en una celda de la cárcel. Todos los días se sentaba en el suelo de su celda soñando con la libertad y lo que sería escapar de su habitación. Nunca habló con nadie y se acostumbró tanto a su celda que finalmente dejó de soñar con escapar y aceptó su destino.

Un día, uno de los nuevos guardias de la prisión se paró fuera de su celda y dijo. Podrías haber dejado esta habitación en cualquier momento."

El prisionero dijo: "No seas tonto. He estado encerrado aquí durante casi una década. No puedo salir si la puerta está cerrada todo el día.”

El guardia extendió la mano sin llave y empujó suavemente la puerta de la celda del prisionero. Se abrió sin mucho esfuerzo.

El prisionero, al darse cuenta de que ya estaba libre, se llenó de repente de un nuevo sentido de esperanza y propósito; la vida volvió a su ser. Salió corriendo de la celda para no volver nunca más.

Mientras el prisionero huía de la prisión, el guardia se dijo a sí mismo: "Qué raro, fue libre todo este tiempo y ni siquiera lo sabía".”

La mayoría de nosotros somos como ese prisionero en la jaula, atrapados por nuestras propias creencias en el pensamiento de que no hay salida.

Si este eres tú, eres libre. Sólo tienes que darte permiso para escapar. La única opción que queda es fallar durante toda la vida sin ir a ninguna parte, sin hacer nada y sin ser nada.

No vayamos por ese camino. Puedes dar la vuelta, empezar de nuevo, o comenzar un nuevo viaje.

Esto no sucederá inmediatamente, pero la conciencia es el primer paso. Es la llave maestra. Abres las puertas de tu prisión tan pronto como te das cuenta de que las puertas nunca se cerraron con llave, para empezar.

No te voy a dar ningún consejo rosa aquí y te diré que vayas a abrazar a un osito de peluche para ponerte en contacto con tus sentimientos. Vayamos a la raíz de nuestros problemas para que podamos empezar a sanar y seguir adelante. Pero oye, si tienes un osito de peluche, dale un apretón.

"El fracaso puede desanimarte o puedes aprender de él. Así que adelante y comete errores, haz todo lo que puedas. Porque, recuerda, ahí es donde encontrarás el éxito —en el lado más lejano del fracaso".

— Thomas J. Watson

El Precio de Vivir Con Tu Mentalidad de Víctima

Fracasar es algo bueno cuando se demuestra que es una enseñanza. Cuando crees que tu fracaso es un obstáculo y se convierte en tu defecto, estás pagando por ello. Cuando crees que eres una víctima, convalidas esta verdad con falsas creencias. Buscas la evidencia que justifica tu actitud. Esto hace que sea difícil cambiar.

Hágase esta pregunta: "¿Cuál es el costo de mantener esta mentalidad de víctima?"

Esto es lo que te está costando:

- Una vida de soledad y aislamiento. No se desarrollan relaciones cuando se es víctima.
- Renunciar al sueño que podrías tener. Las víctimas no están viviendo sus sueños sino que están atrapadas en un patrón de derecho.
- Una vida de escasez. Nunca estás contento con lo que tienes y siempre quieres más para llenar tu vacío interior.

El precio de vivir con tu actitud de víctima es tu vida misma. Al llevar contigo la autocompasión, culpando y buscando gente que te salve, estás perdiendo la oportunidad, la libertad y una vida que podría ser todo y más.

No tomes el camino de la mentalidad de víctima. No terminará bien.

Consejo de acción: Basándome en los ejemplos que he dado aquí, quiero que piense en el coste negativo de todo lo que puedes perder. Usa esto como palanca y dale la vuelta para que desarrolles una actitud de poder.

Redirigir El Fracaso: Cómo Afrontar El Fracaso Que No Es Tuyo

"No creerás lo que puedes conseguir si intentas lo imposible con el valor de fracasar repetidamente mejor".

— Tim Ferriss

Muchos de tus fracasos se producen por tus propias acciones. Tomaste una decisión precipitada que dio lugar a un resultado fallido. Has invertido 50.000 euros en un nuevo negocio que se hundió, llevándose tu dinero. Tu matrimonio se vino abajo al cabo de un año porque tuviste una aventura. El fracaso por tus propias acciones duele. Pero hay otra versión del fracaso que tiene lugar. Es el fracaso provocado por el descuido o la intención de otros.

¿Alguna vez has tenido que enfrentarte a una situación difícil porque otra persona metió la pata?

¿Cómo afrontas el fracaso cuando se produce por las acciones de otra persona? ¿Cómo te enfrentas cuando otra persona te falla, y tú acabas con las pérdidas? Pueden ser las acciones de un familiar, un amigo o personas de tu organización.

Cuando la culpa es tuya, puedes decir: "Yo hice esto, así que es culpa mía". Pero cuando sufres un contratiempo -un daño financiero, emocional o físico- por el error, la negligencia o la intención de otra persona, resulta más difícil de aceptar. Tu primera reacción es culpar y quejarte a los demás de que él hizo esto o ella dijo aquello, y entonces pasas al papel de víctima.

Pero una víctima es un alma indefensa que necesita protección. Una víctima se paraliza por el dolor. Una víctima quiere una resolución. Aunque hay varios tipos de papeles de víctima, si alguien te hace algo que te crea una pérdida o te hace retroceder, la forma en que lo manejes -tu perspectiva hacia la situación- determina si sales airoso de ella.

He aquí un caso para explicar esto:

Don y Joe establecieron un negocio juntos. Dirigieron el negocio durante casi 10 años y, en el transcurso de este tiempo, habían acumulado una gran base de clientes y empleaban a 15 personas a tiempo completo. Entonces, el negocio empezó a pasar por momentos difíciles. Los clientes disminuyeron y se fueron con la competencia, y los propietarios del negocio se vieron obligados a despedir a varios de sus trabajadores. Y entonces Joe, el socio de Don, un día desapareció.

Se llevó la mayor parte del dinero de la cuenta de la empresa y también se había largado con una de las mujeres que trabajaban en la empresa desde el principio. Juntos, habían ideado un plan para escapar, llevándose la mayor parte de los bienes de Don. Nunca se les volvió a ver.

Pero ahora, Don tenía una empresa en quiebra, sin dinero en efectivo para respaldarla, y los empleados restantes que aún trabajaban a tiempo completo necesitaban cobrar.

Al principio se enfadó. ¿Quién no lo estaría? El socio en el que había confiado durante una década le traicionó, le robó el negocio y se fugó con su trabajador más valioso, dejándole roto, sin dinero y solo.

Don cayó en una depresión, culpándose por no haberlo visto venir. Pero, como mucha gente sabe, el golpe de gracia siempre te golpea en la zona que no estás protegiendo. Don estaba tan enfrascado en mantener las cosas a flote, y encima lidiando con problemas personales, que había dejado de comunicarse con su pareja.

En medio de todo esto, cuando las cosas no podían empeorar, lo hicieron. Varios meses después, mientras la empresa disminuía sus beneficios y su clientela, Don era incapaz de pagar las facturas. Varios empleados más renunciaron y él no pudo contratar a nadie más porque, después de todo, ¿quién quiere trabajar para alguien que no puede pagar las cuentas?

Poco después, el único hermano de Don murió. Su hermano había sido como un mentor para él y con la única persona con la que podía hablar ahora desaparecida, se encontraba realmente solo. La casa se estaba derrumbando. El fracaso era inminente. Consideró la posibilidad de declararse en quiebra. La única solución que veía era perderlo todo y empezar de nuevo.

Pero Don tenía todo invertido en esto. Necesitaba tiempo para pensar, para reconectar y para pensar en soluciones. Estaba inmerso en la obsesión por fracasar. Tenía muchos amigos que habían fracasado antes. Algunos reconstruyeron lo que habían perdido. Otros lo perdieron y nunca lo reconstruyeron. No estaba seguro de en qué lado de la valla acabaría, pero estaba seguro de que rendirse no era una opción. Podría fracasar, pero no fracasaría tirándolo todo por la borda.

"Los errores son un hecho de la vida. Lo que cuenta es la respuesta al error".

— Nikki Giovanni

Al alejarse durante una semana para recuperar su mente y centrar su mentalidad en la situación, pudo darse cuenta de que se estaba culpando a sí mismo de este fracaso. La auto culpabilización, la baja confianza y el sentirse desmoralizado por su fracaso eran la causa principal de la espiral descendente en la que se encontraba. Don se dio cuenta de que si no salía de ella, se recuperaba y aprendía de la experiencia, el fracaso era inminente.

Don consultó a un mentor en busca de apoyo. Necesitaba ayuda y pedirla era difícil. Muchas personas, cuando se enfrentan a una situación difícil, se aíslan y se retiran. Se avergüenzan y quieren rendirse. La mente es muy persuasiva. Es el enemigo número uno responsable de matar los sueños. Pero sólo si se lo permites.

Eres responsable de tu propia actitud. Puedes elegir cómo responder a tu situación. ¿Dejarás que el miedo te empuje hacia abajo hasta el punto de quedarte paralizado e impotente? ¿Culparás a la mala suerte y tirarás por la borda cualquier esperanza de recuperación? ¿Podrás vivir con las consecuencias de tu decisión?

El mentor de Don había pasado por fracasos en el pasado. Simplemente dijo un día: "La culpa, la vergüenza y el no asumir tu responsabilidad acabarán con tu mentalidad y destruirán tu actitud. Debes cambiar estas cosas y todo lo demás se pondrá en su sitio. E incluso si sigues fracasando después de eso, te quedarás con una mentalidad fuerte y una actitud positiva. Eso es todo lo que necesitas para reconstruir".

Don entró en un nivel de pensamiento profundo que nunca había intentado antes. Entonces se hizo dos preguntas:

1. ¿A quién estoy culpando de esto?

2. ¿Qué acción puedo llevar a cabo ahora mismo para cambiar esta situación y conseguir una mejora hoy mismo?

La primera pregunta le obligó a mirar dentro de sí mismo y a darse cuenta de que la causa fundamental de la espiral en la que se encontraba no tenía nada que ver con que su compañero se fugara con su mejor empleado y le robara el dinero. No era una situación sobre la que él tuviera ningún control. Incluso si se les atrapa y se les lleva ante la justicia, de todas formas se han ido.

Llegó a darse cuenta de que tenía un control directo sobre su propia mente y sobre cómo decidía hacer la siguiente jugada.

Había ido por ahí atrayendo la simpatía de la gente que sabía la verdad. Una persona incluso le dijo: "No pasa nada si te rindes. Todo el mundo lo entendería. La mayoría de la gente no querría pasar por esto".

Don se encontró creyendo en esas palabras. Pero cuando empezó a analizar la situación, supo algo que la mayoría de los demás no sabía: él no era como la mayoría de la gente. Nunca lo fue. Por eso le habían encomendado esta tarea. Porque podía hacerlo.

Era fuerte. Ya había pasado por momentos difíciles, pero nunca por un fracaso de este nivel, cuando todo parecía desbaratarse. Tenía dos opciones: cerrar el negocio y asumir las pérdidas, o llegar hasta el final y recuperarse de una situación imposible.

A la mañana siguiente, cuando llegó el personal y la moral estaba por los suelos, convocó una reunión. Expuso un plan para recuperar el negocio. No sería fácil, pero se recuperarían. Los que quisieran irse ahora recibirían una indemnización de un mes y sin rencores. Dos personas se fueron, pero el resto se quedó. Parecían esperanzados y Don podía confiar en ellos.

La segunda pregunta es la que impulsó a todos a trabajar duro por lo que creían: "¿Cuál es la única cosa que puedo hacer hoy que cambiará las probabilidades a mi favor?" En el libro de Gary Keller -The One Thing- llama a esto la "Pregunta de enfoque".

Es una pregunta poderosa. Hace que tu mente deje de pensar en los fracasos del pasado. Te aleja de sentir lástima de ti mismo y de prepararte mentalmente para rendirte. En su lugar, eliges no tomar el camino fácil y te levantas mentalmente tras el derribo.

Pregúntate a ti mismo: "¿Cuál es la ÚNICA acción que puedo realizar hoy y que cambiará todo de aquí en adelante?"

Esto requiere que dejemos de lado el pasado. Es una llamada a tu momento presente y a que te des cuenta de que la única decisión que importa es la decisión más elevada que puedes tomar ahora. En última instancia, aquello en lo que decides centrarte se convierte en tu realidad.

En el caso de Don, estaba obsesionado con la culpa y con sentirse una víctima. Esto le hizo débil cuando debería haber sido fuerte. Pero en cuanto tomó una decisión proactiva y se adueñó de la situación, todo cambió. Su socio no iba a volver. El negocio había perdido varios empleados. Pero seguían teniendo clientes a los que había que atender, y a pesar de la crisis interna, el negocio estaba en alza.

De hecho, después de que Don fuera capaz de quitarse las "anteojeras de víctima" y cambiar su actitud por una postura proactiva, empezaron a suceder cosas buenas. Renegoció con el banco el préstamo del negocio y recibió una línea de crédito para consolidar los gastos. Al dirigir su atención hacia las personas reales que dirigían el negocio -su base de clientes-, su clientela aumentó un 13% en los primeros 3 meses. Y luego aumentó un 27% sólo 6 meses después. Para el personal que se quedó, aunque el pago de los salarios había sido un reto, en medio de todo esto, les dio a todos un aumento del 10%.

Reflexionando, Don aprendió dos importantes lecciones de esta experiencia: 1. Las circunstancias siempre escapan a tu control. 2. Sólo puedes cambiar tu reacción ante esas circunstancias.

Sí, no era responsable de lo que había hecho su compañero, pero podía decidir cómo reaccionar. ¿Te sentarás y te ahogarás en la lástima, buscando compasión mientras tu mundo se desmorona? ¿O te levantarás y harás lo que hay que hacer?

El fracaso le ocurre a todo el mundo, y en muchos casos, no es por tu propia culpa. Observa la situación y pregúntate: "¿Qué puedo hacer al respecto? ¿Qué acción está disponible ahora mismo? ¿Con quién puedo hablar para desarrollar una solución positiva a esta crisis?".

Tienes el control sobre tus elecciones en el momento presente, y no en el pasado o en el futuro. El fracaso puede afectarte negativamente si lo permites. Puede acabar con la autoestima y agotar tu confianza. Esto conduce a la expectativa de fracaso, al camino del autosabotaje, y hace que muchas personas creen barreras para el éxito.

No siempre eres responsable de las circunstancias que se te presentan. Eres responsable de cómo reaccionas ante ellas. Tienes derecho a luchar o a alejarte. Te debes a ti mismo atrincherarte y no ceder a la mente paralizada que se pone del lado del miedo.

Donde mucha gente ve el fracaso como una maldición o un obstáculo, tú puedes enfocarlo desde un ángulo diferente. Es tu mayor aprendizaje y te enseñará más de lo que podrías saber sobre cómo mantenerte centrado y fuerte.

Manejo del fracaso indirecto

Déjame preguntarte lo siguiente: ¿qué harías tú? En una situación en la que lo pierdes todo, y justo cuando no podía ser peor, pierdes un poco más. ¿Cuánto tendrías que perder antes de derrumbarte? La vida está llena de retos, pero nunca sabemos a qué nivel seremos desafiados hasta que sucede.

Con los retos llegan las oportunidades. Si trabajas en tu situación y te haces cargo de lo que puedes influir, y eres sincero contigo mismo sobre tu situación, te capacita para buscar una salida a tu lío. En lugar de sentarte en medio de tu crisis con la sensación de que todo se va a acabar, das poder a tu mente para emprender una acción inmediata en una pequeña tarea. Puede ser cualquier cosa, pero debe ser un paso procesable que te saque de tu rutina.

En la situación de Don, reconoció lo que podía controlar e intentó centrarse en ello, en lugar de en las personas y circunstancias que no podía cambiar.

(1). Controla tu reacción inicial: La ira

Sufrir un gran contratiempo afecta a las personas de diferentes maneras. Al principio, hay shock, luego incredulidad y, a menudo, negación de lo que está ocurriendo. He visto a personas atrapadas en la negación durante mucho tiempo. Cuando esto ocurre, resulta imposible liberarse de esta mentalidad a menos que tengas ayuda.

Tu reacción podría ser enfadarte, y la ira conduce al resentimiento. El resentimiento lleva a pensamientos negativos, a culpar a alguien y a un sentimiento de impotencia.

Es fácil expresar la ira por tu situación. Quieres vengarte. Quieres responsabilizar a alguien. Justificas tu enfado porque alguien se ha aprovechado de ti.

Pero la ira es una reacción que te aleja de trabajar en la solución del problema. Por supuesto, al principio te sientes enfadado. Pero cuando te aferras a ella y la dejas arder, cociéndose a fuego lento bajo la superficie, puede convertirse en resentimiento. A veces en rabia. La ira es la pérdida de control de tus emociones. Te aleja de tomar el control y de asumir la responsabilidad.

Tienes que convertir esa ira en determinación. Decide hacer un cambio mental en tu mente. Si tus emociones son una elección, puedes decidir aferrarte a esa ira y dejar que te controle. O puedes dejarla ir, renunciar a ella, y tomar la decisión de no dejar que impregne tu mente.

(2). Forja una actitud positiva inquebrantable

A lo largo de este libro, y de la serie Fracasa a lo grande, hago repetidas referencias a la importancia de una actitud positiva. Esto se debe a que realmente creo que es el arma definitiva cuando nos enfrentamos a la adversidad.

Napoleón Hill, autor de Las claves del éxito, dijo esto sobre el desarrollo de la actitud positiva:

"Date cuenta, y comprueba para tu propia satisfacción haciéndolo, que cada adversidad, pena o derrota, tanto si la has provocado como si no, contiene la semilla de un beneficio equivalente que puedes alimentar hasta convertirla en una bendición que se eleva por encima del desastre que la trajo."

Tu actitud impulsará las decisiones y dirigirá tus acciones. Cuando te encuentres en el lado perdedor de una mala situación, ¿cómo lo arreglarás? ¿Cuál será tu actitud cuando el fracaso obligue a tu mentalidad a convertirse en rendición?

Tu actitud es lo primero sobre lo que tienes control directo en cualquier momento, sea cual sea la situación. Es la única fuerza que está bajo tu control en todo momento, independientemente de lo que ocurra a tu alrededor. La actitud te hace o te deshace. Determina quién sobrevive y quién muere, quién gana o quién pierde.

No puedes deshacer lo que se ha hecho, pero el momento de la victoria es cuando puedes tener el valor de superar el dolor de la pérdida. Puede que no hayas creado esta situación, pero te enfrentarás a ella. Y cuando hayas terminado, habrás sacado lo mejor de una situación fallida.

"Los fracasos, los repetidos fracasos, son postes para los dedos en el camino hacia el logro. Uno fracasa hacia el éxito".

— C.S. Lewis

Echemos un vistazo a Viktor Frankl. Fue un superviviente de los campos de exterminio de Hitler, habiendo sido prisionero entre 1942 y 1945. Viktor fue separado de su mujer y su familia cuando fueron enviados a los campos. Nunca los volvió a ver, pero siempre se aferró a la esperanza de que estuvieran vivos.

En los campos, Viktor estuvo expuesto a condiciones que la mayoría de la gente nunca vería ni imaginaría que ocurrieran. La muerte era una posibilidad real en cada momento de vigilia. El frío mataba a cientos de personas al día. El hambre, la depresión y las enfermedades eran tan comunes como las ratas. Y durante estos tiempos de oscuridad, Viktor fue uno de los pocos que sobrevivió. ¿Cómo?

Viktor creó esta creencia:

"A un hombre se le puede quitar todo menos una cosa: la última de las libertades humanas: elegir su actitud en cualquier conjunto de circunstancias, elegir su propio camino".

Viktor sabía que no podía cambiar su situación externa. No podía poner fin a la guerra ni influir en sus captores para que le liberaran. Pero podía controlar la forma en que percibía la situación. Y eso es lo que hizo.

Si un hombre que lo ha perdido todo sin apenas posibilidades de sobrevivir es capaz de mantener esta actitud, ¿qué te lo impide a ti?

Aquí tienes **5 pasos** para construir una actitud mental positiva:

1. Suelta la culpa a la que te aferras por todos los fracasos del pasado. Céntrate intensamente en la acción que puedes realizar hoy.

2. Identifica el objetivo nº 1 por el que estás trabajando. Haz que tu misión sea dirigir tus pensamientos y esfuerzos hacia la consecución de este objetivo.

3. Contrata a tu mentor. Ponte en contacto directamente con esta persona y reúnete con ella una vez a la semana.

4. Presta tus servicios a otra persona que esté pasando por momentos difíciles. Puedes ofrecer tu tiempo o dirigir a esa persona para que lea un buen libro, vea una entrevista con un orador inspirador o escuche su historia. Tienes el poder de cambiar vidas.

5. Aprende siempre. Una mente que se queda quieta retrocede y se desvía para crear pensamientos preocupantes. Anota citas positivas en un diario y léelas con frecuencia.

(3). Identificar la acción controlable

Muchos sucesos, situaciones, o en el caso de una crisis global, no los podemos controlar. Pero lo que sí puedes hacer es identificar las acciones que realizas en función de tu decisión.

Haz una lista de diez cosas sobre las que no tienes control. Esta es mi lista:

1. Terremotos
2. Decisiones de otras personas
3. La caída de la bolsa
4. Congelación invernal en Canadá
5. Pandemia de gripe
6. Empresa que quiebra porque el director general tomó una mala decisión comercial
7. Aumento de los impuestos
8. Que tu mujer/marido decida dejarte
9. La muerte de las mascotas
10. Los hijos crecen.

Hay tantos acontecimientos, condiciones y circunstancias incontrolables que, después de hacer tu lista, te das cuenta de que la vida diaria está compuesta en un 90% por cosas sobre las que no tienes control. Si lo tuvieras, serías capaz de:

1. Evitar los terremotos
2. Evitar que la gente tome decisiones que no te gustan
3. Cambiar el mercado de valores a tu favor
4. Subir la temperatura en Canadá
5. Inventar una cura para la epidemia
6. Evitar que el director general tome malas decisiones, o despedirlo antes de que pueda tomar una mala.
7. Pedir al gobierno que detenga la subida de impuestos
8. Impedir que tu cónyuge se vaya
9. Aumentar la longevidad de tu mascota otros diez años
10. Pedirle a tus hijos que se queden para siempre.

Sí, una tontería, ¿verdad? Sin embargo, cuando se producen cambios, ¿no nos quejamos de ellos como si no debieran producirse? Vivir es vivir a través del cambio constante de los acontecimientos. Ocurren cosas buenas, ocurren cosas malas, y la forma en que lo percibes se reduce a tu actitud hacia el cambio.

Haz una lista de lo que puedes controlar. Puedo decirte que la lista es mucho más corta.

Esto es lo que puedo controlar al final del día:

1. Mi mentalidad/actitud
2. Mis propias decisiones (¿qué puedo hacer?).

Haz tu lista de lo que puedes controlar, y recuérdate a ti mismo lo que es. Entonces, cuando te ocurra un acontecimiento (y ocurre todos los días), no estarás atascado en la lástima o quejándote de circunstancias que escapan a tu control. Serás mucho más feliz, más productivo y estarás mejor centrado en la creación de un estilo de vida impulsado por el propósito.

***(4).* Fija tus esfuerzos en la Sanación.**

Se necesita tiempo para sanar. Cuando te encuentres en una situación difícil que no has creado, debes saber que sigues formando parte de ella. Tu objetivo es dar un paso hacia arriba y no hacia abajo. Puedes hacerlo ejerciendo tu libre albedrío. El libre albedrío es tu derecho a decir: "Sí, lo tengo".

Cuando la gente entra en la rehabilitación, no es porque alguien les obligue a dar ese paso. Sí, puede haber intervenciones y amigos preocupados que te tienden la mano, pero la recuperación de una mala caída empieza cuando tú decides levantarte y continuar la lucha. Las personas que se abren paso a través del fracaso -que pueden soportar todo lo que la vida les lanza- perseverarán y saldrán adelante al final.

Fracasar rápido en movimiento:

1. **Convierte tu fracaso en una experiencia positiva.** *¿Cómo puedes convertir esta situación en una experiencia positiva?*
2. **Determina qué podrías haber hecho de forma diferente.** *¿Qué elecciones diferentes se podrían haber hecho?*
3. **Trabaja con alguien en quien confíes para planificar un regreso.** *¿A quién conoces que pueda ayudarte a recuperar esto?*
4. **Decide si vas a permitir que este infortunio gane.** *¿Dejarás que el fracaso gane, o podrás reunir la fuerza para superar este fracaso?*

"Al igual que el éxito, el fracaso es muchas cosas para muchas personas. Con la Actitud Mental Positiva, el fracaso es una experiencia de aprendizaje, un peldaño en la escalera, una meseta en la que poner en orden tus pensamientos y prepararte para volver a intentarlo".

— W. Clement Stone

Rompiendo el Ciclo de Autodestrucción

"Todas las formas de comportamiento autodestructivo son invisibles e inconscientes, por lo que su existencia es negada."

— Vernon Howard

En este libro, He hablado de varias formas de fracaso. Pero el método de fracaso más ignorado que muchos no ven es el fracaso que te corrompe desde dentro. Estos son los pensamientos negativos que tienes, los malos hábitos que destruyen tu creatividad, y los patrones de comportamiento compulsivo que hacen tu vida inmanejable.

Este es el camino del comportamiento autodestructivo. Si se le permite correr desenfrenadamente sin restricciones, tu comportamiento caótico puede causar la ruina irreversible de tu vida. Tus finanzas, salud y bienestar mental dependen de manejar tus tendencias a vencerte a sí mismo.

El comportamiento autodestructivo es el caos interno que arruina todos tus intentos de éxito. Ganas en una escala, pero destruyes tus esfuerzos en otra.

El Orígen de la Autodestrucción

Eres un fracaso. Todo lo que haces, no importa cuánto sea, te hace sentir que nunca es suficiente. Trabajas duro, juegas poco, y te cuesta relajarte sin sentirte culpable. Te sientes como un fracaso en compañía de otros y no puedes aceptar cumplidos o elogios. Si alguien te dice el gran trabajo que estás haciendo, lo desestimas inmediatamente, e incluso dudas de que esté diciendo la verdad. Si la gente supiera lo falso que eres realmente, no te estarían elogiando.

Tu sensación de fracaso está cerca de la superficie, como una sombra oscura que te sigue. Tu mayor temor es que, un día, te descubran como el impostor que eres y el juego termine.

Lo que tenemos aquí es un caso clásico de auto-derrota: El síndrome del impostor, la vulnerabilidad y esa sensación de deficiencia cuando estás convencido de que tu vida es un fracaso total. En muchos casos, las personas que tienen esta condición son más a menudo personas exitosas. Tienen buenos trabajos y una familia; trabajan duro y son exitosos financieramente.

Pero no importa cuánto se acumulen, o el alto nivel que alcancen, esa sensación de fracaso está justo debajo de la piel.

Luego hay otro tipo de fracaso. La persona que vive por debajo de su potencial. Puede ser muy talentoso, inteligente y altamente capaz de tener todo lo que quiera... pero sus creencias autolimitantes lo mantienen atrapado. Toman trabajos para los que están poco cualificados. Se fijan metas fáciles de obtener en lugar de ir por lo que realmente quieren. En tales casos, el riesgo y la oportunidad se evitan por miedo a fracasar en ello.

La gente que es segura, inteligente o parece exitosa te intimida. Son los que más probablemente se darán cuenta de que eres un fraude. Por lo tanto, te haces amigo de personas menos motivadas, a las que no les importa el éxito o les falta inspiración. Son fáciles de impresionar, así que pasas el tiempo con ellos.

Complejo de Inferioridad

Aquí hay un ejemplo de alguien llamado Ben:

"Allí estaba yo en la sala de entrevistas. Había otros candidatos para el trabajo, y cuando entré y me senté, pude sentir que me estaban midiendo. Me sentí totalmente vulnerable. Más vulnerable de lo que nunca me he sentido. Estas personas eran más jóvenes, estaban mejor vestidas y

parecían tener un poderoso aire de confianza que yo no tenía. El pánico se apoderó de mí. Sabía que estaba perdiendo el tiempo. Había practicado durante semanas para clavar esta entrevista y ahora, sentado aquí, la realidad de mi fracaso se estrelló. Me levanté para que pareciera que iba al baño, y luego me dirigí a los ascensores y dejé el edificio."

La auto-derrota viene en varias formas. Impulsada por la creencia de que no somos buenos, nuestra vida es un fracaso que intentamos enmascarar. Nos escondemos y evitamos a las personas que podrían exponer este miedo. Te mantienes alejado de la responsabilidad y asumes nuevas tareas o desafíos.

El miedo a fracasar y a exponer a todo el mundo el fracaso que eres es tan fuerte que te mantienes por debajo del radar donde es seguro. Tu propia existencia se construye alrededor de escapar del fracaso. Desarrollas formas de protegerte a ti mismo: El perfeccionismo es un campo que desarrollas.

¿De dónde vienen estos sentimientos? ¿Cómo tomaron forma y torcieron tu mente en la creencia de que eres el mayor fracaso del planeta?

Probablemente reconociste tu fallo interno desde la infancia. Esperas que falles y te preparas para fallar sólo por la expectativa. Tu expectativa de fallar se convierte en una profecía autocumplida.

Aquí hay cuatro razones por las que muchas personas, como tú y yo, han creado un sistema interno de auto-derrota:

1. **Críticas:** Sufriste muchas críticas mientras crecía. Tenías un padre o padres que eran muy exitosos y, sin importar lo que hicieras, nunca era suficiente. En la escuela tenías críticas de los profesores y de los compañeros. Podrías haber sido el blanco de la intimidación. Tratando de estar a la altura de todos los demás, fracasaste bajo la presión, nunca pudiendo ir más allá de las palabras duras y las burlas.

2. **Menospreciado:** Siempre has luchado con un sentido de valía. Fuiste subestimado mientras crecías. En lugar de apoyo, se te presionó para que tuvieras más éxito. Pero ningún logro fue suficiente. Tenías que ser el mejor y vencer a la competencia. Impulsado por los mejores, probablemente padres o hermanos, desarrollaste un mal gusto por el éxito.

3. **Comparaciones:** Siempre se te comparó con otros chicos de la escuela a los que les iba mejor. En casa podrías haber tenido hermanos o hermanas dotados de habilidades especiales que tú no tenías. Te decían, "Si tan solo pudieras ser más como…"

4. **Inferioridad:** La medición siempre ha sido un desafío para ti. En el trabajo compites con otras personas que son hábiles, talentosas e inteligentes. Te sientes inferior a ellos. En tus días de infancia tenías esta sensación en la escuela. No eras bueno en ciertas materias o deportes. Incapaz de estar a la altura, te convertiste en un recluso porque te diste cuenta de que era mejor estar solo que en una situación que te hacía sentir inútil.

Toma las descripciones anteriores y deja que esto se hunda. Todo el mundo, hasta cierto punto, se siente como un fracaso en algo. Hay una habilidad, deporte, relación o reto en el que has fallado. La mayor parte de este fracaso ha sido por defecto y se basa en el miedo. No tiene nada que ver con la inteligencia o la habilidad. Está construido a partir de la mayor mentira que existe: Eres un fracaso.

La "expectativa de fracaso" es una trampa. La gente que está atrapada aquí generalmente siente que sus éxitos no son dignos. En el exterior, das la apariencia de alguien que es competente, seguro y exitoso. En el interior, sus sentimientos de fracaso son profundos. No importa lo que logre, nunca es suficiente.

Las personas que se *sienten* como un fracaso están en un barco diferente al de los que fracasan en algo. El síndrome del fracaso es profundo y puede impedir que te conviertas en el mejor de los casos. En lugar de brillar, sólo apareces como un suave resplandor en la oscuridad.

Pero dejémoslo ahí. La línea de autosabotaje debe terminar. Escribí este libro como un medio para darte una fuerte ventaja en la superación de tus miedos al fracaso. Aunque no puedo cubrir todo aquí en el tema de la auto-derrota, puedes leer material más profundo en mi libro *Relaunch Your Life*.

Autosabotaje: Fracasando Por Tu Propia Mano

La auto-derrota toma muchas formas. Puede aparecer como un impostor enmascarado como su mejor amigo. La gente que tiene mucho éxito en los negocios puede sentirse completamente fracasada incluso después de haber alcanzado la riqueza y el estatus de superioridad en tu empresa. Puedes tener el síndrome del impostor si piensas o sientes que tu éxito no está justificado.

Así que, para justificarlo, sigues presionándote más, trabajando más horas, siempre tratando de superar a tu competencia. ¿Pero sabes quién es tu competencia? Eres tú. La dinámica de una actitud autodestructiva se desarrolla desde el interior.

Puede que te preguntes, "¿Por qué alguien querría sabotear su propio éxito?”

Todos nos derrotamos de alguna manera. Para algunas personas, se entregan a tácticas de fuga, como las drogas, el alcohol, el sexo, el juego o algo peor. La fuga es un mecanismo de afrontamiento que funciona a corto plazo protegiéndote de la realidad, pero falla a largo plazo.

Cuando fallamos por dentro, fallamos por fuera. Y algunas personas pueden ocultarlo bien, manteniendo grandes trabajos con altos salarios y aparentando tenerlo todo. En el interior, donde reina el verdadero fracaso, son un desastre. Algo que carcome el alma pero que es visto por muy pocos.

Sumerjámonos y veamos lo que es la auto-derrota, la forma en que se manifiesta, y, lo más importante, cómo puedes lidiar y reconocer tus propias trampas de vida saboteadas.

Cambia tu Actitud

Enfrentar sus comportamientos de autosabotaje es un gran desafío. Estáis reuniendo el valor para levantaros y decir: "¡No más!" Ahora que eres consciente del estrangulamiento que tienen tus SDB, estás en una mayor posición para levantarte y tomar medidas. Es hora de liberarse del dolor emocional y la incomodidad que han plagado tu vida.

La conciencia lleva a un deseo más fuerte de detener sus destructivos SDB y comenzar a vivir una vida de libertad. Tu compromiso con la recuperación es el primer paso. No hay medias tintas. Debes prepararte para cavar para que puedas desenterrarte y salir del agujero en el que has estado viviendo. Vas a ir a la guerra con las partes más oscuras de ti.

Te insto a no rendirte, no importa cuántas veces tengas que intentarlo. La recuperación de esta enfermedad es el camino a la verdadera libertad y el único camino que te llevará a la verdad. Una vez que estés listo para enfrentar tus heridas más profundas, has preparado el escenario para dar paso a cambios duraderos y permanentes en tu vida.

Para liberarte del poder del comportamiento negativo de uno mismo, primero selecciona opciones y pensamientos que te alejen de elegir los mismos patrones negativos una y otra vez. Un comportamiento autodestructivo sólo puede fortalecerse si continúas alimentando el comportamiento a través de la actuación del mismo conjunto de viejos comportamientos una y otra vez.

Tienes que recordar que cada acción que tomas, antes de que se convierta en una acción, es primero creada como un pensamiento y que cada pensamiento lleva a una elección, y esa elección lleva a una acción, que produce un resultado. Ahora es el momento de la verdad para dar la vuelta y dejar de correr. Hay elecciones que hacer aquí, y las elecciones que hagas determinarán en última instancia el curso de tu destino.

Visualiza tu Historia

Concentrarte en la vieja historia es perjudicial para tu mentalidad y tu futuro. Si te enfocas en los dolores y fracasos del ayer, esto te lleva a un sentido más profundo de fracaso para el futuro. Tienes que cambiar tu historia de hoy para que no termine siendo un refrito de viejos acontecimientos.

Mira a la gente que vive sus vidas atrapada en los mismos problemas de hace diez años. Quieres crear el futuro con una nueva historia que no sea una recreación de lo antiguo. La gente atascada en la mentalidad de víctima se queda paralizada en "lo que se les hizo" y "La vida nunca será buena para mí porque..." Posee tu pasado, pero no te quedes sentado tratando de arreglarlo.

Cuentate una nueva historia en la que resuelvas activamente los problemas y asumas más responsabilidad personal te ayudará a superar la mentalidad de víctima. No tienes que ir en una misión para cambiar completamente todo lo que te rodea. Eres la grandeza que existe por lo que eres y tu naturaleza divina. Pero tienes que identificar la debilidad en tus patrones de pensamiento que impide que tu vida siga adelante.

Si tus pensamientos están atascados, tus acciones están atascadas. Pero también puedes tomar medidas y tus pensamientos seguirán la pista. ¿Alguna vez has formado un nuevo hábito haciendo algo a lo que tu mente se resistió? Si continuaste con esta acción, tu mente eventualmente cedió al nuevo patrón y se convirtió en un punto menos postergado.

Déjeme preguntatle esto: Si puedes visualizar tu vida dentro de un año, ¿dónde estarías, qué estarías haciendo y, más importante aún, qué te costaría llegar allí? Imagina cómo tu camino podría cambiar para que no estés haciendo las mismas cosas, reviviendo viejos patrones y permaneciendo atascado en la misma rutina. Esto sucede cuando fallamos en nuestro compromiso de seguir adelante.

Si la vida pudiera ser una aventura atrevida, ¿no querrías hacer de ella una vida impulsada por la pasión y el coraje y un camino basado en la reinvención? Esta es una decisión emocionante de hacer. Si te aferras aunque sea a un pequeño trozo de tu mentalidad de víctima, hoy es el día de liberar esto.

Puedes escribir *tu propia historia*. No está grabada en piedra por lo que te ha pasado. Puede cambiar en base a lo que elijas para tu vida en este momento. Tus elecciones de hoy son los bloques de construcción. Di NO al poder del pasado.

Consejo de Acción: *Reescribe tu versión de la historia. ¿Cómo quieres que termine? Este es el primer paso para recrear el resultado que ocurriría si no hicieras nada.*

Toma Toda la Responsabilidad

Tienes el poder de elegir la responsabilidad sobre la culpa o la fuga. Tomar la responsabilidad total es la decisión más poderosa que jamás harás. Te estás colocando en una posición de control absoluto. Esto no significa que puedas controlar el resultado de una circunstancia, pero siempre puedes elegir tu actitud en cualquier situación.

Cuando te quedas estancado como víctima, te impide tomar medidas y vivir tu mejor vida avanzando.

Tomar el control significa que estás dispuesto a crecer, seguir adelante y recuperarte... no vas a aceptar tus circunstancias como permanentes o fuera de tu control. Ya no te crees las mentiras ocultas de las creencias negativas y desempoderantes que te dicen, "No hay nada que pueda hacer al respecto".

Cuando se trata de tus circunstancias, no eres una víctima de lo que pasa. Puedes elegir tu actitud en cualquier situación e influir en el resultado tomando tus propias decisiones. Te derrotas a ti mismo en el momento en que decides dejar que la situación dicte tu resultado.

Consejo de Acción: *¿Cuál es el paso fuerte que puedes dar hoy y que te pondrá en control?*

Visita a tu Niño del "pasado".

Imagina que pudieras volver en el tiempo para visitarte a ti mismo cuando eras un niño. Escoge un recuerdo doloroso al que te aferres. Acércate a la versión infantil de ti mismo y abrázalo. Sujétalo todo lo que puedas. Dile que los ama.

Si crees que este ejercicio suena tonto y tu respuesta es: "De ninguna manera voy a hacer eso", sólo inténtalo una vez. Es realmente un ejercicio asombroso que funciona si lo sigues haciendo. Te conectarás con la mayor parte de lo que realmente fuiste.

Para sentirse cómodo con el autocrecimiento, tienes que estar dispuesto a permitirte cometer errores de nuevo. Debes aceptar tu pasado como la curva de aprendizaje necesaria para traerte a este momento presente.

Gratitud: Tienes una Oportunidad

En lugar de centrarte en lo que no tienes o en lo que ha pasado que te ha mantenido encerrado en esta mentalidad de víctima, mira todo lo que tienes. ¿Cómo has llegado tan lejos? Aprovecha esa energía que te hace fuerte. Disipa la energía negativa que te roba la gratitud.

Tómate un momento para ver lo que has aprendido sobre ti mismo de estas experiencias. Pregúntate qué resultados has creado en situaciones pasadas que pueden no parecer de tu interés pero que han creado lo que eres hoy.

Consejo de Acción: *Escribe los nombres de cinco personas que sientes una inmensa gratitud por estar en tu vida. Ve cómo tu plan de acción está ayudando ahora a mejorar sus vidas.*

La mentalidad de víctima es un área de tu vida que te ha tenido prisionero durante mucho tiempo. Pero superar tu adicción a la compasión y a la curación de los fracasos del pasado es increíblemente gratificante.

Abrete Honestamente

Deberías ser honesto contigo mismo tanto como sea posible. Mantente fiel a lo que sabes que es correcto. Acéptalo cuando te sientas temeroso e inseguro. Esto es una señal de que podrías estar volviendo a tu antigua rutina. Acéptate con todos tus defectos y no te critiques a ti mismo ni a los demás por los suyos. La gente cometerá errores y aprenderá de ellos. Eso es lo que hacemos.

Trabaja tu empatía y ten una mente abierta hacia las personas que están dando lo mejor de sí. Pero ten en cuenta que la gente que conoces necesita mantenerse a distancia. Si te están arrastrando con sus asuntos y problemas pero no parecen dispuestos a hacer nada al respecto, corta los lazos y aléjate de ellos. Ser fiel a ti mismo es también ser consciente de las personas que no puedes ayudar en este momento. No están preparados.

Derrota Tus Aportes de "Autodestrucción"

1. Tratate con compasión.

2. Tratar a los demás con compasión.

3. Reconoce tus áreas de logros y el talento especial que tienes.

4. Habla contigo mismo frente al espejo. Acostúmbrate a hablarte a ti mismo de una manera positiva y reforzante.

5. Haz una lista de tus tres mejores rasgos de carácter.

6. Anota una debilidad o un punto ciego que tengas. Piensa en ideas para corregir esta debilidad y convertirla en una fortaleza.

7. Mira a ver dónde estás auto-saboteando tus esfuerzos. ¿Hay un patrón? ¿Qué te impulsa a querer actuar y arruinar las oportunidades?

8. Evasión: ¿Qué estás evitando ahora mismo? Identifica lo que es y diseña un plan para dar un cauteloso paso adelante.

9. Practica la gratitud profunda. Haz una lista de las personas por las que estás inmensamente agradecido hoy. ¿Qué tienes en tu vida por lo que sientes una intensa gratitud? ¿Es por tu salud, tu trabajo o tu libertad?

Reduce Tu Tasa De Fracaso

"He fallado más de 9.000 tiros en mi carrera. He perdido casi 300 partidos. 26 veces me han confiado el tiro ganador del partido y he fallado. He fallado una y otra vez en mi vida y por eso tengo éxito".

— Michael Jordan

El fracaso no es algo que puedas evitar. Hay acontecimientos y circunstancias que escapan a tu control. Intentar evitar que fracases significaría no correr riesgos, no hacer nada, no tener aspiraciones y pasar todo el tiempo sentado en la "zona de seguridad" viendo cómo sucede la vida.

No existe una vida *libre de fracasos*.

Pero puedes eliminar el factor de riesgo. ¿Cuántas veces te han sorprendido con la guardia baja porque olvidaste planificar con antelación? Piensa en muchos de los percances o fracasos que has tenido en el pasado y en lo que podrías haber hecho para reducir las pérdidas o los daños. ¿Cómo puedes reducir la posibilidad de cometer el mismo error dos veces? ¿Qué obstáculos ves por delante para los que podrías planificar?

Muchos de tus obstáculos se convierten en barreras para el éxito porque no ves el problema hasta que es demasiado tarde. Aunque no puedes predecir todo lo que va a ocurrir, puedes planificar mejor los retos futuros actualizando las habilidades, ahorrando más dinero y pensando en posibles escenarios en el futuro. Como dijo una vez un buen amigo mío "El mejor momento para echar gasolina al coche es cuando el depósito está ¾ lleno". No esperes hasta el último momento para prepararte para un momento de fracaso cuando esté llamando a tu puerta. Puedes acelerar tu crecimiento y desarrollo preparándote para las dificultades.

Es difícil aprender de los errores de la vida cuando repites los mismos errores una y otra vez. Dices que "la próxima vez será diferente" y, sin embargo, repites el mismo hábito que te lleva al mismo resultado.

¿Cuántas veces has dicho: "Si hubiera estado preparado, podría haber evitado perder...

- Mi dinero
- Mi tiempo
- Mi relación
- Mi reputación
- Mi salud
- Mi carrera profesional

No puedes evitar caerte, pero puedes reducir tus pérdidas si no te caes tan fuerte. No hay lecciones en el fracaso si sigues cometiendo los mismos errores y no haces nada para cambiarlo. Todos fracasamos de diferentes maneras.

El fracaso es algo bueno porque te enseña las lecciones necesarias para crecer. Por eso debes estar abierto a cambiar tus hábitos, tu comportamiento y tu forma de pensar.

Si sigues realizando repetidamente la misma acción, producirás el mismo resultado.

Una primera lección de fracaso

En un taller al que asistí recientemente, el debate sobre "cómo superar el miedo al fracaso" fue uno de los temas principales. Se dio a la clase una breve tarea. Cada uno de los asistentes dispondría de 2 minutos para dirigirse a todos y hablar de su miedo al fracaso, y de cómo éste afectaba negativamente a sus vidas.

Uno de los participantes, cuando llegó su turno, dijo simplemente: *"Mira, todos sabemos que fracasar es inevitable, lo que importa es lo que hacemos para evitar el fracaso. No es el fracaso lo que me asusta, sino que sólo quiero saber cómo puedo fracasar menos"*. En otras palabras, se preguntaba: "¿Cómo puedo reducir la cantidad de fracasos en el futuro siendo más observador y tomando medidas inmediatas hoy?"

Sabiendo que el fracaso es un miedo común y que es algo con lo que todos luchamos, empecé a elaborar una lista de estrategias que la gente podría poner en práctica para evitar fracasar -y caer- con tanta fuerza.

La idea de "Reducir tu índice de fracaso" es un concepto que aprendí de una amiga mía que tiene una clínica de salud. Como naturópata, enseña a sus pacientes la mejor manera de mantenerse sanos mediante una dieta, una nutrición y un ejercicio adecuados. Enseña a la gente a vivir una vida feliz y más sana previniendo las enfermedades antes de que se produzcan. Su lema es: "El mejor momento para luchar contra el cáncer es diez años antes de que te lo diagnostiquen".

"El ayer se ha ido. El mañana aún no ha llegado. Sólo tenemos el día de hoy. Empecemos".

— Madre Teresa

El mejor momento para afrontar el fracaso es hacer algo hoy para reducir tu tasa de fracaso en los próximos 10-20 años. Al igual que alguien que empezaría por cambiar su dieta y hacer todo lo posible para reducir su riesgo de cáncer, tú puedes hacerte cargo hoy mismo de predecir las áreas de tu vida que están en riesgo.

Si quieres "predecir" tu futuro, tienes que empezar a planificarlo hoy. ¿Puedes visualizar los obstáculos que te esperan? ¿Tus hábitos actuales te preparan para el éxito, o te establecen para el fracaso?

Si quieres reducir tu índice de fracaso, tienes que empezar ahora mismo a centrarte en las áreas de tu vida que están en riesgo.

Por ejemplo:

- ¿Está en riesgo tu salud por comer demasiada chatarra?
- ¿Está en riesgo tu negocio porque no mantienes los registros financieros al día?
- ¿Tu relación está en peligro porque no te comunicas lo suficiente?
- ¿Se está deteriorando tu salud mental porque ves demasiada televisión o te dedicas a jugar?

Recuerda esto: El fracaso no es un hecho puntual que te ocurre de repente. Fracasas a lo largo de la vida por no actuar en consecuencia. Son las decisiones que tomas hoy -en este momento- las que deciden si tendrás éxito o fracasarás en el futuro.

Utilizando de nuevo los ejemplos anteriores:

- Tu salud fracasará porque hoy decides comer basura.
- Tu negocio fracasará porque hoy no gestionas tus cuentas
- Tu relación fracasará porque ignoras a tu pareja... otra vez.
- Tu salud mental se debilita porque vas a ver tres horas de Netflix en lugar de leer o meditar.

Ahora, aquí hay 7 estrategias para ayudar a reducir tu tasa de fracaso.

(1). Pasa tiempo de calidad con 5 personas exitosas

Eres el promedio de las personas con las que pasas más tiempo. Por eso es fundamental que pases tiempo de calidad con las personas que te apoyan y se ayudan mutuamente. Puede tratarse de tu equipo en el trabajo, tu familia en casa o tu círculo de amigos. Las personas con las que pasas tiempo de calidad te capacitan para el éxito.

Tu equipo de apoyo son las personas que están ahí cuando las necesitas, y ellas te necesitan a ti. No permiten que te rindas ni que pongas excusas para no hacer las cosas. Estarán ahí cuando la vida se interponga en tu camino y necesites ese empujón extra, una charla cercana y el saber que están ahí para ti en medio de todo.

Sé atento a las personas que intentan frenarte. Puede que te pregunten: "¿Por qué haces esto?" o "¿Qué te pasa?". Tenemos que darnos cuenta de que la gente sigue luchando con sus propios demonios y pruebas personales.

La gente con la que pasas el tiempo es una inversión, en tu vida y en la suya también. Mira a tu alrededor a las cinco personas con las que estás la mayor parte del tiempo. ¿Confías en ellas? ¿Puedes hablar abierta y honestamente con estas personas? ¿Están dispuestas a llegar hasta el final contigo en los momentos difíciles?

Todos queremos ese "equipo de ensueño" de personas que estén ahí para apoyarnos Encuentra un mentor o un compañero de responsabilidad en el que puedas apoyarte. Un mentor puede estar ahí para guiarte en los momentos difíciles cuando tengas dificultades. Contrata a un coach de vida y ten sesiones semanales para mantenerte en el camino de tus objetivos.

(2). Identifica tu talón de Aquiles

En la mitología griega, Aquiles fue un héroe griego de la guerra de Troya. Según la leyenda, Aquiles -que era un poderoso guerrero y se creía invencible- murió tras recibir un disparo de flecha en el talón. Ni siquiera Aquiles podía prever que iba a morir así. Si Aquiles hubiera sabido de antemano que éste era su único punto vulnerable, podría haber planeado con antelación para protegerse durante la guerra de Troya. Le dispararon una flecha en el talón y murió.

En nuestra vida hay aspectos en los que no somos fuertes, y aunque no nos maten -como le pasó a Aquiles-, podemos acabar poniéndonos en situación de fracaso por no reconocer cuál es.

En muchas situaciones en las que destaca la derrota, es nuestra incapacidad para ver lo que se avecina lo que nos derrota. Es este eslabón débil el que nos desequilibra. No prepararnos para el éxito antes de que llegue nuestro mayor reto puede hacer que perdamos la batalla antes de que empiece.

Tienes un eslabón débil que te está abocando al fracaso. Todavía no sabes cuál es, pero está ahí. Nos prepara para la caída y nos golpea cuando menos lo esperamos. Puede tratarse de una falta de conciencia, un mal hábito, una adicción que aún no se ha resuelto o una vieja creencia autodestructiva.

Aquí están los 9 principales "talones de Aquiles" que la gente lucha por superar. Verifica si el tuyo está en la lista:

1. El exceso de confianza
2. Falta de conocimiento
3. Procrastinación
4. Mala salud
5. Subestimar al adversario
6. Enfoque disperso
7. Falta de atención
8. Mentalidad negativa
9. Patrones de pensamiento limitados

No siempre verás venir la derrota, pero puedes prevenirla lo mejor que puedas tomando estas medidas para reducir tus posibilidades de fracaso:

Vence a tu talón de Aquiles

Paso 1: Mira hacia atrás y anota los tres últimos contratiempos que has tenido. ¿Tienen estos reveses algo en común?

Paso 2: ¿cuál es el área de tu vida en la que fracasas constantemente? ¿Es tu salud? ¿Las relaciones? El área de tu vida que te produce más dolor te está diciendo que hay un problema.

Paso 3: Haz una lista de las soluciones con las que podrías empezar a trabajar. En el caso de mi hábito de procrastinación, hice una lista de tareas que había estado posponiendo. Tenía cosas en mi lista que se remontaban a años atrás. Lo estaba pagando con culpa. Ahora, ¿qué puedes hacer tú? ¿Cuál es la pequeña acción que puedes realizar hoy?

Paso 4: Convierte esta acción diaria en un hábito. Crea un desencadenante, para que reconozcas cuándo está actuando.

Paso 5: Asegúrate de reconocer los cambios positivos en tu vida al actuar. ¿Cómo te sientes emocionalmente? ¿Estás más seguro, en paz, o tu mente está más tranquila que antes?

Paso 6: Sigue concentrándote en desarrollar un sistema de auto mejora continua. No te permitas fracasar.

Que no te pille desprevenido. Prepárate para cuando llegue ese día y sepas que la vida va a sacar lo mejor de ti. Lucha y levántate cuando te derriben.

Siempre tendrás un eslabón débil en tu rutina, tus hábitos o tu forma de pensar. Haz una lista de cuáles son esos eslabones débiles y sigue trabajando para eliminarlos.

(4). Planifica el Futuro... Hoy

Si no planeas en el presente, planeas fracasar en el futuro. Aunque admito que la mayor parte de mi pensamiento se centra en el momento presente, tengo que planificar el futuro ocupándome de los asuntos en el ahora.

Por ejemplo, ahora es el momento de comer sano, no dentro de veinte años cuando te diagnostiquen una enfermedad. Ahora es el momento de entrenar y hacer ejercicio, y no más adelante cuando tengas quince kilos de más. Ahora es el momento de planificar tu futuro financiero, y no cinco años antes de la jubilación. Ahora es el momento de desarrollar tus relaciones con tus hijos, y no dentro de diez años cuando ya no quieran pasar tiempo contigo.

Debes dedicar una hora a la semana a revisar tus objetivos para el próximo año, mes, semana y día. Dedica una hora cada domingo por la tarde o por la noche a revisar tus planes. ¿Están al día tus proyectos? ¿Presentaste los papeles que llenaste? ¿Hay algo que haya surgido esta semana que debas incluir en tu embudo de planificación?

Esta hora podría ser la más importante de tu semana. Si quieres hacerlo bien, te recomiendo que incorpores este sistema a tu rutina. Hazlo un hábito sólido. Compra una agenda anual y un calendario de pared. Yo estoy utilizando el planificador Full Focus de Michael Hyatt para poder planificar mis semanas con antelación. Toda la organización está hecha por ti, así que sólo tienes que completar las tareas.

Pregúntate:

- ¿Con quién vas a pasar esta semana?
- ¿Cuáles son tus 3 objetivos principales para la semana/mes?
- ¿Cuánto quieres dormir cada noche?
- ¿Qué ejercicio vas a hacer, cuándo y cuánto durará cada sesión de entrenamiento?
- ¿Qué te gustaría aprender hoy para hacer crecer tu negocio un 10-20% durante el próximo año?

"Si no te preparas, te estás preparando para fracasar".

— Benjamin Franklin
Padre fundador de los Estados Unidos

(5). Pide Ayuda

Una de las cosas más difíciles de hacer es pedir ayuda. Tenemos miedo de ser rechazados. Si no pides, no recibes. Y necesitamos solicitar la ayuda de los demás para llegar a donde queremos estar.

Piensa en todas las cosas que no pides en tu vida. Lo más probable es que puedas llenar una página. Ahora mismo, saca un papel y haz una lista de todas las cosas que quieres pedir, pero siempre has tenido miedo de hacer.

Aquí tienes algunas indicaciones para ponerte en acción:

- "¿Qué me da miedo pedirle a mi cónyuge?"
- "¿Qué me da miedo pedirle a mi mejor amigo?"
- "¿Qué me da miedo pedirle a unos completos desconocidos?
- ¿Qué me da miedo pedirle a mi mentor?
- ¿Qué me da miedo pedirle a mi jefe?
- ¿Qué tengo miedo de pedirme a mí mismo?

Todo el mundo tiene algo que le da miedo pedir. Una vez que identifiques claramente las cosas que te dan miedo pedir, podrás avanzar en la siguiente fase:

"¿Por qué?"

Junto a la lista de cosas que te da miedo pedir, escribe la razón por la que te da miedo pedir. Éste es el combustible que te impulsará a hacer algo al respecto. Saber lo que te da miedo pedir es el primer paso. Aporta claridad a lo que estás ocultando.

Pero el por qué debería hacerte ver lo tonto que es el miedo, e impulsarte a superarlo.

Este es mi sencillo proceso de **6 pasos** para pedir lo que quieres:

1. Anota -en un cuaderno o con la aplicación Evernote- lo que realmente quieres.
2. Haz una pequeña lista de tres personas que puedan proporcionártelo.
3. Escribe el beneficio que te proporcionan al pedirles lo que deseas tener.
4. Pide con confianza, como si ya fuera tuyo.
5. Sé respetuoso con su decisión si no resulta como tú querías.
6. Por último, deja de lado tus expectativas.

Puedes marcar una gran diferencia en tu vida si pides a las personas adecuadas las cosas correctas en el momento adecuado. Comprométete a pedir al menos una cosa que desees al día. Puede ser algo que quieras para ti, o mejor aún, ayudar a otra persona a obtener algo que desee.

Visualiza que se te da la cosa que has pedido. Ese trabajo que quieres, el préstamo, una promesa o unas vacaciones de tres semanas. Sí, cualquier cosa será tuya en el momento en que tengas el valor de pedirla. ¿Si te lo rechazan? Eso es bueno. Ahora desarrollarás una piel más dura para volver a pedir.

(6). Mejora constantemente en un 1%.

¿Dónde estarías dentro de un año si te centraras en hacer pequeños ajustes en tus hábitos, pensamientos, sistemas o comportamientos en sólo un 1%? ¿Crees que es un porcentaje bajo al que aspirar? ¿Por qué no ser más ambicioso e ir a por el 20%?

Aquí tienes una estrategia que puedes poner en práctica y que contribuye continuamente a tu ritmo de crecimiento sin crear un obstáculo o una sensación de agobio. Si alguna vez has estudiado para un examen intentando hacer todo el estudio la noche anterior, sabes lo que se siente.

Si te apuntas a un maratón por primera vez, ¿empezarías a entrenar varios días antes de la prueba? Esto no sería tiempo suficiente. Pero si empiezas a entrenar entre 4 y 6 meses antes y comienzas corriendo 1 km al día, en dos meses estarás condicionado para recorrer la distancia.

Puedes alcanzar la mayoría de los objetivos aplicando la regla del 1%. A menudo oigo a la gente decir cosas como

"No tengo tiempo para leer".

"Si tuviera una hora más".

Sólo tienes que leer 10 minutos por noche. Lee 3 páginas si puedes. Si no tienes 30-60 minutos, invierte el tiempo que puedas cuando puedas.

No puedo ir al gimnasio todas las noches. Así que es difícil hacer ejercicio en absoluto. No necesitas un gimnasio. Puedes hacer ejercicio en casa. En veinte minutos puedes hacer flexiones, abdominales o estiramientos. Si necesitas ir al gimnasio, ve cuando puedas, pero cuando sea imposible, hazlo en casa.

Al hacer lo mínimo, sigues trabajando el hábito de presentarte y no te crees las excusas de "no puedo porque...".

Siempre puedes, aunque sea un 1%.

(7). SEP - Siempre Estate Preparado

Creo que la principal razón por la que la gente fracasa es la falta de planificación. El fracaso siempre va detrás de la persona menos preparada. Si este es tu caso, eres un blanco fácil.

Para reducir tu índice de fracasos mañana, la próxima semana y en la próxima década, debes prepararte tomando medidas hoy. La falta de acción significa falta de resultados.

Conozco a alguien que recientemente ha perdido a un pariente. Este pariente era razonablemente rico y cuando falleció, lo hizo sin testamento. No tenían nada que hacer. No se había hecho ninguna planificación ni discusión para prepararse para ello. Al final, el patrimonio acabó en manos del Estado. Se acabó.

Vale la pena planificar. Siempre. Siempre hay que estar preparado. Te animo enérgicamente a que dediques un tiempo cada día, aunque sólo sean diez minutos, a examinar las áreas de tu vida en las que no estás preparado para lo inesperado. Cuando llueva el peor de los escenarios, ¿estarás preparado?

Asegúrate de que:

- Hazte revisiones de salud regularmente. No esperes a que sea demasiado tarde para hacer algo por tu salud.

- Revisa tu plan financiero. ¿Quieres trabajar hasta los 85 años para pagar tus deudas? Empieza hoy tu plan financiero.

- Habla de la posibilidad de morir con tu familia.

- Sigue aprendiendo nuevas habilidades. Nunca se sabe si un día te presentas en el trabajo y ya no tienes trabajo.

- Ten un pequeño depósito de gasolina de repuesto en el maletero con una rueda de repuesto. Haz caso a mi experiencia, no querrás quedarte tirado en medio de la nada deseando haber llenado el tanque de gasolina ayer.

Recuerda esto: Si no tienes un plan para tu futuro, ten por seguro que alguien más lo tiene.

Fracasar rápido en movimiento

- Averigua lo que quieres.
- Identifica los obstáculos y trabaja de uno en uno.
- Da un pequeño paso para hacer realidad tu visión.
- Pide ayuda a las personas adecuadas.
- Tómate un tiempo para pensar en lo que has aprendido recientemente, y sigue mejorando estas lecciones.
- Incorpora este aprendizaje a tu planificación semanal
- SEP- Siempre Estate Preparado

"La mayoría de las grandes personas han alcanzado su mayor éxito justo un paso más allá de su mayor fracaso".

— Napoleon Hill

El Miedo al Fracaso y *Librarse del rechazo*

"Puedes tener un nuevo comienzo en cualquier momento que elijas, ya que esto que llamamos "fracaso" no es la caída, sino el permanecer ahí."

— Mary Pickford

Dónde estaría el fracaso sin miedo? ¿O qué tal el rechazo? ¿Alguna vez has sido rechazado hasta el punto de estar convencido de que el fracaso era tu destino? Cuando se trata de aprender a manejar el fracaso, tanto el miedo como el rechazo son dos dinámicas inseparables.

El miedo es una fuerza dominante que, si no se le desafía, le impedirá dar su primer salto hacia adelante. El rechazo, si lo permites, se convertirá en un obstáculo permanente para el éxito. Puedes intentar rodearlo, o esperar a que el miedo al rechazo disminuya, pero el miedo se convierte en ansiedad, y esto refuerza tu miedo al fracaso.

Cuando crees en tus miedos más que en la posibilidad de tener éxito, el miedo gana y fallas por defecto. Tus miedos te impiden actuar o te asustan tanto que la única opción que tienes es tomar un curso de acción.

Esto es lo que J.K. Rowling, autora de un bestseller de la serie de **Harry Potter**, dice sobre el miedo:

"Es imposible vivir sin fallar en algo a menos que se viva con tanta precaución que bien podrías no haber vivido en absoluto, en cuyo caso te has fallado por defecto."

¿Vives tu vida con tanta cautela que el fracaso se convierte en el único camino posible? Fracasar, si le preguntas a alguien que está viviendo su sueño, significa vivir una vida que no es la tuya, sino que se rige por la agenda de otro. Estás atrapado cuando crees que tus elecciones ya no son tuyas.

El Miedo al Fracaso

El miedo al fracaso se llama atichifoia. Es posible que no te percibas a ti mismo como teniendo una fobia cuando se trata de fracasar, pero, en mi experiencia, si estás fracasando en tu vida por miedo, fobia o no, es un obstáculo que debe ser eliminado si vas a aplastarlo mientras avanzas.

Los Miedos que Nos Forzan al Fracaso

La **atichifobia** es un miedo anormal, injustificado y persistente al fracaso. La **antimicrobiana** conduce finalmente a un estilo de vida restringido con efectos perjudiciales a largo plazo, ya que impide que las personas participen en actividades que podrían llevar al fracaso. Es una forma intensa de parálisis mental.

Es un miedo persistente al fracaso que puede desencadenarse dependiendo de la situación a la que te enfrentes.

El miedo a fracaso tiene una voz, y te habla de la siguiente manera:

- "Sólo eres una persona estúpida, y nunca tendrás éxito."
- "Todos son más inteligentes que tú, así que tienes que mentir para estar a la altura".
- "No tienes lo que se necesita para salir adelante".
- "Eres un incompetente. Si no lo has conseguido ya, nunca lo harás."
- "Todos a tu alrededor están en la cima. Son personas con iniciativa. Eres perezoso y nada te sale bien. Todo lo que he intentado lo he dejado después del primer intento."
- "¿Qué sentido tiene?"

- "Ese es un riesgo que no necesitas. Juega a lo seguro y ve cómo funciona."
- Estás tratando de ser algo que realmente no eres". (Síndrome del Impostor)

Así que refuerzas el miedo al fracaso a través de la fuga. Te mantienes por debajo del radar, fuera de la vista, protegiendo tu vulnerabilidad de las grietas. Evitas situaciones que desafían tus miedos o existe la posibilidad de que tu fracaso quede expuesto. Es tu evasión lo que amplía la brecha entre la persona que podrías ser y quien eres.

Si se presenta una oportunidad, la dejas pasar. Si te invitan a participar en un evento, lo rechazas. La evasión es lo que te hace fracasar más. Lo postergas, evitas la responsabilidad y pones excusas de por qué no puedes. La evasión se convierte en autosabotaje. Todo se desmorona hasta que tu vida está tan restringida que terminas viviendo en una prisión hecha por ti mismo.

El fracaso está presente en cada área de nuestras vidas, y si se le permites correr desenfrenadamente sin restricciones, haces tus propias reglas. En casa somos fracasados delante de nuestros padres o hermanos, en el trabajo tus compañeros de trabajo e incluso tu jefe, y dentro de nosotros mismos estamos lidiando con el fracaso a un nivel intenso porque lo reprimimos. ¿Quién quiere dejar salir el miedo de la jaula?

Si estás listo, vamos a sumergirnos en el miedo a la mentalidad de fracaso y a desenredar a este monstruo.

Darlene y laExclusión Social

Darlene tiene un miedo intenso a las actividades sociales. Regularmente tiene que asistir a funciones sociales como parte de su trabajo para reunirse con los clientes e impulsar las ventas de su empresa. Antes de cada función social, se prepara mentalmente retractándose de afirmaciones positivas y meditando durante 20-30 minutos antes de la fiesta.

Lo hace porque trata con el fracaso a un nivel emocional profundo. Es el miedo de estar a la altura de los demás. Durante la mayor parte de su vida, mientras crecía, Darlene tuvo un problema de aprendizaje en la escuela, por lo que fue tratada de manera diferente y fue separada en una clase especial. Resulta que su problema de aprendizaje era el TDA, pero cuando se le trataba como a los otros niños, podía superar a la mayoría.

Darlene luchó por relacionarse con la gente porque siempre tuvo la creencia interna negativa de que no era lo suficientemente buena. En situaciones sociales, a la gente le encantaba presumir de su posición en la empresa, las escuelas en las que se educaron y el dinero que iban a ganar en los próximos años.

Su mayor temor no era tener estas conversaciones, pero cuando alguien le preguntó a Darlene sobre sus antecedentes, se sintió obligada a mentir o exagerar sus logros. Tenía una trampa mental en la que no encajaba y que nunca era lo suficientemente buena. Todo el mundo tenía más educación, ganaba más dinero, y tenía estos grandes trabajos corporativos en empresas de la fortuna 500. De hecho, ella no pertenecía en absoluto a estas situaciones.

Antes de los eventos, ella tenía que prepararse para pasar por ellos. Pero lo que Darlene descubrió es que su miedo al fracaso, su miedo a no ser lo suficientemente buena, fue internalizado. Cuando estas personas volvían a casa al final del día, eran como todos los demás: Algunos tenían familias, otros no tenían a nadie. Ellos también tenían miedo y por eso tenían la necesidad de presumir de todos sus logros.

Teniendo una pasión por el estoicismo, Darlene aprendió a callar. También dejó de intentar impresionar a la gente o hacerse amiga de la súper élite. Podía ser quien era y si no les gustaba, podían irse a la mierda. Al reenmarcar a las personas, ella era capaz de entrar en cualquier situación y sentirse segura, enérgica y cómoda. No más mentiras o sombras detrás de las cuales esconderse.

El miedo al fracaso está fuertemente inmerso en los temores a la vulnerabilidad, la vergüenza, los estándares implacables, las comparaciones con otros y los sentimientos profundamente arraigados de indignidad.

Si hablamos de la Atichifobia, es una combinación de varios—o todos—estos elementos.If we talk about Atychiphobia, it is a combination of several—or all—of these elements.

Normalmente, alguien en la situación de Darlene manejaría la situación muy fácilmente: Evitando cualquier tipo de situación social en la que el riesgo de parecer un tonto sea una posibilidad. La desventaja de esto es que no se hacen nuevas relaciones. No creces cuando el aislamiento se convierte en tu compañero. Y lo peor de todo, nunca superas este miedo. Cuanto más tiempo evites desafiar este miedo, más fuerte se afianza. Odias estar aislado, pero es mejor que la alternativa.

Si te has dado cuenta, en la situación de Darlene, no ha cambiado nada de sus circunstancias, excepto una cosa: **su actitud**. Ella cambió y replanteó las circunstancias. El resultado fue un cambio inmediato en su actitud y perspectiva. Todo sobre sus logros, riqueza y estatus social permaneció igual. Ya no intentó impresionar a nadie.

La atichifobia (del griego phóbos, que significa "miedo" o "miedo mórbido", y los atípicos que significan "infortunio") es el miedo anormal, injustificado y persistente al fracaso.

Tus miedos, una vez identificados, pueden ser un motivador alentador. Al convertir tus miedos en experiencias positivas en lugar de negativas, puede convertir tu miedo al fracaso en tu propia historia de éxito.

Tu miedo puede ser un obstáculo que te impida seguir adelante con tus planes. Intentas dar un paso adelante y una voz en tu cabeza grita: "¡Espera! Eso no es una buena idea". ¿Y si...?" Y el miedo se instala.

Tememos el fracaso porque en el pasado, ya sea en la escuela o a través de nuestra educación, cometer errores críticos estaba mal visto.

Fracasar es ser un fracaso. Trae vergüenza. Te avergüenzas delante de tus amigos, familia y mentores. Tienes que tener cuidado de ahora en adelante. "Ten cuidado", te dirían. Tal vez querías probar algo nuevo y emocionante, pero alguien siempre te recordaba por sus propios miedos que lo que planeabas hacer podía salir mal. Podrías perder dinero, ser humillado, o arriesgar tu futuro.

Así que sus miedos se convirtieron en indicadores para evitar toda proposición arriesgada. Evitar las ideas o grandes metas que tenían la probabilidad de no funcionar. Evita cualquier cosa que tuviera una menor probabilidad de éxito.

¿Pero dónde te deja eso? Sin desafiar lo imposible o cuestionar los miedos cuando llegan, estás a merced de ir con la corriente o comprar los ideales de otras personas que proyectan sus miedos sobre ti.

Tus miedos, no importa lo que sean o de dónde vengan, deben ser desafiados. Se construyen falsas creencias de resultados negativos esperados que pueden o no suceder. Como dijo Jack Canfield, "Todo lo que quieres está al otro lado del miedo".

Si te arriesgas en un negocio e inviertes una gran suma de dinero, la realidad es que podrías perder ese dinero. Pero si el negocio tiene éxito, podrías salir de él con todo lo que siempre has querido.

Por un lado, te arriesgas a perder tu dinero. Por el otro lado del miedo, tienes éxito y vives tu sueño por el resto de tu vida.

Debes decidir si el riesgo vale la recompensa. O mejor aún, la vida que tendrás que vivir sin tus sueños después de decidir no hacer nada.

Ahora, veamos los cinco miedos que podrían estar causando tu fracaso. Los trataré con más profundidad en el resto del libro también.

(1). Miedo sobre lo que otras personas piensan

Todos tememos el riesgo, pero no sólo nuestros propios riesgos. Cuando veas a un amigo haciendo algo que podría causarle una pérdida, podrías advertirle de las posibles consecuencias. Ya lo han escuchado antes:

"Ten cuidado, recuerda lo que le pasó a..."

"¿Estás seguro de que sabes lo que estás haciendo? Es una gran oportunidad para tomar..."

"Cuando fracases, no digas que no te lo advertí. ..."

"Nadie ha hecho eso antes. Sólo ten cuidado..."

Cuando intentas algo diferente que no ha sido probado y la posibilidad de perder es alta, la gente siempre te advertirá que "vayas más despacio" o "pienses bien las cosas". No es que tengan miedo de que fracases, sino más bien que puedas tener éxito.

Tu éxito es un reflejo de los miedos a los que te aferras. Cuando fallas y la gente ve esto, están de acuerdo con eso; "Ves, te dije que era arriesgado. Te lo advertí. Ahora vuelve a la realidad".

Pero cuando trabajas hacia un gran objetivo y das en el blanco meses o años después, silenciarás a los críticos que te advierten de la inminente perdición. Puedes abrazar el miedo que te rodea y silenciar a los que no creen.

Cuando escuchas las advertencias de otros, y crees que los miedos que proyectan sobre ti son reales, compras la verdad de que esto es una mala idea. "Debería mantener la cabeza baja e ir con la multitud."

Pero no es por eso que estamos aquí. Recogiste este libro y llegaste hasta aquí porque no eres esa persona. Estás abrazando tus miedos, enfrentando el fracaso todos los días, y alejándote de las voces de aquellas personas que no están listas para aceptar lo que estás haciendo.

Pero sabes que el riesgo vale la recompensa. Evitando el miedo a fracasar, te vuelves a encoger para hacer las mismas cosas y eventualmente algún día te arrepientes del riesgo que nunca tomaste.

¿A quién le importa lo que piensen los demás? Deja que tus amigos, familia y compañeros de trabajo den sus opiniones y esperen a que fracases. No es que no les importe. Les preocupa que puedas lograrlo y luego los dejes en paz.

El Miedo al Rechazo

El rechazo proviene de la creencia básica de que no somos dignos. Las personas que luchan contra el rechazo suelen tener una baja autoestima y se valoran poco a sí mismos. Puede que sientas que eres rechazado por tus compañeros, tu familia o tu cónyuge. El rechazo puede aparecer en cualquier parte de tu vida.

Es una necesidad básica para todos sentirse amados, aceptados, valorados, queridos y apreciados. Si no conseguimos estas cosas, pasamos por una fase de rechazo y depresión. Nos sentimos desvalorizados y no deseados. Esto se convierte en vergüenza y en la creencia de que no somos lo suficientemente buenos para su mundo. La incertidumbre se hunde. Cuestionas tu autoestima. Podrías llegar a extremos para ganar aceptación, como que la gente se complazca o haga cosas por la gente que normalmente irían más allá de tu nivel de aceptación.

El Rechazo se Trata de Ti, No de Ellos

Una de las mayores ilusiones sobre el rechazo es que nos convencemos de que estamos siendo "rechazados", como si alguien nos estuviera haciendo algo. Pero, de hecho, el rechazo comienza en el interior. Esto se puede rastrear hasta sus críticos internos, esas viejas voces que le dicen "No eres bueno", o "¿Por qué molestarse? De todas formas, fracasarás."

Cuando nos rechazamos a nosotros mismos primero, estamos enviando un claro mensaje a la gente. Es como si tú mismo pusieras la escritura en la pared. La gente puede sentir cuando a alguien le falta confianza. Si entras en un banco para obtener un préstamo y crees, incluso antes de reunirte con el oficial de préstamos, que no hay forma de que consigas ese préstamo, este sentimiento te acompaña. Sé consciente de las situaciones en las que te estás rechazando a ti mismo antes de que nadie más tenga la oportunidad de hacerlo.

> *"Cada uno de nosotros debe enfrentarse a sus propios miedos, debe enfrentarse a ellos cara a cara. La forma en que manejemos nuestros miedos determinará a dónde iremos con el resto de nuestras vidas. Para experimentar la aventura o para estar limitados por el miedo a ella."*
>
> **— Judy Blume**

El Coraje De Matar El Auto-Rechazo

¿Y si te dijera que el 90 por ciento de las veces eres tú quien se rechaza a sí mismo en vez de que el mundo te rechace a ti? ¿Me creerías? Probablemente no. Empezarías a validar las razones por las que te rechazan y a convertirlo en una condición real con todas las pruebas que has recogido. Fracasos en la escuela, relaciones, o gente que siempre dice no cuando debería decir sí.

Escapamos del riesgo de rechazo por medio de la evasión. Nos mantenemos alejados del miedo a fracasar o a parecer estúpidos, y nos perdemos mucho más. Nos abrimos paso a través del miedo al rechazo empujándonos a nosotros mismos, tomando ese riesgo, e intentando algo incluso si tenemos miedo de fracasar. Al arriesgarse a fracasar— se obtiene una importante lección: aprender a aceptar que no todo en la vida es un *sí*.

El Plan de Acción Libre de Rechazo

Una de las formas en que te fallas a ti mismo es creyendo que un rechazo significa que no vales nada. El rechazo le ocurre a todo el mundo, y si lo ves como un medio necesario para conseguir lo que quieres, el rechazo se convierte en tu aliado y no en tu enemigo.

Desensibilizar el rechazo

Desensibilizarse el miedo al rechazo se trata de actuar ante los eventos o situaciones que más temes.

La desensibilización se practica mediante el condicionamiento de la mente con repetidos intentos de ser rechazado. Basado en el condicionamiento del respondedor, es una forma de terapia de comportamiento usada por los psiquiatras para ayudar a las personas a superar miedos y fobias profundas. También conocida como **inundación**, este tipo de práctica puede ser usada para condicionarlo para el rechazo.

Esto es lo que haces. Hacer que el rechazo sea un hábito diario. Ponte en una situación en la que la posibilidad de ser rechazado sea alta. Esto romperá tu miedo al rechazo, adormeciéndolo con el número de veces que te digan "No."

Jia Jiang, el autor de *Rejection Proof***,** da un relato asombroso sobre cómo se puso a sí mismo expuesto a ser rechazado a propósito en el curso de cien días. Puedes ver esto en su página web Rejection Therapy.com. El propósito de Jiang era acostumbrarse tanto a ser rechazado que rompió todo apego a su miedo al rechazo. Hay una lección que aprender aquí: **Lo que hacemos repetidamente se convierte en un hábito.**

Haciendo del rechazo un hábito diario, poniéndote en peligro, te vuelves insensible al dolor emocional.

¿Estás listo para el desafío?

En lugar de evitar el rechazo, lo vas a acoger en tu vida. Mira cuantas situaciones puedes crear en las que posiblemente serás rechazado.

Aquí hay diez ejemplos:

1. En el hotel donde te hospedas, solicita que te lleven una botella de champán **de cortesía** a tu habitación.

2. Pregúntale a alguien si le gustaría competir contigo en una carrera hasta el final de la calle.

3. Acércate a alguien al azar y pregúntale si pueden tomarse una foto juntos.

4. Entra en un concesionario de coches y pregunta si puedes llevarte un coche caro para una prueba de conducción.

5. Ve a una tienda de muebles y pregunta si puedes tomar una siesta de una hora en una de sus camas modelo..

6. Ve a un Starbucks local y pregunta si puedes trabajar como voluntario por la tarde.

7. Regalar un plátano a 10 personas al azar que te encuentres en la calle.

8. En un supermercado o café, pregunta si puedes "pasar al frente de la fila" porque eres "intolerante a la paciencia."

9. Regístrese para un vuelo y "pida" ser ascendido a primera clase (y que no pagarás extra).

10. Desafía a alguien a un concurso de miradas. Tienes que mantener la mirada fija por un mínimo de cinco minutos.

Mantente Centrado en Tu Área de Juegos Emocional

¿Qué sucede cuando tus emociones se rigen por las emociones de otras personas? Cuando están enfadados, te sientes tenso y nervioso. Si están felices o de buen humor, te sientes relajado y a gusto. Al buscar esa aprobación que rara vez llega en nuestras relaciones en casa o en el trabajo, siempre estamos siendo arrastrados de un lado a otro.

Tu patio de recreo emocional es lo que puedes controlar. Manteniéndote centrado en tu propio patio emocional, puedes ser dueño de los sentimientos con los que frecuentemente pierdes contacto. Por ejemplo, algunos niños entran en tu área de juegos y están de mal humor. Intentan perturbar las cosas tomando el control, asustando a los otros niños o siendo difíciles de llevar.

Dales lo que quieren y persisten en su comportamiento. Dibuja la línea de tus límites y hazles saber que pueden quedarse mientras se comporten. Así es como podemos controlar y mantener nuestras emociones en casi cualquier situación. Cuando tememos el rechazo, escondemos nuestra vergüenza o intentamos escapar, no estamos centrados en nuestra propia área de juegos. Estamos jugando en el de otra persona.

Se necesita práctica y concentración para ser consciente de cómo te sientes. Cuando lo sientes venir, es una señal de advertencia de que tu miedo está siendo disparado. Puedes evitar que esto se salga de control. Primero, di no a la pérdida de control. No tienes nada que perder.

Tengo una táctica preparada para esto. Cuando estoy en una situación en la que siento miedo, como cuando tengo que hablar en público, me digo a mí mismo: "No, no voy a dejar que esto suceda". Me doy permiso para tener un control total sobre lo que siento y cómo me desempeño. Reaccionar a los miedos y correr sólo mantiene el ciclo en marcha.

Deja Ir Fracasos Pasados Que Te Definan

Si fuiste rechazado en el pasado, te rechazarás a ti mismo en el futuro. Reproducimos viejas historias de fracasos y malos resultados de nuestro pasado. Cuando esto sucede, creamos más de lo mismo. Tu pasado no es lo que eres, es lo que fuiste. ¿Eres la misma persona que eras hace veinte años? Sé que yo no.

Claro, muchas partes de ti no han cambiado y la gente todavía se refiere a ti como alguien que conocen por su amistad de toda la vida. Pero todos estamos evolucionando incluso si esos cambios son sutiles. Basar tu futura felicidad o éxito en lo que conseguiste en el pasado es una forma de repetir la historia. Puedes definir tu futuro por las acciones que tomes ahora. Tus pensamientos, palabras y emociones son poderosas y pueden cambiar tu vida en un momento si se condicionan adecuadament.

Construir Una Confianza "Libre De Rechazo" A Través De La Práctica

La forma de crear confianza es tomando medidas. ¿Pero hacer qué? Desafiarse a sí mismo para hacer las cosas que son difíciles. Son fáciles de detectar porque nos resistimos a lo que no queremos hacer. Posponemos las tareas difíciles porque son duras, pero en realidad son las que conllevan las mayores recompensas a largo plazo.

La confianza es una actividad de "construcción de acción". Sólo se puede construir cuando ponemos a prueba nuestros miedos e incertidumbres. Puede usar esta lista de "Estrategias de Rechazo" como punto de partida para desarrollar un mayor nivel de confianza y seguridad.

Rreescribe la Historia y Rompe tu Miedo

Quiero que pienses en tu vida y en el impacto que tendrías si se te quitara el miedo al fracaso. ¿Qué empezarías a hacer hoy? ¿Cómo responderías a las críticas?

Recuerda esto si es que te llevas algo de aquí. Fracasarás en lo que intentes por primera, segunda o incluso décima vez. Podrías fallar en los negocios, o en una relación, o en la recuperación de una adicción. Pero si te esfuerzas lo suficiente y sigues intentándolo, tendrás éxito. El único fracaso que debería preocuparte es el fracaso de NO tomar medidas.

> *"No creo en un destino que caiga sobre los hombres sin importa cómo actúen; pero sí creo en un destino que cae sobre ellos a menos que actúen."*
>
> **— G. K. Chesterton**

El fracaso sólo derrotó a aquellos que lo dejaron ganar. Sólo puede ganar si decides evitar las acciones que son "arriesgadas". Pero el verdadero riesgo está en no hacer nada.

Imagina tu vida ahora mismo, dentro de diez años. Hoy decides empujar contra tu resistencia, abrirte paso y tomar medidas contra tu miedo. En lugar de evitar a la gente, te acercas a ellos y los llevas. En lugar de dudar en ofrecerte como voluntario, eres el primero en dar un paso adelante y decir: "Lo haré". En vez de posponerlo cuando un desafío te bloquea el camino, te dispones a quitarlo para poder avanzar.

Puedes romper el miedo a fracasar y vivir tus sueños como se supone que debes hacerlo. ¿Por qué conformarse con menos? No te rindas ante los miedos, el drama, los pensamientos autodestructivos y las voces negativas de tu propia mente. Lucha, mantente fuerte, respira profundamente y hazte una promesa a ti mismo: No importa lo que pase, estás aquí para ganar. No importa qué, no te vas a rendir a los miedos que te dicen que juegues apostando a lo seguro.

Nunca negocies con el miedo. Sé el amo de tu propio destino y aplasta el miedo con una mentalidad inquebrantable y la resistencia que estás construyendo al leer este libro.

"Al igual que el éxito, el fracaso es muchas cosas para muchas personas. Con Actitud Mental Positiva, el fracaso es una experiencia de aprendizaje, un escalón en la escalera, una meseta en la que poner tus pensamientos en orden y prepárate para intentarlo de nuevo."

— W. Clement Stone

Rompiendo **Malos Hábitos** Que Alimentan **Fracasos Repetitivos**

"La mejor manera de detener un mal hábito es nunca lo empezarlo."

— J.C. Penney

Existen tres tipos de fracaso. Está el fracaso rápido. Está el método de combustión lenta, y el fracaso lento con precaución a medida que avanzas. Luego está el tipo de fracaso que te mantiene fallando sin ninguna progresión. Sigues avanzando con dificultad, haciendo girar las ruedas, atascado en la rutina mientras realizas la misma rutina una y otra vez esperando un resultado diferente.

A esto se la llama **fracas repetitivo**. Es el tipo de fracaso más común y el más difícil de corregir.

Eso es lo que sucede cuando se siguen haciendo las mismas cosas una y otra vez mientras se experimentan los mismos resultados negativos. Por ejemplo, quieres perder peso pero sigues comiendo comida basura dos veces al día. Quieres ver menos televisión y leer más, pero cada vez que tienes tiempo libre enciendes la televisión por defecto. O tienes la intención de ahorrar dinero pero siempre que estás en el ordenador te metes en eBay y empiezas a gastar dinero.

Esto es lo que sucede cuando tus acciones se convierten en una serie de malos hábitos. En el momento, algo tan inocente como pulsar ese botón de compra no parece ser tan importante. Acabas de gastar 10 dólares. Pero si hubieras pulsado ese mismo botón una vez al día, una y otra vez, durante 365 días consecutivos, habrías gastado cerca de 4.000 dólares en un año. Sabes lo rápido que pasa un año, ¿verdad? ¿Qué tal diez años? Tu hábito le está fallando a tus metas financieras.

¿Has estado fallando en perder ese porcentaje de grasa y en ponerte en la mejor forma posible? Yo he luchado con esto durante años. Iba al gimnasio a menudo y hacía ejercicio cuando me apetecía (eso también es un mal hábito). Pero cuando veía la televisión por la noche, me encontraba con un helado en una mano y cacahuetes en la otra. Mi hábito de comer chatarra estaba derrotando mi deseo de estar en forma.

¿En qué hábitos actúas cada día que te derrotan? Apuesto a que tienes al menos uno, y sabes cuál es. Ahora, antes de que te castigues por esto, date cuenta de que los hábitos son reversibles. No son fáciles de implementar, pero con el tiempo, podrás cambiar tus malos hábitos practicando otros mejores.

Los Malos Hábitos en Piloto Automático

Lo que tenemos aquí es un grupo de hábitos que están operando en piloto automático porque no hemos organizado y construido un nuevo sistema para detenerlos. Ahora, no estoy diciendo que tengas que dejar la televisión o la comida basura, pero si el aumento de peso está causando que tu salud falle y tienes el deseo de darle la vuelta a esto y no lo haces, seguirás experimentando un aumento de peso. Esto le dice a tu cerebro que eres gordo, perezoso y que te falta disciplina para cambiar. Esto equivale a un fracaso.

Al no dejar de gastar, no salvas nada. Al no poner fin al consumo de comida chatarra, no pierdes peso. Al no controlar tu impulsivo mirar la televisión, no leer más libros. Esto resulta en un doble fracaso porque también fallas en mejorar tu conocimiento y en mejorarte a ti mismo.

El fracaso repetitivo es alimentado por un sistema de malos hábitos que te han estado fallando por años. Algunos de estos hábitos parecen ocurrir de forma tan natural que los aceptamos incluso cuando nos perjudican. Los hábitos, cuando se dejan para controlar tus acciones, actúan como la pista que te lleva aquí y allá. Parecería que no tienes control sobre tus deseos, antojos o impulsos repentinos. Pero, de hecho, sigues tomando decisiones, si a nivel subconsciente, como al no pensar en el siguiente paso sino sólo hacerlo.

Volviendo al tema de alguien que quiere perder peso, sin embargo, todas las noches, aproximadamente a las 8:00 p.m., va a la nevera y toma un helado. Seguido por una bolsa de papas fritas.

El punto de tu fracaso es que nunca tienes dinero y no lo puedes entender. Tienes un trabajo y te pagan dos veces al mes. Sin embargo, el lunes estás en la ruina. ¿Qué ha pasado? Todos los sábados tienes el hábito de ir a las carreras o al casino. O compras en línea y tienes la adicción de "Comprar ahora". Para el domingo por la noche estás vacío otra vez. Te fallaste a ti mismo otra vez, pero el fracaso repetitivo continúa...

Hasta que...

Necesitas una intervención de tus malos hábitos. Muchas de nuestras victorias del día a día recaen en los hábitos que adquirimos a lo largo de nuestra vida. Todo el mundo tiene un sistema de hábitos que realiza cada minuto del día, pero sólo unos pocos selectos influyen en su vida en una escala masiva. Sorprendentemente, tu sistema de malos hábitos no es difícil de superar. Si lo son, es porque tu mente te ha convencido de que lo son.

A la mente le gusta salirse con la suya. De hecho, quiere hacer todo a su manera. Hace lo que quiere y toma decisiones en el momento impulsado por el pensamiento de, *Yo quiero...* o, *Yo necesito...* y esto desencadena tu compulsión.

Hay muy pocas cosas que tu mente necesite que te maten si te quedas sin ella. Cuando le niegas a tu mente lo que quiere, recurre a la manipulación, convenciéndote de que, *Esta es la última vez, o, sólo una (compra, dona, juego) más no te va a hacer daño.* Pero...

Ahora somos conscientes del juego. Te has centrado en el impulso impulsivo de tus deseos en el momento. Mirar el panorama general y visualizar tu éxito al final de los 60 días te dará la motivación y el coraje para decir, "NO." Decir que no a tus propios deseos se siente como una auto-privación (otro truco que a la mente le gusta jugar), pero la verdad es que te estás privando de una mayor recompensa cuando dices, "SÍ," al momento.

Nunca creas ni por un momento que al ceder a tus necesidades impulsivas estás satisfaciendo tus deseos y por lo tanto saliendo adelante. Siempre es al revés. El mundo puede fallarte de muchas maneras, pero nunca podría equivaler al fracaso que tú te provocas a ti mismo.

El fracaso en alcanzar tus metas, el fracaso en tener éxito en las pasiones que te impulsan, es siempre un trabajo interno. Primero fallas en tu mente, tus pensamientos apoyan este fracaso, y luego ese fracaso es definitivo cuando tus acciones predeterminadas completan el circuito.

¿Cómo puedes romper los malos hábitos que te están fallando, interrumpir el patrón y convertir tus fracasos en victorias?

Identifica los malos hábitos que te hacen fracasar. Si no estás cambiando, o te sientes atascado, ¿es un patrón que no has reconocido? Una estrategia que empecé a hacer fue tomar notas mientras trabajaba en mi día. Me despertaba y empezaba a hacer cosas, y a medida que avanzaba en el día, tomaba notas sobre lo que estaba haciendo.

¿Dónde estaba perdiendo el tiempo? ¿Qué estaba postergando? ¿Cuánta televisión vi? ¿Qué objetivos no he alcanzado durante el día y por qué?

Monitorear tus acciones no suena como una actividad emocionante, pero no tienes que hacer esto todos los días. Rastrea tus hábitos siendo consciente de aquello en lo que te concentras. Muchos de nuestros hábitos están arraigados. No vemos lo que funciona y lo que no.

Por ejemplo, un hábito que nunca había reconocido hasta hace poco era despertarme, sentarme frente al ordenador y sumergirme directamente en el correo electrónico a las 5 de la mañana. Me di cuenta de que al dejar este hábito, podía concentrarme en escribir a primera hora de la mañana.

Cuando dejas un mal hábito, tienes que reemplazarlo por otro. Tu nuevo hábito es una actividad refinada y de alta calidad que añade valor a tu propósito y a tu día.

Se necesitan décadas de práctica para dominar tus malos hábitos. No se necesita tanto tiempo para deshacer tus malos hábitos y crear hábitos positivos de alto octanaje que te llenen de energía. Los malos hábitos son agotadores, pero un sistema de buenos hábitos apoyado por una rutina disciplinada puede derrotar los hábitos que te frenan. Muchos de nosotros hemos estado viviendo con nuestros viejos hábitos por tanto tiempo que no los reconocemos como la razón detrás del fracaso interno.

You can't always see the enemy that sleeps in your house. When it comes to habits and behavior, we need to take a step outside of ourselves to recognize the pattern of self-defeat that exists underneath the surface of our actions. This is where limiting behavior and the bad habits supporting it exist.

Cambio de Hábitos: un Sistema para Prevenir

El Fracaso de Hábitos

Aquí estoy dándole un sistema para el cambio de hábitos. Habrá desafíos con esto mientras intentas tapar tu mal hábito y reemplazarlo por otro. Mientras tu fuerza de voluntad lucha con el cambio, durante las primeras semanas puedes esperar sentirte como alguien que está pasando por un síndrome de abstinencia. Cuando has construido hábitos de por vida que se mantienen, cambiar tu comportamiento resulta en resistencia. Cuanto más fuerte empujes, más fuerte será la resistencia, hasta que ganes y empujes lo atravieses.

Considere algunas cosas antes de empezar. En primer lugar, no todos los hábitos necesitan ser corregidos. Los malos hábitos en los que me centré al principio estaban afectando mi vida diaria, trabajo y relaciones.

Identifica Tus "Desencadenantes Negativos"

Si tu mal hábito es revisar tu correo electrónico a primera hora de la mañana, este acto habitual está grabado en tu psique. Me despertaba a las 5:00 a.m. con la intención de ser productivo con la escritura, el ejercicio y la meditación, y antes de darme cuenta estaba en la computadora. Tenía que identificar el desencadenante. No estaba siendo preparado. Tan pronto como abrí mi portátil, esto se convirtió en una respuesta automática. Estaba enfocado con láser en la tarea equivocada.

Mi amigo tenía el hábito de pasar por el mismo bar casi todas las noches por un trago rápido. Esto lo llevó a llegar a casa más tarde, normalmente con 40 dólares menos de dinero, y menos tiempo con la familia. Trató de parar, pero cinco noches a la semana se encontró saliendo después del trabajo.

Cuando le pregunté qué le impulsó a tomar sus decisiones, dijo: "No puedo evitarlo; el lugar está en mi camino a casa". El detonante era obvio. Si estaba en las cercanías de este bar, se dejaba caer después del trabajo, a una hora del día en la que su fuerza de voluntad estaba en su punto más bajo.

¿Cómo rompió este hábito? Primero, tomó una ruta diferente a casa. Esto eliminó el primer detonante. Luego, al final del día, se pagó a sí mismo 40 dólares, el equivalente a lo que pasaba una noche en este lugar. Esto demostró que era muy costoso para él parar en este lugar todas las noches.

Adaptar una Comprensión de la Fuerza de Voluntad

La fuerza de voluntad, por cierto, no funciona cuando se trata de cambiar tus hábitos. Empiezas el día con el tanque lleno, pero a medida que tu fuerza de voluntad se va agotando a lo largo del día, tu resistencia se reduce. Algo a lo que normalmente dirías que no, podrías decir que sí cuando los niveles de fuerza de voluntad son débiles.

A muchas personas que intentan cambiar de hábitos les va muy bien durante el día—cuando se sienten fuertes mental y físicamente—pero después de dedicarle diez horas al día, puedes poner una barra de chocolate o un cigarrillo delante de ellos y lo tomarán enseguida. Después de todo, sólo somos humanos.

Pon Metas Realistas

Digamos que nuestra decisión es crear el hábito de leer más libros. Esto aumentaría tu conocimiento y sería una mejor actividad que ver la televisión. Si te quedas con treinta minutos de lectura al día, podrías leer cinco libros en un mes. Pero si treinta minutos es un hábito difícil de mantener, intenta sólo diez minutos al día. Esto es fácilmente manejable.

De hecho, la mayoría de los hábitos se pueden construir en sólo cinco o diez minutos por día. No tienes que invertir una hora todos los días o empujarte al borde del agotamiento.

Descomponlo en pequeños trozos y habrás creado tu nuevo hábito en treinta días. ¿Quieres escribir un libro? Empieza con cien palabras por día. ¿Quieres despertarte más temprano? Empieza por poner tu alarma diez minutos antes. También podrías crear un hábito para ir a la cama más temprano. Recuerda que no es el gran resultado lo que buscamos, sino construir el comportamiento. Una vez que domines la rutina, puedes ampliarla en cualquier momento.

Enfocate en Remplazar Hábitos, No en Eliminar Hábitos

Cuando se trata de construir nuevos hábitos, nuestro pensamiento inicial es, tengo que eliminar los viejos hábitos. *Si quieres comer más sano para perder peso y estar en mejor forma, eliminar la ingesta de comida basura no es un plan realista. En su lugar, enfócate en reducir el hábito un poco cada semana.*

Reduce tu consumo de azúcar todos los días en un diez por ciento. Tendrás menos presión para hacerlo perfectamente. Puedes aplicar esto a cualquier hábito que intentes romper. ¿Quieres reducir la cantidad de tiempo que pasas en línea? Empieza a reducirlo en un cinco por ciento al día. Puedes configurar bloques de tiempo cuando estés completamente desconectado en lugar de estar conectado al teléfono móvil o al ordenador.

Para no tener que mirar constantemente tu teléfono móvil, considera la posibilidad de comprar un despertador y un reloj. Esto evitará que uses el teléfono como alarma y te impedirá mirarlo en cuanto te despiertes. Ahora que tienes un reloj, no necesitarás revisar tu teléfono por la hora—lo que significa que tampoco te distraerás con otras notificaciones en tu pantalla.

Plan de Acción:

Reduce tus hábitos en un cinco por ciento al día. No te limites a eliminarlos. Así podrás alcanzar tus objetivos de manera mucho más realista. Concéntrate en la reducción, no en la eliminación.

Enfócate en la Conversión a Largo Plazo

Lleva tiempo cambiar un hábito. Unos 60 días, para ser exactos.

De acuerdo a un estudio publicado en el Estudio Europeo de Psicología Social, un equipo de investigadores dirigido por Phillippa Lally encuestó a noventa y seis personas durante doce semanas para revelar cuánto tiempo se tardó en desarrollar un nuevo hábito. Al final de la encuesta, Lally analizó los resultados del experimento y determinó que el tiempo que se tardó en formar un nuevo hábito fue de aproximadamente sesenta y seis días.

Necesitamos un enfoque a largo plazo y una concentración constante durante un período de meses para que esto ocurra. Si esperas ver ganancias masivas después de dos semanas, podrías estar preparándote para el fracaso. Piensa en un cambio de hábitos a largo plazo, y mantente concentrado en tus repeticiones diarias.

Por ejemplo, un área en la que he estado fallando durante años es el ejercicio constante. Siempre tenía un corto entrenamiento al azar cuando estaba motivado. No podía comprometerme con los 60 minutos al día. Así que empecé por hacer estiramientos durante diez minutos al día. Luego añadí flexiones de brazos a la rutina.

A partir de ahí lo construí en una rutina de brazo. Continué haciéndolo durante 30-40 días, sin perder ni un solo día. En los días que me resistía, me recordaba a mí mismo el por qué, y esto me impulsaba a hacerlo. Tu por qué es una gran ventaja. No subestimes esto.

A finales de mes ya no necesitaba recordatorios. Esta rutina se estaba convirtiendo en parte de mi actividad diaria regular. Si me perdiera un día (y lo hice) lo sentiría.

Plan de Acción:

Ten un enfoque a largo plazo y amplíalo lentamente. Cualquiera que sea tu hábito, puedes lograr tu objetivo escalando lentamente. Manténte fijo en el comportamiento.

Manténlo simple. Enfócate en un hábito a la vez.

La construcción de un hábito no tiene que ser complicada. Puedes mantenerlo simple intentando lo siguiente:

- Enfócate en un hábito a la vez.
- Realizala misma acción todos los días.
- Realiza esta acción a la misma hora todos los días.
- Escala gradualmente.
- Mide tus resultados.

La naturaleza de cualquier hábito es la repetición. La fuerza de ese hábito se decide por los resultados que se obtienen de la acción. Si tienes un mal hábito o una adicción como el juego, tu recompensa es la euforia que sientes cuando ganas. Pero el resultado es que podrías perder todo tu dinero.

Un mejor hábito sería invertir tu dinero. Aunque no veas el retorno de tu inversión tan rápido como lo harías al ganar un juego, con el tiempo serás recompensado. La naturaleza de tu éxito depende de los hábitos que alimentes.

Factores Motivacionales

Para hacer cualquier cambio de hábito, necesitas estar motivado para cambiar. ¿Cuál es el resultado que quieres lograr? ¿Qué acciones tienes que tomar cada día para lograrlo? ¿Cuál será la caída si no logras romper este hábito?

Por eso necesitas un factor motivador primario. Es una razón tan fuerte que te impulsa a construir tu nuevo hábito en tu vida diaria.

Por ejemplo, John tenía el hábito de ver la televisión durante dos o tres horas al día. Sabía que era muy improductivo, pero cuando llegaba a casa del trabajo, no tenía ganas de hacer nada más. Tenía el sueño de crear su propio negocio online vendiendo los cursos de formación que había creado.

John trabajaba en un trabajo de día que le absorbía toda su energía y así, al final del día, sólo quería relajarse y no hacer nada. A corto plazo, usaba la televisión para escapar de su realidad actual. Pero a largo plazo, este hábito le robaba su sueño y lo mantenía atrapado en la tierra de la televisión sin esperanza de cambio.

John reconoció que esto era perjudicial para la calidad de su vida. Tres horas de televisión al día, 20 horas a la semana, y más de 80 horas al mes significaba que podía construir su negocio en seis meses.

¿Qué fue lo que hizo? John dejó la televisión durante la semana y trabajó en su sueño despertando 90 minutos más temprano en la mañana. Durante el día, en lugar de pasar su hora de almuerzo navegando por la red o jugando con su smartphone, encontró un lugar para trabajar y dedicó una hora más. Por la noche, hacía otra hora antes de acostarse.

La principal motivación de John fue dejar su trabajo diario y renovar totalmente la calidad de su estilo de vida haciendo el trabajo que amaba. Y lo hizo:

1. Crear una vision de lo que quería.

2. Hacer un cambio de hábito alimento a su motivación primaria.

Puedes tener lo que quieras si *tu factor de motivación es lo suficientemente fuerte*. Un elemento crítico más a considerar es ¿cuál es tu principal distractor? Esto es lo único que podría descarrilarte de cambiar tu hábito. Esto podría ser un desencadenante que te atrae de nuevo al hábito, y sucede tan sutilmente que no te das cuenta hasta que es demasiado tarde. Por ejemplo, trabajar en un libro y constantemente te distraes con el Internet, así que terminas corto en tu conteo de palabras escritas.

El principal distractor que descarriló mi "hábito de escribir" por la mañana fue el hábito de revisar el correo electrónico tan pronto como me senté en mi escritorio para escribir. Era un hábito incorporado por defecto. Una vez que empezaba no podía parar hasta que lo revisaba todo. Pero esto me robaba una hora y luego el tiempo se iba.

Usé notas Post-it como recordatorios y las pegué en mi computadora y en mi escritorio.: "Nada de correos hasta que termines de escribir."

Tuve que romper el patrón. De vez en cuando escribía y de repente me encontraba en mi bandeja de entrada respondiendo a un correo electrónico que había declarado como "urgente". Fue una reacción que tomó tiempo y esfuerzo para cambiar, pero, gradualmente, fui capaz de sentarme durante una hora sin ser distraído por el correo electrónico o las notificaciones.

Pregúntate: *¿Cuál es mi distractor principal?*

> *"Al leer las vidas de grandes hombres, encontré que la primera victoria que ganaron fue sobre ellos mismos... la autodisciplina con todos ellos fue lo primero."*
>
> **— Harry S. Truman**

Pon Tus Hábitos a Prueba

No sabrás de inmediato si tu hábito de reemplazo está funcionando. Tienes que darle una oportunidad. La mejor manera de saber si está funcionando es comprobar cómo se siente después de completar tu nueva rutina de hábitos.

En el caso de John, la recompensa al final del día era ver el trabajo que estaba haciendo en su negocio. Ver la televisión no producía nada, pero después de una semana de trabajar en sus cursos de formación, ya había completado varios módulos. El progreso lo llenó de entusiasmo y ver la televisión todas las noches dejó de ser un desafío.

Tus hábitos pueden hacerte o deshacerte. La gente falla por malos hábitos más que por cualquier otra cosa. A veces todo lo que se necesita es romper con un mal hábito y puedes cambiarlo todo.

Los malos hábitos nunca son fáciles porque, aunque sea robándote el tiempo (ver demasiada televisión o navegar por la red) o engordando (comer comida basura todas las noches) hay una recompensa que tu mente y tu cuerpo anhelan. Para romper el hábito, necesitas introducir un nuevo sistema de recompensas.

En el caso de John, su recompensa por ver la televisión fue que podía relajarse y deshacerse del estrés. Pero, de hecho, le estaba costando su sueño. Una vez que estableció un nuevo sistema de recompensas, este era lo suficientemente fuerte para anular la recompensa anterior que sentiría viendo la televisión toda la noche.

Recordatorios de un Hábito

Se necesitan aproximadamente 66 días para que un hábito se integre plenamente, según Phillippa Lally, investigadora de psicología de la salud en el University College de Londres. Basó su investigación en un estudio sobre los hábitos publicado en el *European Journal of Social Psychology.*

Esto significa que tendrás que ser diligente durante este tiempo si quieres tener éxito. Pero lo que experimenté es que, después de 14 días, había ganado un considerable impulso en mi trabajo. Utilicé un sistema de recordatorios de hábitos así como el seguimiento del progreso para poder identificar la recompensa al final del día.

Así que una estrategia que funciona es establecer recordatorios de hábitos en tu habitación. Puedes escribir estos recordatorios en tu diario o en un calendario de pared como yo. Quieres crear una alerta para el hábito de reemplazo. Puedes utilizar alertas de aplicaciones como HabitTimer o Task Reminder. Estas aplicaciones te envían una alerta cuando es el momento de trabajar en tu hábito de reemplazo. Uso la alarma de mi teléfono para que suene a la misma hora todas las mañanas cuando se supone que debo estar trabajando en mi proyecto.

Ahora, aquí hay tres estrategias efectivas que puedes usar para asegurarte de que sigues reemplazando tus malos hábitos:

Comprometete a Trabajar Hacia Tu Plan

Un calendario o libro de horarios sería conveniente en esta etapa. Yo uso un calendario de pared para planificar mi semana y mis tareas. Esta es una gran forma de autodisciplina: ¡organizate!

Ahora que tienes una lista de acciones, ordenadas por prioridad, puedes empezar a anotar los pasos en un calendario. El calendario servirá como un recordatorio de las acciones en las que te estás centrando.

Una vez que sabes qué hacer, es cuestión de comprometerse con ello. Saber lo que tienes que hacer, comprometerte con el plan, y luego...

Llevalo a cambo con Acciones Consistentes

Ocúpate de ello. Una vez que te comprometas con tu plan, sigue con él. Cuanto más tiempo trabajes en los pasos de acción y te acerques al logro de tus objetivos, más habrás derrotado el camino de menor resistencia. No basta con hacer algo de vez en cuando y esperar mejorar. Tiene que ser consistente. Trabajar hasta que se termine.

La consistencia es la clave para moldear un hábito. Las acciones en las que te fijas durante un largo período de tiempo determinan los resultados que logras. Dedicando de 10 a 20 minutos al día a dominar una habilidad específica, puedes poner este hábito en piloto automático después de 60 días.

Implementar la estrategia Seinfeld y utilizar un calendario de pared para marcar una "acción tomada" por cada día. Si haces ejercicio ese día, pon una marca en el calendario para ese día. Pero si te pierdes un día, no se comprueba nada. No rompas el método de la cadena, que construye la consistencia.

Haz Inventario Todos los Días

Antes de dormir, tómate unos minutos para repasar tu día. Mira los problemas, desafíos y situaciones que enfrentaste y toma notas mentales sobre los métodos que usaste para enfrentar estos desafíos. ¿Cómo podrías haber reaccionado de manera diferente? ¿Se resolvió el problema o sigue sin resolverse?

Echa un vistazo a tus interacciones con la gente y piensa en ideas que puedas usar para mejorar tu comunicación con ellos. ¡Haz de este paso un hábito diario! Este es uno de los ejercicios más importantes que harás porque es una gran manera de hacer borrón y cuenta nueva. Te dará alguna perspectiva de cómo manejas las situaciones y dónde están tus debilidades en relación a tus fortalezas.

El Poder De Detención De Los Fracasos Pasados

"Lo que importa es esto: no tener miedo al fracaso te arma para romper las reglas. Al hacerlo, puedes cambiar la cultura y posiblemente, por un momento, cambiar la vida misma".

— Malcolm Mclaren

Tu historial de fracasos puede ser un obstáculo para tu éxito futuro y dañar la calidad de vida que podrías estar experimentando. El pasado tiene una gran influencia en cómo vives en el presente

Muchas personas, y puede que seas tú, utilizan el pasado como vara de medir para crear el éxito futuro. Pero, como verás, tu pasado no equivale a tu futuro. ¿Has fracasado la mayor parte de tu vida? Bien por ti. Ahora tienes el valor de levantarte hoy y hacer aquello para lo que has nacido: ¡ganar a lo grande!

Antes de continuar, quiero que visualices algo. Imagina que estás en una carrera y que los demás corredores van por delante de ti, corriendo rápidamente hacia la línea de meta. Intentas mantener el ritmo, pero por mucho que te esfuerces en adelantarte, no consigues tomar impulso.

No sabes cuál es el problema, pero tu corazón y tu mente se sienten cargados de fuertes emociones negativas. Sientes un fuerte resentimiento hacia los otros corredores porque son más fuertes, más rápidos y, obviamente, van a llegar a la meta antes que tú.

Uno de los corredores que iba primero se cae de repente. Tropieza con los cordones de sus zapatos y se golpea fuertemente contra el pavimento, raspándose las piernas y sufriendo un dolor inconmensurable. Piensas para ti mismo: " Bien, bueno, ya fue. Una persona menos a la que tengo que vencer". Pero al tener este pensamiento repentino, tu velocidad disminuye aún más. Casi te sientes mal por dentro sólo de pensarlo.

Es entonces cuando te das cuenta. En ese momento, puedes ver, por primera vez, lo que te está ocurriendo y lo que ha estado ocurriendo, no sólo durante esta carrera, sino en la carrera de la vida.

Miras tu tobillo y puedes ver una pesada cadena que se arrastra hasta una gran y enorme bola. Te das cuenta -por primera vez- de la verdad sobre los fracasos de tu vida. La razón principal por la que nunca has podido tener éxito es que has estado llevando esta pesada carga contigo todo el tiempo. Al mirar más de cerca, puedes ver que esta enorme bola tiene cosido en su superficie "No voy a ninguna parte".

Esta enorme bola representa tus fracasos pasados, y el peso que llevas es todo tu resentimiento, amargura, envidia, ambición ciega, racionalización y miedo. La bola representa todo lo que te retiene. Puedes ver las consecuencias negativas de llevar esta pesada carga contigo. Te ha vuelto duro, insensible y competitivo. Pero por muy competitivo que seas, nunca ganas.

Ahora bien, si tú eres este corredor, ¿qué harías? Yo sé lo que haría. Me acercaría y rompería esa cadena. Pediría la libertad de volver a vivir, de librarme del apego de los traumas del pasado y de los pensamientos negativos que me mantienen prisionera.

Con ello, alcanzas con tu mente y rompes la cadena con tus pensamientos. Te dices a ti mismo: "Yo no soy el pasado. Soy el AHORA. Reconozco todo mi dolor y lo dejo ir. Soy libre".

Mientras lo haces, en lugar de correr hacia delante para intentar ganar la carrera, te detienes para ayudar a subir al corredor caído. Otros corredores pasan a tu lado, pero no te das cuenta. No eres la misma persona que hace cinco minutos, cargando con el peso del universo lleno de equipaje emocional.

Al eliminar el dolor de los fallos del pasado, te liberas.

Revivir tu experiencia negativa

Si le preguntaras a alguien: "¿Te gustaría pasar una temporada en la cárcel?", naturalmente se reiría de ti como diciendo: "¿Estás loco? ¿Pasar mis días encerrado, sin poder moverme, sin la libertad de hacer lo que me gusta?"

Sin embargo, así es como la mayoría de la gente vive su vida: atrapada en la prisión de su propia mente, reviviendo los acontecimientos del pasado, buscando todavía la absolución, el perdón. Agobiados por el arrepentimiento, nadamos en la oscuridad de la mente buscando una salida. Pero todas las puertas están cerradas. Enterrado bajo la amargura, el resentimiento y los pensamientos negativos del pasado, luchas día a día por encontrar alguna alegría o plenitud.

Tus experiencias negativas de los errores y fracasos del pasado siguen desempeñando un papel en tu vida. Intentas algo nuevo por primera vez, pero en cuanto no obtienes un resultado satisfactorio, lo dejas. O se te presenta una oportunidad de hacer un cambio en tu vida, y el miedo a no tener éxito te hace dejarla pasar.

He visto a personas desechar innumerables oportunidades de cambiar o marcar la diferencia, y se apartaron, volviendo a hacer lo mismo de siempre aunque se sintieran miserables. Tu miseria se vuelve tan cómoda que, después de un tiempo, es lo único que conoces. Y entonces, para apoyar esto, buscamos a otros tan atascados como nosotros.

Al interpretar el papel de víctima, nos convertimos en víctimas de nuestros propios fallos trágicos del pasado. Pero fíjate en lo que han superado algunas personas de éxito: tragedia, pérdida y fracaso más allá de lo que muchos de nosotros hemos experimentado o experimentaremos. Y, sin embargo, siguieron adelante, perseveraron, superaron la resistencia y, sin dejar que la tragedia definiera quiénes son, lograron un gran avance.

Mientras estés atascado en los fallos de tu pasado, te convertirás en el corredor más lento de la carrera, incapaz de llegar a la meta con todo tu equipaje remolcando detrás de ti.

Olvídate de ganar porque ni siquiera llegarás al final. Si tus contratiempos del pasado te están frenando, hay que superar esos obstáculos haciéndose cargo de ellos. Cuando te adueñas del pasado, el futuro te pertenece.

Para avanzar hoy, debes estar dispuesto a dejar atrás tus errores y fracasos del pasado. Todo ello es necesario para que llegues a este punto de tu vida. Incluso si no estás donde querías estar ahora, puedes seguir adelante y fracasar en cualquier momento. No eres un fracasado, sino alguien que vive para fracasar, de modo que puedas fracasar más rápido y construir ese impulso hacia adelante.

"No te detengas en lo que salió mal. En su lugar, céntrate en lo que debes hacer a continuación. Dedica tus energías a avanzar hacia la búsqueda de la respuesta".

— Denis Waitley

Dejar ir tu equipaje: El resentimiento y el arrepentimiento

Hay dos formas de emociones negativas perjudiciales que atan tu mente al pasado. La primera es el resentimiento, ese sentimiento de profunda ira interna dirigido hacia una persona o acontecimiento por un mal que te causó estrés emocional y daño. La segunda es el arrepentimiento, ese sentimiento profundo de no haber alcanzado nunca el éxito que querías.

Tu mente crea aquello en lo que se centra. Si tus pensamientos se fijan en tus defectos de ayer, y te quedas con esos errores del pasado como fracasos que nunca debieron ser, estarás atrapado en un bucle de arrepentimiento negativo. No puedes cambiar lo que ocurrió, y sin embargo, te sientes obligado a fijarte en este acontecimiento de tu vida como un gran inconveniente.

Podrías decir algo como: "Si no hubiera perdido ese dinero hace diez años, no estaría aquí hoy". La mente centrada en el bagaje del pasado crea más del mismo tipo de fracaso... en el presente. Esto se traslada al futuro.

Cuando revives el pasado, sacrificas el presente y destruyes el futuro.

Necesitas una nueva perspectiva y una mejor manera de ver tus acontecimientos pasados como peldaños para alcanzar cosas más grandes. Porque eso es exactamente lo que son. Todos tus percances, problemas y luchas a lo largo de la vida te han llevado hasta aquí. Y lo que es más importante, tu actitud hacia los acontecimientos pasados te ha hecho avanzar... o te mantiene atrapado.

El pasado es un campo de juego de aprendizaje, experiencia y crecimiento. Todo lo que experimentas se convierte en tu historia. Muchas personas ven sus fracasos pasados como eso: errores en los que siguen insistiendo y lamentándose. El arrepentimiento se convierte en resentimiento, y esto conduce a emociones negativas que corrompen las oportunidades e infectan tus sueños.

Libera tu resentimiento

El resentimiento es una forma de energía negativa que nos corroe a lo largo del tiempo, y que conduce a la depresión, la ansiedad y otras emociones negativas.

Estos resentimientos son los juicios y percepciones que se forman sobre otras personas, lugares o acontecimientos que nos han perjudicado, dañado o victimizado, según la percepción de la mente del ego. El hecho de que estés enfadado por algo, no significa necesariamente que tengas razón en ello.

Puede que tengas una buena razón para tu amargura: un caso de deshonestidad, robo, abuso o algo dicho o hecho que te haya causado algún tipo de daño emocional, físico o mental. Te has aferrado a ese dolor y te niegas a ceder o a dejarlo pasar. Años después, la ira y la amargura se han vuelto contra ti, transformándose en tu peor enemigo.

Asumir el resentimiento es como tragarse una píldora amarga. Estás vinculando el dolor y el sufrimiento del pasado a los pensamientos y emociones del presente. La ira y el resentimiento amargos y profundos se acumulan a lo largo de los años.

Algunas personas se aferran a rencores profundos como si les aliviara recordar lo que les hizo alguien que traicionó su confianza.

Cuando estás resentido con alguien o algo, invariablemente estás entregando tu poder a esa persona o situación. Un mentor me dijo una vez: "La definición de sufrimiento es estar resentido con alguien y que éste no se dé cuenta de ello".

Mientras estás ocupado malgastando tus pensamientos y tu energía creativa en las personas que no te gustan por la razón que sea, ellas están viviendo sus vidas en otro lugar, completamente ajenas a tu ira.

Hazte un favor y encuentra la manera de superar el dolor causado por los acontecimientos pasados. No estoy sugiriendo que intentes olvidar esos acontecimientos dolorosos, sino que la forma en que decidas afrontarlos depende enteramente de ti. La pena que retienes es tu responsabilidad. Es hora de dejarlo ir, seguir adelante y vivir tu vida.

Haz un inventario de tu resentimiento

Creé un "inventario de resentimientos" e incluí los nombres de las personas y los acontecimientos con los que estaba resentido, así como el motivo de mi resentimiento. He aquí seis pasos que te ayudarán a preparar tu inventario de resentimiento:*Crea una lista. Haz una lista de todas las personas, lugares, acontecimientos y/o principios que te molestan. Escribe los nombres de todas las personas y lugares y los detalles de los acontecimientos.*

- Enumera las causas. Ahora, vuelve al principio de la lista y, en otra columna o en un papel aparte, escribe la causa del resentimiento de cada elemento. ¿Por qué estás enfadado? ¿Qué pasó?

- ¿Cómo te ha afectado este resentimiento? Después, escribe cómo te ha afectado cada acontecimiento. ¿Influyó en tu riqueza, autoestima, estado emocional o seguridad?

- ¿Cuál es el beneficio de aferrarse? La mayoría de las personas sienten que ganan algo al resentir la fuente de su dolor. Escribe qué ganas con seguir aferrándote a tu resentimiento.

- ¿Cuál es tu papel en esta situación? Como persona que ha sido perjudicada, puedes pensar que eres la víctima y, por tanto, no asumes ninguna responsabilidad. Sin embargo, ¿qué pensamientos estás albergando que alimentan esto? ¿Cómo sigues entregando tu poder personal a la fuente de tu resentimiento?

Arrepentirse es una decisión

Los remordimientos que no se afrontan o no se aceptan te carcomen con el tiempo. Acabas sintiéndote como si vivieras constantemente con los fantasmas de tu pasado, siempre perseguido por los recuerdos de acontecimientos que nunca pueden cambiarse. Cuando te aferras a los arrepentimientos, vives en una ilusión y te aferras a falsas esperanzas.

Identificar las cosas de tu vida por las que estás agradecido es una forma eficaz de afrontar el arrepentimiento. Puede que el resultado hubiera sido diferente si hubieras hecho las cosas de otra manera, pero ¿cómo sabes que habría sido mejor?

Las elecciones y decisiones que tomas en un momento dado se basan en quién eres en ese momento. Hiciste lo que te pareció correcto. Harás lo que creas que hay que hacer hoy basándote en quién eres ahora y en la información que posees para tomar esas decisiones.

Aquí tienes una lista de arrepentimientos que puedes estar guardando:

- No arriesgarte a cumplir tus sueños
- Dejar pasar las oportunidades de cambiar de trabajo
- Perder demasiado tiempo en pensamientos de preocupación y miedo
- No hacer nunca nada audaz o aventurero
- Gastar todo tu dinero en lugar de invertirlo
- No pasar suficiente tiempo con tus hijos.

Si te arrepientes de algo -un trabajo que perdiste, una relación que no funcionó o una decisión que tomaste que terminó mal-, ¿tu vida sería diferente si todo hubiera salido según el plan? ¿Se supone que todo en la vida tiene que salir perfecto?

Una vez me dijeron que el arrepentimiento, aunque es muy real, es una ilusión de la peor clase. Es una falsa creencia que te convence de que todas tus elecciones y experiencias pasadas te han fallado. Esto simplemente no es cierto. Tenías ciertas expectativas que nunca se cumplieron, y cuando el resultado que deseabas desesperadamente no se hizo realidad, te sientes arrepentido.

Tienes la opción de quedarte atrapado en tu arrepentimiento y autocompasión. Nada te retiene allí. Eres el dueño de tu propia mente. Si el arrepentimiento, el resentimiento y la autocompasión son lo que te atasca, puedes cambiarlo en cualquier momento. Esta es tu realidad, y tienes la libertad de crearla como quieras.

La vida se compone de victorias y pérdidas. Algunas personas pierden mucho más de lo que ganan. Pero los ganadores son las personas que siguen adelante cuando son derribadas una y otra vez. No se detienen por lástima o para poner excusas.

Destierra tu arrepentimiento y cuenta con tu gratitud. Esa es tu elección. Tú eliges cómo ves tus circunstancias.

Permanecer en el presente

Vivir en el pasado con la esperanza de cambiarlo, o desear que hubiera sido diferente de alguna manera, pone un obstáculo al futuro. No puedes tener ambos mundos. Tienes que elegir uno.

Mientras sigas con los fantasmas del pasado, nunca avanzarás. Si estás encerrado en un estado abismal de fantasía nostálgica, no podrás centrarte en el único periodo de tu vida que realmente importa: el presente.

Los fantasmas del pasado están contigo y pueden estarlo siempre, pero no tienen por qué controlar tu futuro. Puedes controlar la tendencia a revivir el pasado despertando a la noción de que tienes opciones en cada momento de cada día, y la forma en que eliges vivir cada día depende de ti.

No hay nada malo en contar historias del pasado o pensar en acontecimientos pasados. Todo el mundo tiene un pasado. Todo el mundo tiene una historia que contar que es única para esa persona, y está formada y moldeada por su pasado.

Cuando tu mente presente existe en el pasado, se pierde en espejos de desilusión. En lugar de crear un futuro mejor, recreas la historia de los acontecimientos pasados sin futuro. Cuando esto ocurre, el pasado nunca se acaba mientras se mantenga vivo por el recuerdo de los arrepentimientos y fracasos pasados.

"Construyes sobre el fracaso. Lo utilizas como un trampolín. Cierra la puerta al pasado. No intentas olvidar los errores, pero no te quedas en ellos. No dejas que tenga nada de tu energía, ni nada de tu tiempo, ni nada de tu espacio".

— Johnny Cash

Piensa en el pasado todo lo que necesites y utilízalo en tu beneficio como una vara de medir para recordarte lo lejos que has llegado y lo mucho que has crecido. Si se utiliza como una forma de castigo, el dolor del autodesprecio puede convertirse en una fuerza destructiva.

Libérate viviendo el presente. Esto te ayudará a romper el hábito y a perder la atracción mental por volver a los recuerdos del pasado.

Al renunciar a tu conexión con los hechos y resultados del pasado que no pueden alterarse, buscas crear nuevas oportunidades y aumentar tus posibilidades de alcanzar el éxito. En lugar de recrear y revivir el pasado, abres reinos superiores de pensamiento. Esto se expande para crear un mayor flujo positivo de energía y te ayuda a encontrar la plenitud.

El perdón es un paso positivo hacia la liberación del dolor que has estado reteniendo. No tienes que olvidar lo que ha sucedido, pero al emprender el valiente acto de perdonar a alguien, te estás dando a ti mismo y a la otra persona el permiso para seguir adelante, para dejar ir y para sanar.

Perdonar te libera de jugar el papel de víctima débil y te capacita para tomar el camino de los valientes.

Fracasar rápido en movimiento

Crea una lista de los acontecimientos, recuerdos y fracasos del pasado que te frenan. Sé 100% honesto y bucea en lo más profundo de tus miedos para descubrir qué es lo que te está fallando ahora. Hasta que no puedas superar esto, tendrás que soportar tu propia "bola y cadena" hasta que decidas cortarla.

Una vez que hayas identificado lo que te mantiene prisionero, utiliza este proceso para liberar tu pasado:

1. Reconoce tu papel en esta situación.

2. Perdona a las personas que te han perjudicado.

3. Perdónate a ti mismo por el daño que hiciste a los demás,

4. Practica la respiración profunda durante cinco minutos. Al inspirar durante cuatro segundos, atraes el pasado a tu cuerpo y lo reconoces. Al espirar (exhalar), lo dejas ir.

5. Trabaja en este proceso hasta que tu pasado se convierta en un recuerdo en el que ya no quedes atrapado.

"Tanto si tienes 9 como 90 años, deja de intentar arreglar las cosas que se te dan mal y céntrate en las que se te dan bien".

— Gary Vaynerchuk

La Autocompasión y el Don del Fracaso

"La compasión no es una especie de proyecto de superación personal o un ideal que intentamos alcanzar. Tener compasión empieza y termina con tener compasión por todas esas partes no deseadas de nosotros mismos, todas esas imperfecciones que no queremos ni mirar".

— Pema Chodro

E n el innovador libro *Reinventa tu vida*, los autores, el Dr. Jeffrey E. Young y la Dra. Janet S. Klosko, se refieren a un término que acuñaron como autoconfrontación empática. En el libro, los autores afirman:

"Muestra compasión por ti mismo, mientras te empujas continuamente a cambiar. Muchas personas se critican con demasiada dureza cuando creen que no han cambiado lo suficiente, o son demasiado indulgentes e inventan excusas para librarse de los problemas. El proceso de cambio es muy difícil. Sobre todo, sé compasivo contigo mismo. Estás luchando por hacerlo lo mejor posible. Sé comprensivo con tus limitaciones y defectos".

Como hemos comentado a lo largo de este libro, muchos de nuestros problemas para manejar los fracasos se derivan de nuestra capacidad para estructurar las experiencias negativas relacionadas con los errores, los fracasos y la decepción interna. Puede que estés acostumbrado a machacarte a ti mismo por no ser lo suficientemente bueno. Ser amable contigo mismo podría ser una experiencia con la que todavía no estás familiarizado. Tu mente podría seguir atascada en los dolores de tu pasado y culpar a alguien -tus padres, una antigua relación o un antiguo jefe- de tus fracasos en la vida.

Una parte de la fórmula de Fracasar a lo grande consiste en desarrollar un sentido más profundo del yo a través de la bondad amorosa y la autocompasión. ¿Qué tiene que ver la compasión con fracasar rápido y convertirse en un campeón en aprender a fracasar? ¿No está este libro diseñado para hacerme más duro, resistente y lleno de valor?

Sí, y por eso necesitas comprender claramente cómo la compasión -para ti y para otros compañeros- es el verdadero camino para vivir con éxito. El propósito "anímico" de este viaje no consiste en alcanzar el éxito, sino en aprender a vivir con éxito. Para ello, la autocompasión desempeña un papel fundamental. Imagina lo que podrías conseguir, adónde podrías llegar y en quién podrías convertirte si tuvieras un nivel de compasión por ti mismo tan profundo que nada pudiera romperlo.

Cuando ames lo que eres al más alto nivel, no volverás a temer fracasar. Formarás los pensamientos de perdón, no por los errores que has cometido en el pasado, sino que practicarás el arte de perdonarte a ti mismo por estos errores. Tu compasión por TI es la fuerza motriz por la que fracasar es un acontecimiento positivo y no el monstruo negativo al que hay que temer. Cuando amas y dejas ir este miedo, invitas al regalo de fracasar en tu vida.

La autocompasión lo une todo. Cuando puedes abrazar ese amor más profundo por lo que eres, tu misión y la importancia que aportas a este mundo, la compasión comienza con la claridad de tu intención consciente. Si fracasar siempre ha sido tu miedo, la solución para romper ese miedo es la autocompasión. Estás en este camino para fracasar con felicidad. Para fracasar sabiendo que te cuidan. Para fracasar sabiendo que no hay fracaso, sino lecciones aprendidas en un viaje interminable de crecimiento y superación continuos.

Asumir la responsabilidad de cambiar es el mayor regalo que puedes hacerte a ti mismo. Es el mayor sentido de autocompasión que existe: perdonarte a ti mismo en los momentos de confusión. Te estás esforzando por cambiar y no es un camino fácil. Por eso muchas personas fracasan al principio. Esperan una conversión fácil. Si fuera fácil, todos seríamos personas sanas y equilibradas. Conoce tus defectos y estate dispuesto a centrarte en ajustarte a medida que creces. Es un paso a la vez, y un día a la vez.

"Cuando le digas "Sí" a los demás, asegúrate de que no te estás diciendo "No" a ti mismo".

— Paulo Cohelo

La autocompasión es un acto de entrega

Una de las dificultades para entregarse a la autocompasión es abandonar la trampa de los miedos y las seguridades de la infancia. Hay recuerdos, emociones y apegos que te mantienen pegado a tu pasado porque ese es un lugar de comodidad, aunque duela permanecer allí.

Nos sentimos seguros cuando nos envolvemos en la seguridad de los viejos patrones, aunque puedan ser emocionalmente perjudiciales a largo plazo. Quieres estar seguro de que no te estás aferrando a viejas creencias limitantes que te impiden avanzar o fundirte en una nueva forma de vida libre de los miedos al fracaso.

Asegúrate de que tus pensamientos y acciones te guían en la dirección correcta. Ríndete a la fe de que estás en un viaje de circunstancias increíbles y que, no todo el mundo tiene esta oportunidad. Te han entregado un regalo, y ahora tienes que abrirlo para ver lo que hay dentro.

Si buscas la validación de que estás bien, qué tal esto: lo lograste. Estás aquí. Estamos juntos en esta página hablando de las alegrías de la vida y de la felicidad que supone ser amable contigo mismo de una forma amable y comprensiva. Ahora puedes mirarte al espejo y decir: "Aquí estoy. Lo he conseguido". Has sobrevivido a este viaje y ahora puedes prosperar durante el resto

Gary Vaynerchuk dice: *"Las probabilidades de convertirse en humano son de 400 billones a 1"*. Si esto es cierto, el tiempo es demasiado corto para no vivir cada día al máximo. Tienes un tiempo limitado en este planeta, y una vida que vivir, y esta vida está ocurriendo ahora mismo.

El mayor regalo que se puede recibir es el del corazón, y mientras te curas de los patrones de tu pasado, deja a un lado la auto derrota para dejar espacio a nuevas relaciones, y a una nueva forma de vivir que sólo el fracaso en grande puede aportarte. Esta es la esencia de rendirse a una visión más grande para ti mismo.

Todo el mundo está roto en cierta medida, pero ahí es donde puede encontrarse tu fuerza. Me gusta lo que dijo Ernest Hemmingway *"El mundo rompe a todo el mundo, y después, algunos son fuertes en los lugares rotos"*.

Cuando aprendemos a aceptarnos como seres humanos defectuosos en un viaje espiritual, se convierte en un proceso más sencillo de autoaceptación. No estás destinado a ser perfecto en todas las cosas que haces, pero la perfección consiste en hacer estas cosas con una intención fallida. Puede que lo intentes y no lo consigas, pero sigue intentándolo y, sin falta, superarás los patrones rotos de negación y autoengaño.

Llevamos a cuestas mucho peso que ha estado colgado en nuestros corazones y mentes durante años: fracasos a los que te aferras, las voces de la crítica que hablan de mentiras sobre tus defectos, y fallos que se formaron como defectos de carácter. Tu autocompasión comienza con el perdón. Este es el lugar para la confrontación empática, mientras te empujas a cambiar, sin añadir ningún plazo o presión para alcanzar un determinado nivel de éxito.

Has cometido muchos errores en este viaje y, con suerte, tus fracasos se consideran peldaños hacia la grandeza en la que te estás convirtiendo. Fallar es avanzar. Ser autocompasivo es hacer lo que te gusta hacer. Es decir NO a la gente cuando debes hacerlo, sin sentirte culpable por ello. Es tomarte tiempo para existir tal y como eres, saliendo de la "carrera" y dándote tiempo para reflexionar. Tu autocompasión se basa en el tiempo que dedicas a hacer lo que te gusta con las personas con las que te gusta hacerlo.

"Sentir compasión por nosotros mismos no nos libera de la responsabilidad de nuestros actos. Más bien nos libera del odio a nosotros mismos que nos impide responder a nuestra vida con claridad y equilibrio."

La vida es defectuosa, frágil y llena de sufrimiento

Veamos el fracaso desde una perspectiva diferente. Los humanos fracasamos de muchas maneras a lo largo de la vida, mientras nos esforzamos por conseguir una forma mejor de hacer las cosas, una forma mejor de vivir. ¿Pero qué pasa con un humano fracasado? Alguien que vive en la pobreza, que ha tomado todas las decisiones equivocadas, que vive en la calle, que está alojado en una casa de crack y que sus días están llenos de consumo de drogas.

Un ser humano que ha renunciado a la vida y cuyo sufrimiento va mucho más allá de lo que tú hayas podido experimentar. Conocemos a estas personas porque están a tu alrededor. Si no puedes ver el sufrimiento de muchos, estás ignorando la llamada de los indefensos y los necesitados. ¿Cómo reaccionas cuando te encuentras o ves a alguien que está deprimido y sin fuerzas en la vida? ¿Sientes lástima, simpatía, empatía o repulsión?

La compasión implica ver y reconocer el sufrimiento en todos los seres humanos. En realidad, te paras un momento a observar el dolor de esa persona, su fracaso en la vida. Absorbes el sufrimiento de las personas pensando durante un tiempo en su situación y en el dolor que están atravesando.

La autocompasión se basa en hacerte responsable. Ya no puedes culpar o guardar rencor a las personas que te hicieron daño o te perjudicaron. La acumulación de este resentimiento es lo que destruye tu tranquilidad. Si quieres ser poco amable contigo mismo, camina con odio en tu corazón y en tu mente. Es una forma terrible de enfermedad mental que tú mismo creas. Recuerda que siempre tienes el control de la locura que llena tu mente.

La próxima vez que estés alimentando tu mentalidad de víctima, puedes detenerte y darle la vuelta. Niégate a ir allí. Niégate a seguir siendo la víctima. Esto es autodeterminación. Esto es tomar una posición y decir NO a las emociones negativas que surgen para destruirte.

Ahora tienes las herramientas y el conocimiento. Tienes el valor y la sabiduría. Tienes las respuestas, y a veces no tienes las respuestas, y está bien admitirlo. Lo que importa es que pongas fin al abuso verbal y mental dirigido a la persona que más deberías amar... a ti misma. Lo digo de forma no egoísta. No amarte y aceptarte a ti mismo te predispone a fracasar en otras áreas en las que el cuidado de uno mismo es una prioridad. Si no te cuidas a TI, es difícil expresar esta verdadera compasión por cualquier otra persona.

Un amigo me dijo una vez: "Yo no me preocupo por mí mismo. Lo único que importa son mis hijos". Lo entiendo perfectamente, pero ¿qué pasará cuando tus hijos crezcan y te dejen, qué te quedará? Habrá un gran agujero vacío en tu vida que intentarás llenar con algo o alguien más. Por supuesto, amamos a nuestros hijos, padres y amigos y queremos cuidarlos. Pero piensa en lo grande que puede ser ese amor cuando empiezas la autocompasión contigo mismo. Además, si te apoyas en los demás para sentirte realizado, esto se convierte en una codependencia vacía. El amor comienza con la autocompasión, y como una tela de araña, se ramifica hacia todos desde allí. La gente se sentirá atraída por ti porque irradias esto desde tu interior.

Como enseñan los budistas desde hace siglos, la compasión comienza con el yo. Es desde este lugar de autocompasión desde donde el amor genuino se extiende a la mente y al corazón. Es reconocer plenamente tu trayectoria humana y los dones que llevas contigo para compartirlos con el mundo. No hay más rencores -no sólo contra los demás-, todo el resentimiento, la crítica y el juicio se derriten cuando entras en este lugar. Implica ver el sufrimiento y reconocerlo como nuestra condición humana compartida.

Otra razón por la que la autocompasión es realmente importante es porque fracasar -cuando se percibe como un hecho negativo- se convierte en una forma de sufrimiento. Utilizas un lenguaje negativo hacia ti mismo, actúas de forma muy autocrítica, y cuanto mayor es el fracaso, peor es. Esa sensación de desesperanza se hunde a lo largo de los años y pierdes la pasión y los sueños mueren. Cuando tus sueños mueren, ¿qué más hay?

Centrarse en la autocompasión nos devuelve todo esto. No importa quién seas en este momento -un indigente en la calle o el director general de una gran empresa-, estos paralelismos no importan. He visto a personas sin hogar ayudar a otras y a personas con poder y todo a su alcance utilizar este poder en su propio beneficio. Cuando pierdes el don de la bondad e ignoras el sufrimiento de los demás, estás en un camino de fracaso que sólo la compasión puede regenerar.

Siempre es tu elección.

Aquí tienes dos ejercicios para construir una relación más profunda contigo mismo y con los demás. Puedes centrarte en realizar un ejercicio cada semana. Cuando sientas que te mueves hacia ese lugar más profundo de autocompasión, prueba otra actividad. Estas prácticas son una mezcla de meditación, atención plena y respiración. Prepárate para sentirte incómodo. Pero oye, estás para marcar la diferencia y aprovechar tu corazón y tu mente. Este camino es el comienzo de ese viaje. Ahora vas a centrarte en lo que Kristin Neff llama "Acabar con la locura".

Cambia tu discurso crítico

Hay un monstruo dentro de ti, y te destroza cada vez que puede. Este monstruo crítico se ha hecho muy fuerte a lo largo de los años y, como habrás notado, es difícil de controlar. Se trata de tu crítico interno que desata desplantes de palabras desmoralizadoras y parece ocurrir de forma tan natural, que rara vez te das cuenta cuando tiene lugar. Pero cuando metes la pata o fracasas a lo grande, está ahí para recordarte tu fracaso.

Suena así:

- "¡Ahora sí que metiste la pata!"
- "Ahh mira esto. ¿Crees que vas a tener éxito si no puedes hacer esta simple cosa?"

El primer paso para reducir tu ruido interno es ser consciente de que está ahí. Reconoce su presencia cuando empiece a lanzarte insultos. Sin embargo, este proceso tiene una doble vertiente. Si tu monstruo crítico no puede llegar a ti, intentará llegar a las personas que te rodean: familiares, amigos o personas con las que trabajas.

Ser crítico con los demás es tan perjudicial como el crítico que te golpea. Sea como sea, la voz es una fuerza negativa que tiene como único objetivo destruir tu confianza y compasión.

Concéntrate en tu conciencia de **autocrítica.**

Una práctica es suavizar esta voz. Trata tus voces negativas con compasión. No les contestes ni te enfades. Esta voz interior sigue siendo tú, sólo es la versión más fea y enfadada de ti. Se puede hablar de ella con persuasión y compasión. Es el niño o el joven adulto que está en la valla, dispuesto a defenderse.

Crítica dirigida

Cuando te sientes inadecuado, pasas al ataque y buscas los "peores rasgos" de la gente. Esto lleva a juzgar y destrozar la reputación de otra persona.

El Reto de Siete Días Contra la Crítica

La crítica es una forma destructiva de negatividad. Emitida en el tono o la forma equivocados, puede destruir la confianza de alguien y dejarlo "lisiado" emocionalmente de por vida. Si creciste en un entorno en el que pesaba mucho la crítica para tener éxito, conoces el daño que puede causar. Te recomiendo que aceptes el Reto de Siete Días contra la Crítica.

Haz un reto contigo mismo de que no vas a criticar ni decir nada negativo de nadie, haga lo que haga. Esto no significa que tengas que ser pasivo y aceptar todo lo que hagan. Busca otra forma de expresar tus sentimientos que no vaya en la línea de la crítica o el juicio.

Hace varios meses, me reté a hacer esto. En los primeros días, no pasé de unas horas sin hacer un comentario, una opinión o criticar a alguien. Busqué intencionadamente los defectos de los demás y me propuse exponerlos.

Años de este comportamiento repetitivo me llevaron a un mal hábito de queja y a una profunda tristeza con la que vivía tras darme cuenta de lo crítico que era en realidad.

Para combatirlo, empecé a practicar la estrategia anticomplaciente. Funciona así: tienes que hacer un contrato contigo mismo de que no dirás nada que dañe la reputación de otra persona. Esto incluye todo, desde las puñaladas por la espalda hasta los comentarios sarcásticos que pretenden destruir la reputación de otra persona.

Esta forma de ataque negativo es extremadamente perjudicial, no sólo para la persona a la que se lo haces, sino también para ti mismo. Es una forma de autosabotaje oculto. Puede ser tan habitual que no seas consciente de que lo estás haciendo.

Prueba esto durante siete días. Fracasarás en esto si la autocrítica o la crítica dirigida es un hábito. Cuando falles, anota la fecha y la hora. Vuelve a empezar de inmediato. Empieza con una nueva pizarra. No esperes a que llegue el día siguiente.

Una vez que dejé de hacerlo, todo cambió: mi perspectiva, mi estado de ánimo y mi deseo de tener razón. También eliminó mi necesidad de contraatacar, que era una de mis principales estrategias negativas de afrontamiento.

Pasos de Acción

Durante los próximos siete días, te vas a prometer a ti mismo no criticarte ni condenarte a ti mismo ni a los demás de ninguna manera. Esto requerirá una gran cantidad de autodisciplina. Y es probable que fracases muchas veces. Pero no pasa nada. El objetivo es eliminar tu necesidad de criticarte a ti mismo o a los demás.

Una vez que llegues a la marca de 7 días, tu siguiente reto será llegar a los 14 días. Imagina tu nivel de compasión hacia ti mismo y hacia otros seres humanos cuando alcances esta marca.

Te recomiendo que utilices un calendario para marcar cada día que hayas conseguido sin tener un pensamiento crítico sobre ti mismo o sobre otra persona. Al marcarlo en un calendario, puedes ver el progreso que estás haciendo.

La estrategia del espejo bidireccional

Esta es una técnica estupenda para calmar la ansiedad y rebajar tu nerviosismo para que puedas funcionar y ser tú mismo. Pasa unos minutos contigo mismo frente a un espejo. Puede resultar incómodo al principio, pero después de unas cuantas veces, se convertirá en un hábito. Hazlo durante unos minutos por la mañana. Para ahorrar tiempo, hazlo mientras te peinas, te afeitas, te maquillas o te cepillas los dientes.

Habla positivamente contigo mismo. No critiques ni condenes nada de ti mismo. Háblate a ti mismo como si estuvieras hablando con un mejor amigo. Sé el mejor amigo que hayas tenido nunca. Date consejos positivos.

Mírate a los ojos y date un consejo como si se lo dieras a alguien que te importa. Haz esta técnica durante diez minutos al día, a primera hora de la mañana. Aumenta tu confianza, centra tus pensamientos y mejora la autocompasión.

Esto es lo que puedes hacer

Habla de un logro que hayas conseguido recientemente. Elógiate a ti mismo y da crédito a algo que hayas hecho recientemente. No tiene que ser un logro excesivo. Simplemente, hazlo de forma sencilla.

Habla del gran día que vas a tener. Anímate hablando de todas las cosas buenas que vas a hacer hoy. ¿Pasarás tiempo con tus amigos, tu familia o tus hijos? ¿Vas a hacer algo divertido que has estado esperando? El propósito de esto es ponerte en un estado de ánimo positivo y desarrollar una mentalidad saludable para el día.

Habla de alguien a quien quieras y admires. Esta es una forma estupenda de volver a sentirte bien con la gente. Habla contigo mismo de las personas más importantes de tu vida.

Habla de alguien con quien tengas resentimiento. Al igual que es importante hablar de las personas que quieres, ahora habla de alguien con quien tienes una relación difícil. Piensa en una cosa buena que puedas decir de esa persona. Imagina que te devuelve la mirada mientras mantienes una conversación. Esta estrategia elimina la energía negativa que se acumula cuando tienes que tratar con personas difíciles.

La Técnica de Sustitución para un Cambio Duradero

Para generar una mente atenta y hacer aflorar tu compasión, puedes aplicar la técnica de sustitución para reforzar la autoconversación positiva.

Funciona así:

Si tienes el hábito de hablar mal de ti mismo (autocrítica), puedes darle la vuelta utilizando esta técnica de sustitución. En lugar de hablarte negativamente a ti mismo con un "soy pésimo en esto", podrías decir: "ahora estoy aprendiendo a hacer esto mejor".

El objetivo es reforzar tus pensamientos con anécdotas y palabras positivas que te apoyen. Empieza por sustituir los pensamientos negativos que tienes por pensamientos que te empoderen. Sustituye tu creencia por defecto de que no eres bueno por una creencia que te empodere. No aceptes ningún pensamiento que se base en tus dudas y miedos. En lugar de "no soy bueno", di "soy genial"; "mi vida es una mierda" se sustituye por "estoy agradecido por tener todo lo que tengo". Puedes hacer una lista de tu gratitud y referirte a ella cuando hagas esta actividad.

Ahora, utiliza la técnica de la sustitución para reemplazar:

- Palabras dañinas y negativas con expresiones positivas. Puedes incluir afirmaciones que funcionan sorprendentemente bien cuando se trata de formar una mentalidad positiva.
- Pensamientos basados en la preocupación y el miedo con imágenes positivas que fomenten la acción inmediata. Esto te acercará a tus objetivos.
- Malos hábitos destructivos con buenos hábitos que conduzcan a resultados positivos al tiempo que crean un mejor proceso para hacer las cosas.

La técnica de sustitución en acción

Cuando te sorprendas criticándote a ti mismo o a los demás, puedes sustituir este comportamiento por la acción contraria. En lugar de criticar y juzgar, habla bien de los demás. Haz crecer su reputación. Detente inmediatamente y cambia este comportamiento de condenar y criticar verbalmente por alabar la reputación de los demás.

Desafíate a hacer esto durante una semana. Convierte en un hábito consciente el convertir todas las acciones, comportamientos y conversaciones negativas en una corriente de convicción positiva.

Dite a ti mismo: "Me alegro mucho de que estés aquí".

Dile a los demás: "¡Eres genial! Me alegro mucho de tenerte en mi vida".

La autocompasión y la compasión hacia los demás es un don poderoso. Quiero que aceptes este don y lo conviertas en parte de ti. No se trata de un acto de bondad al azar, sino de algo que debes practicar cada minuto del día. Cuando veas que tu compasión se aleja y necesites reconectarte, la meditación y la práctica de la atención plena te devolverán al centro.

Fracasar En El Camino De Tu Objetivo Principal

"Al registrar tus sueños y objetivos en un papel, pones en marcha el proceso de convertirte en la persona que más quieres ser. Pon tu futuro en buenas manos: las tuyas".

— Mark Victor Hansen

En este capítulo, hablaré de la razón nº 1 por la que la gente no consigue vivir sus sueños imposibles. No es la falta de recursos, la falta de imaginación o la mala suerte. La mayoría de la gente **fracasa en la vida porque no se fija objetivos de vida.**

Como dijo Lewis Carroll, "Si no sabes a dónde vas, probablemente acabarás en otro sitio".

Y, lamentablemente, muchos lo hacen. Acaban perdidos, arruinados o trabajando hasta bien entrada la tercera edad. Los sueños que podrían haber sido, pero que nunca podrán ser ahora, son el fracaso definitivo. Piensa en la historia de Bonnie Ware y en los pacientes terminales a los que atendió. ¿Quieres llegar al final de tu vida sólo para darte cuenta de que nunca podrás tener lo que querías porque nunca fue un objetivo prioritario?

Tus objetivos te proporcionan un sentido de dirección y son los planos para construir la realidad de tus sueños. Los objetivos proporcionan claridad. Sin un plan conciso, pasamos de una idea a otra. Nuestros sueños se convierten en elevadas perspectivas que nunca se materializan en nada concreto. Una vez que sabes a dónde vas, es mucho más fácil llegar a tu destino cuando tienes una línea de visión clara por delante, impulsada por un sistema de pasos progresivos para llegar allí.

Un gran objetivo construye los bloques de construcción para un futuro próspero. Al crear un sistema de objetivos que te inspiren y motiven para emprender una acción positiva, plantas las raíces del éxito y diseñas un sistema de éxito que te brinda todas las oportunidades imaginables.

Ahora bien, ¿necesitas un gran objetivo en la vida para ser feliz? No, no lo necesitas. ¿Necesitas un objetivo en la vida para tener éxito? No, puedes tener éxito y ser feliz sin hacer nada. Tengo varios amigos que no tenían objetivos y tienen éxito en la vida y en los negocios.

Pero esa es la rara mayoría.

¿Quieres dejar tu destino en manos del trabajo duro y la suerte? ¿O sería mejor planificar estratégicamente los próximos 10-20 años?

Al establecer un objetivo vital (meta maestra), eliminas las conjeturas de "hacia dónde va mi vida". No sólo eso, sino que reduces las posibilidades de fracasar más adelante en la vida.

El auge del BHAG

Jim Collins y Jerry Porras, en su libro de negocios más vendido, *Built to Last*, idearon un término que acuñaron BHAG (Big Hairy Audacious Goals). Jim Collins necesitaba crear una frase que asustara a los líderes empresariales. Tenía que ser emocionante, desafiante y representar un sistema de objetivos demasiado grandes para ser alcanzables. El riesgo de fracaso sería alto.

La clave para crear un objetivo maestro (BHAG) es establecer un objetivo tan increíblemente increíble que desafíe todo lo que crees saber sobre la realidad. La mayoría de la gente no tiene objetivos porque, internamente, el miedo a fracasar en la consecución de esa meta es abrumador. Así que no hacen nada y viven por casualidad. O bien establecen un objetivo que es fácil de alcanzar.

Cuando tu objetivo es fácil de conseguir, no te entusiasma trabajar en él. Tu Objetivo Maestro debe ser un objetivo innovador, construido con miedo y del tipo "es imposible de construir".

Todo lo que sea menos nunca te servirá.

Sencillamente, son objetivos tan grandes que te hacen dudar seriamente de su consecución. Tu primera reacción es la de no creer que TÚ puedas lograr este objetivo maestro. Te preguntas: "¿Cómo puedo lograr este objetivo en esta vida?".

He aquí un ejemplo. Dos personas establecen objetivos financieros para ganar una determinada cantidad de dinero en el próximo año. Una persona se fija el objetivo de duplicar sus ingresos en los próximos dos años, pasando de 60.000 a 120.000 dólares. Es un objetivo difícil. No imposible, pero sí difícil. Otra persona decide llevar sus ingresos mensuales de 60k al año a un millón al año, pero este objetivo se establece para diez años.

Ahora bien, si observas estos dos objetivos, el BHAG es, por supuesto, alcanzar un millón al año. Un objetivo es difícil de hacer realidad, pero es factible. El otro parece imposible de hacer realidad y se planifica a largo plazo. Tu Meta Maestra es tu objetivo pilar que requiere de 5 a 10 años como mínimo para obtener resultados.

El objetivo tiene que ser tan grande que te preguntes:

- "¿Es esto posible?"
- "¿Estoy aspirando a demasiado?"
- "Si no lo consigo, ¿qué significa?"
- "¿Hay alguien más que haga esto? ¿Debo reducirlo?

La mayoría de la gente duda en establecer este tipo de objetivos. Estamos educados para pensar de forma lógica, dentro de la caja, y para ir a por la fruta que cuelga baja. ¿Por qué arriesgarse por el tesoro de la cima de la montaña, cuando puedes recoger todas las pepitas fáciles de abajo sin hacer la ascensión?

Todos los grandes logros fueron impulsados por BHAG. La NASA puso a los humanos en la luna. Nike lanzó una corporación global que superó a Adidas. Microsoft puso ordenadores en cada escritorio y en cada hogar. Todos los logros que parecían imposibles se hicieron posibles mediante el trabajo duro, la organización, el establecimiento de microtareas y un objetivo cuantitativo o cualitativo.

Si estás dispuesto a *fracasar en grande*, estás preparado para llevar tus sueños a las estrellas... y más allá.

Pero déjame preguntarte esto... ¿en qué objetivo puedes pensar ahora mismo que te emocione? Estás tan cargado que no puedes dormir, en parte por el miedo, pero también por saber que estás tomando un camino que choca a la mayoría de la gente. Cuando hablas de ello, tus amigos se limitan a decir: "Buena suerte con eso". En otras palabras, "Es imposible que eso ocurra, pero te seguiré el juego".

Tu Objetivo Maestro -Big Hairy Audacious Goal- es algo más que el típico objetivo corriente que se consigue con unos meses de trabajo duro. Es un objetivo tan grande y aterrador que la posibilidad de hacerlo realidad desafía todas tus creencias limitantes.

La Meta Maestra rompe el pensamiento pequeño en torno a todas tus creencias. Desafía a tu mente a salir de la caja de las limitaciones y a formar nuevas creencias dirigidas a conseguir lo que la mayoría de la gente calificaría de "imposible".

Al igual que un Big Hairy Audacious Goal obliga a una empresa a hacerse grande, como se describe en los libros y la filosofía de Jim Collins, tu Sueño Maestro te obliga a convertirte en un visionario de la vida que quieres crear.

Apuntar a lo inalcanzable

¿Sabías que el 97% de las personas que te rodean no tienen ningún objetivo establecido? No sólo no tienen un BHAG, sino que no tienen ningún objetivo... y punto. La próxima vez que estés en compañía de tus amigos o compañeros de trabajo, pregunta si alguien está trabajando para conseguir un objetivo. Lo más probable es que la mayoría no tenga.

Esto te sitúa en el 3% de las personas con objetivos. Y de ese 3%, ¿cuántos tienen BHAG? Menos del 1%.

En primer lugar, para ser impulsado a alcanzar tus objetivos, como hemos visto a lo largo de este libro, fracasar no es una opción, sino una necesidad. Debes estar preparado para caer. Y debes estar de acuerdo con ello.

Tu camino hacia el éxito está pavimentado con dificultades y obstáculos en el camino. Habrá momentos en los que querrás rendirte y abandonar. Pero no lo harás porque sabes que rendirse y decidir que ya has tenido suficiente es lo mismo que fracasar. Las únicas personas que fracasan en esto son:

- Personas que se rinden
- La gente que nunca empieza.

Cuando comienzas este viaje y te encuentras con una tarea difícil o un obstáculo que te arrincona, es cuando más luchas. Puede que te derriben un poco, pero siempre puedes volver a levantarte.

Estos son los objetivos que parecen una posibilidad remota. Muchos te dirán que no se puede hacer. "Estás loco por intentar esto. ¿Por qué no intentas algo más alcanzable?" La gente se reirá. No porque no crean en ti, sino porque no creen en sí mismos, y si ellos no pueden hacerlo, ¿por qué deberías hacerlo tú? ¿Qué te hace tan diferente?

Tú eres diferente, sólo por las razones por las que estás dispuesto a arriesgarlo todo por el sueño. Fracasar a lo grande es estar dispuesto a fracasar con un propósito. Las personas que se rinden son las que nunca tuvieron una oportunidad para empezar. Tienes que creer en tu visión y en tu sueño al 110%. Pase lo que pase, ganarás, aunque acabes perdiendo 1000 veces.

Cree en ello al 110%. Tienes algunas dudas y tienes miedo de fracasar, pero eso no te frena. No inventas excusas de por qué no puedes hacerlo. Creas razones convincentes de por qué debes hacerlo. Esto es lo que cambia el juego, la gran diferencia entre tu éxito... y el de los demás.

Tu objetivo principal es el proyecto de tu vida. No es sólo un momento de logro único. Cuando tu momento en el escenario haya terminado, podrás continuar con el siguiente objetivo. Y al siguiente. Tu vida se convertirá en una hoja de ruta a la que otros podrán aspirar.

Aquí tienes una lista de control de 11 puntos para establecer tus objetivos maestros. Todos los súper triunfadores -desde los héroes del deporte hasta los músicos y escritores, pasando por los actores y los empresarios- empezaron con un objetivo maestro. Al plasmarlo en papel, el objetivo se convierte en realidad.

El sistema de objetivos de 11 puntos para los Grandes Objetivos Ambiciosos (BHAG)

(1). Identifica tu objetivo maestro para la vida

Tu gran objetivo (Objetivo Maestro de Vida) debe tener un impacto transformador en tu viaje. Saber con intención específica lo que realmente quieres y debes tener es el primer paso concreto para hacerlo realidad. Una vez que hayas fijado un objetivo, comprometerás tu meta sobre el papel escribiéndola y haciéndola realidad. Luego, diseñarás un plan de éxito paso a paso que te lleve a conseguir tu objetivo maestro.

Tu Objetivo Maestro nº 1 tiene que ser la cosa de la vida que más has deseado siempre. Es tu mayor aventura, un obstáculo aparentemente insuperable que te asusta tanto como te entusiasma. Hace que todo en tu vida se alinee directamente con el gran propósito que gobierna todas las cosas.

Ahora mismo, tómate unos minutos para visualizar tu objetivo principal. Si sabes cuál es, escríbelo en un papel. Continúa escribiéndolo tantas veces como quieras. No te preocupes por los detalles de tu objetivo maestro, ni por cómo vas a conseguirlo.

Recuerda que es el BHAG lo que te asusta. ¿Tu objetivo es ganar 10.000 dólares más el año que viene, o 1.000.000 de dólares más? ¿Quieres hacer un viaje a Alaska durante dos semanas, o viajar por el mundo durante 6 meses? ¿Es tu objetivo cambiar tu trabajo por otro mejor que pague 5.000 $ más al año, o crear tu propia empresa y ganar 5 millones de $ al año de forma constante durante los próximos diez años?

Ahora lo entiendes. Si quieres fracasar a lo grande, tienes que crear objetivos que sean dignos de tu fracaso. Es el Everest de tu vida, y tu misión -todo lo que te esfuerces en hacer a partir de hoy- está orientada a conseguirlo. O alcanzas la cima de tus sueños, o fracasarás en el intento.

Cuando se trata de un objetivo maestro, tu primer pensamiento debería ser "¿Cómo puedo conseguirlo? Parece tan radical. Nadie lo intentaría". Sí, debería ser así. Por eso son grandes y dan miedo. Cualquiera puede conseguir un objetivo que sea alcanzable, pero es el BHAG el que te hace temblar y hace que los demás te miren con incredulidad (y duda) cuando les cuentas tus planes.

Tarea de acción:

Escribe tu Objetivo Principal tantas veces como sea necesario.

(2). Adjunta un calendario a tu objetivo principal.

Un plazo te recuerda que algo requiere tu atención inmediata. Sin una fecha límite, dejas la puerta abierta a la procrastinación, y créeme, entrará y se apoderará de tu vida si se lo permites. Una vez que fijas un plazo a tu objetivo, éste se vuelve más real de lo que podrías imaginar.

No importa lo lejano que sea tu sueño, siempre debes fijar un marco temporal. Un plazo factible es el ancla que mantiene el objetivo en su sitio. Sin él, tus sueños y tu entusiasmo se alejarán. Puedes establecer este objetivo en un plazo de entre 5 y 20 años. La mayoría de los BHAG tienen un mínimo de diez años antes de ser completados. Puede que pienses "pero eso es mucho tiempo". Sí, lo es, pero cualquier cosa que merezca la pena requiere toda una vida de compromiso.

Con un gran objetivo, tu sueño maestro para la vida, podrías tardar entre 5 y 20 años en alcanzarlo. Incluso entonces, habrá otra meseta que saltar. Habrá muchas. Pero no nos preocupa la meseta nº 2 hasta que no alcancemos la primera. Primero tienes que conquistar tu "Everest", y luego podrás dirigir tu atención hacia el aterrizaje en la luna.

Tarea de acción:

Adjunta una fecha de finalización a tu objetivo principal. ¿Te llevará 5 años? ¿10 años? ¿20 años?

(3). Crea un set de objetivos del "primer año" para tu objetivo principal

Un objetivo maestro sin una acción intencionada planificada se convierte en un sueño o un deseo. Necesitamos una acción masiva para hacer avanzar nuestro objetivo y empezar a tomar impulso. Para vivir tu sueño dentro de una década, tienes que empezar ahora. Tienes que crear un set de objetivos más pequeños para el año, el trimestre y, finalmente, dividirlo en pequeñas tareas semanales.

Para tu objetivo principal, haz una lista de objetivos del "primer año" en los que trabajarás. Pongamos un ejemplo. Utilizaremos a alguien llamado Harry, que tiene como objetivo principal crear un negocio inmobiliario de cincuenta millones de dólares centrado en la venta de casas de alta gama valoradas en más de 5 millones de dólares.

Los objetivos del primer año de Harry son:

1. Contratar a tres agentes de alto nivel

2. Abrir dos sucursales en tres estados

3. Aumentar los beneficios del primer año hasta 5 millones de dólares.

Puedes crear tantos objetivos para el primer año como quieras, pero ten en cuenta que deben ser alcanzables y realizables. Yo mantengo mis objetivos anuales en tres, pero también los desgloso en tareas mensuales y semanales.

Luego, para cada año que estés trabajando en tu negocio, crea una lista de objetivos y desglosa cada uno en subobjetivos.

(4). Construir subobjetivos

Los subobjetivos contribuyen a la consecución general de un objetivo mayor. Tu plan de acción incluirá muchos pasos que conducen al éxito de cada objetivo. Estos pasos para el éxito pueden incluir la investigación, la realización de llamadas telefónicas o el envío de solicitudes.

En términos básicos, tu plan es como una lista de tareas. Es una lista de tareas paso a paso para conseguir tu objetivo. Al desglosar los pasos de cada objetivo, puedes gestionar el tiempo asignado para avanzar hacia cada uno de ellos.

Tarea de acción:

Escribe un set de pasos de acción para cada objetivo. Coloca estos pasos de acción en un lugar visible.

(5). Visualiza el éxito de tus objetivos.

Si quieres crear la vida y los resultados que deseas, desarrolla la práctica de imaginarte y visualizarte como si ya tuvieras éxito. ¿Cómo te sientes? ¿Qué ha cambiado en tu vida? ¿Qué tan diferente te sientes como persona? ¿Cómo has crecido y cambiado al conseguir tus objetivos?

Desde el deporte profesional hasta la sala de juntas de los ejecutivos, todo logro exitoso es posible si existe una visión para construirlo.

Piensa en tu éxito como si ya hubiera ocurrido, y tu mente subconsciente tenderá un puente entre los dos mundos del presente y lo que está por venir.

Tarea de acción:

Dedica 20 minutos por la mañana y 20 minutos por la noche a visualizar tus objetivos. Practica este ejercicio con mindfulness.

Crea y/o únete a una Comunidad Mastermind

Puede tratarse de un grupo de compañeros de responsabilidad o de personas que puedan apoyarte en tu viaje. Los grupos de mastermind son fundamentales para mantenerte conectado, inspirado y, cuando lo necesites, para que te proporcionen información sobre tu planificación estratégica.

Durante años, luché por alcanzar mis objetivos. La mayoría de las veces fracasaba en los plazos y no disfrutaba con el proceso de establecer objetivos, pero encontrar un grupo de mastermind cambió todo eso. Tu compañero de responsabilidad o tu grupo de mastermind pueden:

- Revisa tu progreso cada semana

- Envía recordatorios diarios de las tareas principales en las que estás trabajando para el día, la semana y el año

- Ayudarte a celebrar cuando alcanzas el objetivo que te ha costado semanas, meses o años conseguir

- Proporcionar soluciones para ayudarte a superar los obstáculos difíciles.

La rendición de cuentas es una forma estupenda de mantener el rumbo y la motivación cuando estás atascado en el modo de procrastinación, y te da la oportunidad de hablar con alguien sobre tus objetivos. Encuentra un compañero de responsabilidad/grupo de mastermind con el que trabajar, y no sólo alcanzarás tus objetivos más importantes, sino que disfrutarás del proceso.

Las personas de éxito que permanecen invictas son las que saben crear redes y equipos de éxito de personas dispuestas a apoyarse mutuamente.

Tarea de acción:

Identifica a las personas que pueden ayudarte con tus objetivos. Luego, pregúntate: "¿Cómo podemos ayudarnos mutuamente a tener éxito?". Busca a esas personas y, cuando las encuentres, crea tu equipo de mastermind de guerreros del Fracaso en Grande.

Tarea de acción:

Escribe tu Objetivo Principal nº 1. ¿Por qué es tu mayor objetivo? ¿Cómo repercutirá en tu vida y en la de los demás cuando se haga realidad?

Ampliar las tareas de acción del Objetivo Principal nº 1

El último paso es dividir cada tarea de acción en pasos más pequeños para que sean más fáciles de abordar. Al dividirlas, te das a ti mismo trozos manejables con los que trabajar, a la vez que reduces el estrés.

Al dividir el objetivo en trozos de tamaño considerable, será más fácil hacer un seguimiento de tu éxito.

Estos pasos más pequeños podrían incluir hacer llamadas telefónicas, concertar una reunión o investigar sobre un tema.

Amplía las tareas de acción para tu objetivo nº 1. Vuelve a la estrategia de mapeo mental y escribe todas las tareas que se te ocurran, aunque estén a meses vista.

Tarea de acción:

Haz una lista de tareas de acción para tu Objetivo Principal nº 1.

Organiza tu plan en pasos de acción prioritarios

Ahora que tienes tu lista de tareas de acción, ponlas en orden de importancia. ¿Qué hay que hacer hoy? ¿Esta semana? ¿En los próximos tres meses?

Dedica cinco minutos cada noche, antes de acostarte, a escribir la tarea que vas a realizar al día siguiente. Este es un hábito poderoso. Al hacer una cosa cada día, empuja tu objetivo más cerca de la línea de meta.

Tomar una acción masiva significa realmente actuar de forma consistente. Por tanto, cada día debes hacer algo que mueva la aguja.

Tarea de acción:

Prioriza tus pasos de acción.

Identifica las barreras que bloquean tu progreso

Como en todo, habrá retos y obstáculos que superar. Identifica tres retos inmediatos que encontrarás mientras trabajas para conseguir tus objetivos. Normalmente se trata de una de estas tres cosas, o pueden ser las tres:

1. **Tu Falta de Información**. ¿Hay algo que necesites saber para avanzar? ¿Necesitas hacer un curso, una entrevista o llamar a alguien?

2. **La falta de recursos.** Puede que necesites algo, como dinero, para continuar con tu objetivo, pero recuerda que no estás limitado por los recursos, sino por la falta de recursos. Esto significa que puedes encontrar una manera de hacer que funcione y conseguir más dinero. Tal vez necesites convencer a alguien para que te ayude, como un mentor o un coach.

3. Tus valores son confusos. Hay veces que nuestros valores no están alineados con los objetivos que perseguimos. Esto requiere que evaluemos los valores que nos impulsan.

Sean cuales sean las barreras que se interpongan en nuestro camino, hay una forma de superarlas. Elabora las soluciones y crea un plan de acción para eliminar los puntos débiles.

Tarea de acción:

Identifica las barreras que podrían frenarte.

Revisa tu progreso

Éste es probablemente el paso más importante para gestionar eficazmente tu cartera de objetivos. Si revisas tus objetivos con regularidad, podrás reconocer y controlar fácilmente tus progresos. Durante el proceso de revisión, podrás:

- Identifica los obstáculos pendientes que bloquean tu camino
- Revisa y actualiza tu lista de control de las tareas necesarias para alcanzar tu(s) objetivo(s)
- Evalúa tu progreso y considera si tu plazo es manejable

- Añade cualquier nuevo pensamiento o idea para apoyar tu progreso continuo.

Es fácil apartarse del trabajo que realmente quieres hacer, pero la mayoría de nuestras distracciones pueden gestionarse fácilmente. La razón es que la mayoría de las distracciones son creadas por uno mismo. Por supuesto, siempre surgirán situaciones familiares, o pasará un amigo que necesite algo. Aquí es donde es fundamental reservar tiempo cada día para hacer tu trabajo y dedicarle tiempo a tu proyecto.

Una de las principales distracciones que tiene mucha gente es el pensamiento negativo o fragmentado. Nuestra mente quiere hacer una cosa, mientras que nuestra voluntad quiere hacer otra.

Aquí es cuando entra en juego la concentración. Cuando te concentras en algo, lo conviertes en tu prioridad más importante. Centras tu energía en la tarea y te concentras para asegurarte de que se hace correctamente, y de que sólo haces lo necesario para acercarte a tus objetivos.

Tarea de acción:

Revisa los progresos que estás haciendo una vez a la semana. Toma nota de las áreas en las que estás fallando y trata de reforzarlas.

Fracasar rápidamente en movimiento: Tareas de acción

- Plasma tu objetivo en un papel. Escribe una breve declaración sobre el objetivo.

- Crea una lista de trabajo con los objetivos anuales/trimestrales/mensuales necesarios para avanzar hacia tu objetivo principal.

- Durante 20-30 minutos al día, visualiza cómo vives tu gran objetivo maestro.

- Decide un plazo para que esto ocurra.
- Únete o crea un grupo/comunidad de mastermind.
- Supervisa y haz un seguimiento de tu progreso.
- Revisa tus progresos.
- Revisa tus objetivos regularmente.
- Describe el impacto que se espera de la consecución de tus objetivos en tu vida.
- Describe en quién te convertirás después de alcanzar un objetivo vital de importancia significativa.

Navegando a Través del Caos

"Cualquier hecho que se nos presente no es tan importante como nuestra actitud hacia él, ya que eso determina nuestro éxito o fracaso. La forma en que piensas sobre un hecho puede derrotarte antes de que hagas algo al respecto. Te supera el hecho porque crees que te supera."

— Norman Vincent Peale

Winston Churchill dijo una vez: ***"El éxito nunca es definitivo. El fracaso nunca es fatal."***

Habrá periodos a lo largo de la vida en los que estarás en una racha ganadora—serás contratado por una compañía de las 500 de la fortuna y finalmente te pagarán por hacer lo que amas. Estás en la mejor relación romántica en una década después de tu divorcio. Tu salud es buena y has trabajado duro para estar en la mejor forma posible. Tu negocio está prosperando y todos los empleados no pueden dejar de delirar sobre lo felices que son de trabajar para ti.

Cuando la vida es buena, es fácil ser positivo. Te sientes bien. Nunca quieres que esto termine.

Pero un día, las mareas cambian. El cielo se desploma, y la tormenta se acerca para llevarse todo.

Tu negocio se hunde después de que la economía sufre una recaída y tienes que despedir a la mitad de tu personal sólo para sobrevivir. Tu relación termina cuando tu pareja encuentra a alguien más compatible. El peso por el que trabajaste duro para quitarte vuelve y toda la motivación para entrenar desaparece. Te presentas a trabajar el lunes y te enteras de que alguien te ha reemplazado.

En muchos casos, lo que llamamos "fracaso" es un mal curso de los acontecimientos. Nada permanece igual para siempre. No existe tal cosa como una victoria o una pérdida permanente.

Aprender a Aceptar la Dificultad

¿Qué harías si lo perdieras todo y tuvieras que volver a empezar? ¿Cómo lidias con el caos cuando todo se desbarata?

Podrías estar leyendo esto y estar pasando por una crisis ahora. Podrías estar recuperándote de una. De cualquier manera, la mejor manera de atravesar una tormenta es estar lo más preparado posible. Sabemos que se acerca la próxima tormenta, pero no sabemos cuándo o qué tan mala será.

Cuando estás en un estado de ánimo positivo, y te sientes oportunista y llevas una fuerte esperanza en el futuro, todo está en armonía y nunca podría ser mejor.

Cuando la vida es buena, es realmente buena.

Pero vivir no siempre es una gran sinfonía de buenos tiempos. Suceden cosas malas, tus mejores planes se desbaratan, y te das cuenta de que no puedes controlar muchos de los eventos que suceden fuera de tu círculo de influencia. Nadie es inmune a tener un mal día, semana o infancia. Muchos eventos que te afectan están siendo controlados por una decisión que alguien más ha tomado.

Todo por lo que has trabajado en el último año o década puede desenredarse rápidamente.

Cuando sea así, sólo puedes pregntarte una cosa: "¿Dejaré que esto me derrote?”

El éxito nunca es definitivo, y el fracaso nunca es fatal. Siempre hay vulnerabilidad al perder lo que has trabajado. Ganancias y pérdidas, altibajos; no hay tal cosa como una victoria permanente o un fracaso para siempre. Tendrás lo mejor de ambos mundos.

Es durante los tiempos difíciles cuando debes mostrar la mayor compasión por ti mismo. Estarás tentado a maldecir la situación cuando creer en tus pensamientos negativos sea la mejor manera de superar la crisis. Has visto a tus padres o amigos cercanos manejar los tiempos difíciles estando deprimido, enojado, ansioso y preocupado.

¿Cuántas veces has oído a la gente decir, "Estoy muy preocupado por..." como si preocuparse fuera la mejor manera de hacer que no suceda? La preocupación atrae el mal pensamiento, y esto lleva a la enfermedad mental y la depresión. Deja tu preocupación a un lado. Es la mente temerosa la que toma el control en tiempos de dificultad.

Habrá momentos en los que estará de duelo, lidiando con el dolor, o perdido en la confusión, y se necesita toda su energía y concentración sólo para pasar el día. Habrá momentos como este, y cuando los experimentes, podrás aprovechar tu gratitud.

¿Por quién sientes en tu vida una gratitud tan inmensa que no puedes pensar en otra cosa? ¿Puedes dirigir tus pensamientos lejos de los miedos que ocurren dentro de tu propia mente? Sabes que puedes porque, como aprendimos en el primer capítulo, tu mentalidad espera que tomes el mando. Tu mente es el faro que te guía a costas más seguras.

Recuerda esto cuando el caos y las dificultades visiten tu casa. Si es un fracaso en tu vida con las relaciones, el trabajo, la salud o cualquier otra área lo que importa, la solución siempre está dentro. Ve allí primero y encuentra tu lugar de paz.

Algunas personas se dirigen a las distracciones— drogas, alcohol, sexo o compras excesivas—para lidiar con los tiempos difíciles y el caos. Este es un arreglo temporal que falla a largo plazo. Nunca se puede curar una herida escondiéndola sólo con la aplicación de la medicina adecuada, y para ello debes condicionar tu mente y espíritu para hacer frente a todos tus obstáculos y a la ausencia de cualquier distractor.

Se te está dando una oportunidad de crecer. Debes saber que estás luchando por dar lo mejor de ti mismo, y, sobre todo, ser la mejor versión de ti mismo. Deja ir cualquier ilusión que tengas y sé honesto al enfrentarte a tu realidad. El autoengaño te fallará siempre. Cuando no sepas qué hacer, no hagas nada.

Siéntate, piensa y respira.

Los tiempos difíciles son las curvas de aprendizaje que tratamos de evitar. Sería más fácil si el camino fuera fácil, pero el camino fácil conduce a un fracaso negativo. No quieres tenerlo todo bien porque la lucha construye la agallas, la resistencia y la fortaleza mental. Sólo puedes experimentar esto si te expones a ello.

Ahora, ¿cómo te mantienes en un estado mental positivo que combate el fracaso cuando el fracaso está sucediendo a tu alrededor y dentro de ti? Es fácil estar en tu estado feliz y pacífico cuando todo va bien. Pero la próxima tormenta está justo sobre ese horizonte, y tienes que estar listo cuando llegue. Debes recordarte a ti mismo que algunos días ganas y otros pierdes. No importa lo que pase, no estás solo.

L vida es difícil. Abraza tu momento. Deja que pase a través de ti. Ten fe en que estás en el camino correcto, y persiste hasta que llegues allí.

Navegando a Través de la Tormenta

En el budismo Zen, se enseña que los errores son para que aprendamos y existamos en el ahora. Es la repetición de la práctica lo que crea el aprendizaje, y esto expande tu mente y crea espacio para el crecimiento.

Habrá días en que el mar esté tan calmado que parezca de cristal. Se te recuerda lo suaves que pueden ser los momentos, y aprecias esos momentos. Pero esa superficie de cristal no dura y puede convertirse rápidamente en una violenta tormenta lo suficientemente fuerte como para hundir los mejores barcos.

Tu vida es como ese barco. Tienes que estar listo para navegar a través de esa tormenta para que no te lleve con ella.

El mundo está lleno de muchas variables desconocidas y eventos fuera de tu control. Los mejores planes no pueden protegerse de lo que va a pasar a continuación: El mercado se desploma, tu cónyuge te deja y se lleva a los niños, tu negocio fracasa y tienes que dejar ir a todos los empleados a los que ya no les puedes pagar.

Aprende a enamorarte de tus dificultades. La única forma de ser bueno en algo es la práctica, y la mejor forma de práctica es la experiencia.

En última instancia, los desafíos que se nos plantean nos hacen más fuertes mental, emocional y físicamente. Te condicionas para manejar más.

Hay muchas maneras de fracasar en la vida. Los mejores equipos deportivos pierden campeonatos nacionales, los matrimonios terminan en divorcio, los negocios colapsan por la codicia y las malas decisiones, y se cometen errores irreversibles con los que debemos vivir. Fallamos, caemos, nos levantamos, seguimos adelante y tratamos de hacerlo mejor.

Asume tu Responsabilidad y Sé Dueño de tu Mentalidad

Eres el capitán y el comandante de tu mentalidad. Nadie *puede hacerte sentir* de cierta manera. "Ella me hizo enojar" no es una frase que debas usar, nunca. ¿Alguna vez te has escuchado diciendo, "Ella me hizo sentir menos seguro", o, "podría haber tenido éxito si sólo él o ella no hubiera hecho eso"?

La responsabilidad es tuya. Posee tus emociones, pensamientos y acciones. Toma el control total de lo que puedes controlar. Deja ir cómo actúan otras personas.

Ahora es la oportunidad de controlar tu propia mente. Tienes que decidir cómo navegarás a través de la tormenta. Puedes elegir los pensamientos que rompan los muros de tu fortaleza mental. Puedes escuchar las voces de los líderes superiores. Puedes ver a otras personas correr en círculos apagando grandes incendios sin nada que mostrar. Mientras tanto, te sientas tranquilamente en tu posición y te conviertes en un observador de todo lo que está pasando.

No fracasas *en* la vida. Se fracasa en un momento de la vida. El fracaso es sólo un evento breve, pero su impacto puede dañar años más tarde. ¿Alguna vez piensas en eventos pasados en los que fallaste y, al visualizar esto, tu mentalidad cambia varias veces?

> *"Un buen amigo que señala los errores e imperfecciones y reprende el mal debe ser respetado como si revelara el secreto de un tesoro escondido."*
>
> **— Dalai Lama**

La memoria es poderosa y puedes cambiar tu estado de ánimo cambiando tu forma de pensar y tomando un conjunto diferente de acciones. Por eso, cuando alguien a tu alrededor está cambiando la atmósfera con energía negativa, tu mente no se ve afectada. Sólo te impacta si lo permites.

La mayor prueba de carácter no es sólo cómo reaccionas a una crisis. También se trata de cómo *no* reaccionas. Si alguien grita, "¡Fuego!" no tienes que reaccionar. Para empezar, probablemente no sea tu fuego. Pero la gente crea su propio caos e intenta arrastrar a otros a él. Ten en cuenta a los creadores del caos. Todavía están perdidos en la ilusión y no ven el drama que crean.

Seis Estrategias para Navegar a Través del Caos de los Tiempos Difíciles

En tiempos de caos hay que estar preparado. Cuando se atraviesan tiempos difíciles, y el camino es difícil, puedes implementar una estrategia de esta lista para guiarte a través de la peor de las tormentas.

La tormenta no dura para siempre

Todo tiene un principio y un final. Amor, pérdida, dolor, alegría, tragedia y victoria. Cuando te encuentras en medio de una crisis, debes concentrarte en un paso a la vez. ¿Qué puedes hacer hoy para llegar al final del día? En medio del caos, pensamos que el dolor y la incomodidad de la pérdida durará para siempre o que nos llevará con ella.

Pero los verdaderos supervivientes saben que pasar lo peor de cualquier tormenta significa permanecer en el momento. Si te despiertas por la mañana y la tormenta sigue rugiendo en tu puerta, lo aceptas como otro día en medio de la batalla. Te comprometes contigo mismo a perseverar un día más. Si puedes pasar este día, tal vez... sólo tal vez puedas pasar al siguiente.

Debes saber que tu situación no durará para siempre. Nada dura y todo está en un estado de cambio constante.

Cuando sólo tienes dos manos para agarrarte de la cornisa, usas ambas manos. Si puedes arreglártelas con una sola, usas una... y en esos días malos, te agarras con la punta de los dedos. La tormenta terminará, y lo verás hasta el final.

El fracaso nunca es fatal y tendrás tu regreso, tu ascenso, de nuevo. Lo sé porque estás aquí y estamos teniendo esta conversación. Eres más fuerte de lo que sabes que eres.

El Camino a Través de Cualquier Tormenta es la Perseverancia

El camino a través de cualquier momento de fracaso es perseverar y seguir adelante. Si te quedas atascado o paralizado por el miedo, detente y respira. Es hora de reflexionar antes de tomar más medidas. No ignores la situación, pero acéptala como está sucediendo ahora mismo.

Mírate a ti mismo como el protagonista de una gran producción y el resto de la historia te está llevando. Los sobrevivientes se convierten en prósperos pero sólo después de dominar el arte de la perseverancia y la tenacidad. Es ese momento de "agallas" en el que sabes que estás siendo puesto a prueba. Pasas la prueba: 1. Tomar la decisión de no rendirse nunca. 2. Hablar con personas positivas.

Esto es importante. No necesitas que la gente te diga que tires la toalla o lo desesperada que es tu situación. Si alguien te dice: "Mejor tú que yo", tiene razón. Es mejor que esto te pase a ti, porque cuando logres pasar, habrás llegado al siguiente campo de juego, y ese amigo seguirá siendo el mismo.

Sólo creces cuando te enfrentas a tus horas más oscuras. Dale la bienvenida a los demonios que te traen problemas. Si te asusta, déjalo entrar. Enfréntate a los monstruos de tu mente y agradece la oportunidad de experimentar este miedo. Al final, lo que soportas es lo que te hace asombroso.

Mantente Centrado en tu Momento

Eckhart Tolle, autor del bestseller *The Power of Now*, dice:

"Tan pronto como honras el momento presente, toda la infelicidad y la lucha se disuelven, y la vida comienza a fluir con alegría y facilidad."

Su momento actual es el más poderoso y enfocado del día. Puedes mantenerte conectado al momento presente siguiendo estas estrategias.

1. **Sal de tu mente.** No estás atrapado en el miedo. Cuando te preocupas por el futuro, y sales de tu momento presente, tu mente se inunda de pensamientos temerosos. Todo se convierte en un momento de "¿Qué pasaría si...?". ¿Y si fracaso? ¿Qué pasa si no funciona? ¿Qué haré cuando...?

   Pregúntate: "¿Qué pasa si sobrevivo a esto? ¿Y si me quedo concentrado en este momento presente? ¿Qué pasa si le digo NO a la voz negativa en mi cabeza?"

2. **Respira.** Tu respiración es crítica para el enfoque del momento presente. Cuando estás ansioso y temeroso, nota que tu respiración se acelera y se hace más tensa. Eso no es saludable. Respira ahora mismo. Ese es tu momento presente. Esta es tu vida, ahora, en este momento. Inspira y exhala. Haz esto al menos tres veces por hora

3. **Escucha.** Si tienes muchas cosas en la cabeza, tus pensamientos están por todas partes. No puedes concentrarte en lo que alguien está diciendo cuando tu mente está en otra zona horaria.

   Tómate un tiempo para sentarte y escuchar. Experimenta el momento y lo que oyes que sucede a tu alrededor. ¿Existe la naturaleza haciendo sonidos? ¿Perros ladrando en la distancia? ¿El viento a través de las hojas afuera?

   Escucha y suéltalo. Entrena tu mente para entrar en un estado meditativo y quédate ahí el mayor tiempo posible

Apóyate en tus Relaciones

Cuando los tiempos son difíciles, necesitas a las personas adecuadas que te ayuden en los momentos difíciles. Cuando te conectas con la gente y compartes tu historia de lucha, fracaso y esperanza, te abrirás a escuchar las sugerencias sobre qué hacer a continuación.

Permanece en tu propia mente y sufres solo. En tiempos de coacción, si estás acostumbrado a aislarte y a enfrentarte a la vida por tu cuenta, te llevará mucho más tiempo salir de tu tormenta. De hecho, podrías estar atrapado allí por mucho tiempo sin ninguna solución o progreso real.

Llegar a las personas de confianza que han estado allí y pueden compartir una visión invaluable.

Un buen amigo mío pertenece a un grupo de dominio de la mente en línea. Se reúnen una vez a la semana y discuten muchos temas relacionados con los problemas de cada persona, pero al final de la reunión todos salen con un plan de acción. Puede que no tengas este tipo de grupo, pero la ayuda está ahí fuera, esperando a que te pongas en contacto con ellos y les preguntes.

Así que esto es lo que puedes hacer:

1. Evita aislarte y que nadie sepa de ti.

2. Habla con alguien sobre cómo te sientes. Abre las líneas de comunicación.

3. Pide acciones basadas en soluciones. "¿Qué harías si estuvieras en mi situación?" o "¿Has experimentado algo así antes?"

La lucha es lo que une a la gente. No tienes que luchar tan duro como crees cuando tienes un apoyo cómodo. Sólo puedes fallar desde dentro.

Suelta tu Culpa y tu Vergüenza

En el libro de Eckhart Tolle, *The Power of Now*, dice: *"Acepta—entonces actúa. Lo que sea que contenga el momento presente, acéptalo como si lo hubieras elegido. Trabaja siempre con él, no contra él. Hazlo tu amigo y aliado, no tu enemigo. Esto transformará milagrosamente toda tu vida."*

Cuando la tormenta golpea, puede ser difícil aceptar que te está pasando a ti. Toma un ejemplo. Los Thompson tenían un hogar en 2008. Cuando el fondo cayó de la economía, se quedaron sin casa y tuvieron que vivir con los padres del padre por más de un año. Pero durante este año, también había perdido su trabajo. Así que, después de perder su trabajo y su casa, ¿cómo mantendría a su familia?

Era como si el mundo se estuviera plegando. Todo tenía una sombra oscura debajo. Las noticias estaban llenas de noticias negativas sobre miles de personas en situaciones similares a la de los Thompson.

Pero Frank Thompson no era reacio a las dificultades. Sus padres habían luchado en sus años y sabían una o dos cosas sobre la lucha. Una noche, su madre dijo: "No intentes detener el flujo. Estas cosas pasan y le pasan a la gente buena también. Nadie es inmune".

Suelta tu resentimiento. Concéntrate en el mejor de los casos. Acepta esto y sigue adelante.

Eso es lo que hizo. Frank dejó ir la negatividad del pasado y de sentirse como un fracaso. Esta fue la peor parte. Ese sentimiento de que le había fallado a su familia. Cuando la desesperanza se instala, todo está perdido. Agárrate a tu fe, convierte eso en una misión de esperanza, y construyete de nuevo.

En un año más, la familia se había mudado a una nueva casa y tenía nuevos trabajos. Empezaron de nuevo, pero desde el momento en que aceptaron su situación, planearon seguir adelante.

Mucha gente se ve atrapada en el "¿Por qué me pasó esto?" o, "¿Ahora qué voy a hacer?" Estos pensamientos arrastran a todo el mundo. No puedes avanzar si estás atascado en la autocompasión. No funciona.

El fin de tu lucha comienza cuando te compadeces y tomas una clara decisión de vivir. Vive como nunca antes has vivido. Sal a caminar, respira el aire, compra algo que siempre has querido. Pero bájate del tren de la compasión; libera tu resentimiento y acepta la oportunidad que se te ha dado.

Actívate: Ejercicio y Estiramientos

Cuando las personas se sienten fracasadas, tienden a recurrir a la fuga como mecanismo de afrontamiento.

Hacer ejercicio, andar en bicicleta, estirarse, correr o nadar te quita el estrés y aleja tu mente de los desafíos actuales que estás atravesando. Lo peor que puedes hacer es sentarte a pensar, preocuparte y perderte dentro de tu propia ansiedad.

Como se ha demostrado recientemente, el ejercicio es mejor que la medicación y proporciona una forma de terapia para todos. El ejercicio libera endorfinas, químicos en el cuerpo y el cerebro, y reduce la tensión corporal.

Cuando el riesgo de fracaso llame a tu puerta, di no al miedo y toma medidas para seguir adelante. Esto tiene un impacto positivo en tu mente y tu cuerpo.

Se acuerdo a un artículo publicado por Harvard Medical School, El ejercicio es bueno para tu cabeza así como para tu corazón. Y cuando estás bajo estrés y enfrentando la tormenta, tu mente está bajo ataque directo. Tomar el control de esta situación levantándote y haciendo ejercicio es alejarse de convertirse en una víctima.

De acuerdo con la investigación:

El ejercicio aeróbico regular traerá cambios notables a tu cuerpo, tu metabolismo, tu corazón y tu espíritu. Tiene una capacidad única de estimular y relajar, de proporcionar estimulación y calma, de contrarrestar la depresión y disipar el estrés. Es una experiencia común entre los atletas de resistencia y ha sido verificada en ensayos clínicos que han utilizado con éxito el ejercicio para tratar los trastornos de ansiedad y la depresión clínica. Si los atletas y los pacientes pueden obtener beneficios psicológicos del ejercicio, también tu puedes.

Estiramiento: Una de las formas más terapéuticas de ejercicio para el estrés y el aumento del movimiento de la mecánica corporal es el estiramiento. Pasamos mucho tiempo durante el día y la semana sentados, en casa y en la oficina. Con el tiempo, los ligamentos musculares se encogen.

El impacto en tu cuerpo a lo largo de los meses y años es perjudicial. A medida que avanzas en tus años de edad, se hace difícil moverse. Esto puede ser prevenido si te estiras por un mínimo de 10-15 minutos por día.

Ponle Fin a la Lucha

Pema Chodron, una monja budista americana y autora de un bestseller, enseña a sus estudiantes un método llamado "No More Struggle". Este método utiliza la meditación como una forma de prestar atención y reconocer nuestros pensamientos a medida que aparecen.

A través de la meditación y la respiración, cuando tus pensamientos surgen en tu mente, ves estos pensamientos como lo que son—imágenes, palabras, voces y recuerdos. Sin juzgar ni analizar nada, puedes descartar tus pensamientos como reales y volver a la simplicidad de tu respiración.

Como enseña Pema Chodron en su libro best seller *When Things Fall Apart:*

> *"La práctica de la meditación es la forma en que dejamos de luchar con nosotros mismos, la forma en que dejamos de luchar con las circunstancias, las emociones o los estados de ánimo. Esta instrucción básica es una herramienta que podemos usar para entrenar en nuestra práctica y en nuestras*

vidas. Lo que sea que surja, podemos mirarlo con una actitud no crítica."

A medida que entrenamos nuestras mentes para comenzar a reconocer las mentiras detrás de tantos de nuestros pensamientos, ganamos un mayor sentido de claridad en lo que es la verdad. Podemos ver el fracaso por lo que es: La oportunidad. Durante la práctica de la meditación, la respiración y el enfoque en la quietud de tu corazón, puedes disolver el pasado y el futuro. Sólo existe el ahora y la mente imparcial.

El fracaso no es el enemigo que hemos hecho parecer. Es lo opuesto a tu enemigo. El verdadero enemigo se disfraza de amigo y se encuentra en la zona de la comodidad, la complacencia, el entretenimiento y las peleas sin sentido.

Deberíamos agradecer la oportunidad de fallar, cometer errores y parecer estúpidos. Es la voluntad de rendir la lucha, dejar de intentar ganar en todo, acabar con el derecho a tener razón en todas las cosas. Es la eliminación del ego y enfrentar los miedos y pruebas de esta vida.

Estos métodos discutidos en este capítulo tienen una influencia directa en su actitud positiva. En medio de la tormenta de tu vida, tu actitud es lo único que puedes controlar.

Plan de Acción de Ocho Pasos para Manejar las Dificultades

Cuando te caigas, concéntrate en la solución, no en el problema. Puedes renunciar o fallar 100 veces. Mantén esa imagen clara de dónde quieres estar.

– David Goggins, Navy SEAL de los Estados Unidos y autor del best-seller *Can't Hurt Me*

Mi amigo David Harper estaba convencido de que lo tenía todo. Un trabajo estable que pagaba seis cifras al año, un plan 401k, y una casa que había trabajado duro para construir.

Un día, se presentó en su trabajo corporativo y fue llamado a una reunión inmediata. Estaban "reestructurando", y en los negocios lo que eso significa es, "Estamos despidiendo a un montón de gente a la que ya no queremos pagar".

Ahora, David no tenía trabajo. Empezó a buscar otro trabajo enseguida con una familia en casa y vidas que mantener. Pero las ofertas de trabajo eran escasas y no eran para nada tan buenas como las que tenía en su trabajo anterior. Rechazó tres ofertas porque no podían igualar los grandes beneficios y el salario de su último trabajo.

Seis meses más tarde, seguía sin trabajo, los ahorros se estaban acabando y nada estaba a la altura de sus expectativas. Cuando se reunió con una entrenadora de vida, ella le dijo: "Estás comparando todo con lo que tenías. Necesitas dejarlo ir y seguir adelante. Puede que hayas perdido algo bueno, pero no fue tu culpa. Empezar de nuevo está bien. Y eso es lo que tienes que hacer porque tienes expectativas poco realistas. Da un paso atrás. Toma un trabajo que te permita volver a ponerte en pie. Entonces la presión se acabará".

David tuvo un contratiempo que nunca esperó; sintiendo (y creyendo) que estaba seguro en su trabajo nunca se había considerado en una situación en la que se sentiría como un gran fracaso. Culpó a la economía y culpó a sus anteriores gerentes por no cuidar su espalda.

"Pero la culpa tiene que terminar", dijo. "Tus excusas se están acumulando y no estás en un camino que se mueve hacia adelante cuando tratas de recrear lo que perdiste. Puede que tengas que empezar de nuevo, pero tienes que empezar en algún sitio."

Eso es lo que hizo David. Tomó otro trabajo que pagaba mucho menos, vendió su casa y se mudó a algo más asequible. Dos años después, a través de los contactos y la experiencia en el nuevo trabajo que tomó, fue contratado por otra compañía que lo hizo socio principal.

David superó el contratiempo porque dejó de culpar a todo el mundo, habló con gente en la que confiaba y que podía ayudar, y mató la negatividad que lo retenía, y funcionó. Navegó a través de una de las temporadas más tormentosas de su vida, perseveró y se recuperó.

Cuando las dificultades intentan *matar tu futuro*, tienes que estar preparado para hacer un gran regreso.

El Peligro de las Dificultades

Fracasar es el riesgo que te comprometes a tomar cuando trabajas consistentemente hacia una meta, te comprometes a construir tu sueño, estructurar un nuevo negocio, negociar un gran contrato, o fracasar en tu visión de una vida que quieres tener.

Pero nada es fácil. Hay tiempos difíciles y días desafiantes por delante. Ganarás y perderás terreno. Ganarás y perderás tus batallas. La gente con la que trabajas te decepcionará y cuando creas que tienes mucho apoyo, de repente te encontrarás solo sin nadie que te respalde.

Como dijo David Goggins, "*Cuando te caigas, concéntrate en la solución, no en el problema. Puedes renunciar o fallar 100 veces. Mantén esa imagen clara de dónde quieres estar.*"

La visión de adónde vas es tu enfoque láser. Si estás pensando en rendirte, vuelve a tu visión de lo que te trajo hasta aquí para empezar. Llevas un sueño por dentro, y fracasando en grande es como lo harás realidad.

¿Qué haces después de sufrir un golpe que te hace retroceder?

- El acuerdo de negocios en el que has estado trabajando durante siete meses se va a la quiebra.
- La compañía para la que acabas de empezar a trabajar se declara en bancarrota justo después de firmarlos papeles de tu nueva hipoteca.
- Tres meses después de casarte, el amor de tu vida huye con otra persona.
- Su socio comercial no se presenta a trabajar un día. Resulta que se escapó con tu ejecutivo... llevándose tu dinero con él.
- Dos meses antes de competir en las Olimpiadas, te tuerces el tobillo en una carrera.

Sí, a veces apesta. Los fracasos, las dificultades extremas y los eventos inesperados suceden cuando menos te lo esperas. Un día tu mundo es una cosa hermosa, y al día siguiente la tragedia golpea. Pero, como he estado enseñando a lo largo de este libro, muchas de las desgracias de la vida tienen menos que ver con usted y más con las olas del mundo que cambia a través de un rápido cambio.

No existe un plan perfecto. Es lo que haces cuando el plan DESAPARECE.

En tiempos de coacción te preguntas: "¿Ahora qué voy a hacer? ¿En quién confío? ¿Qué queda después de esto?"

Hay que tener cuidado de no replantear el momento con una perspectiva negativa. Si te conviertes en una víctima, las acciones que tomes serán para obtener simpatía y contribuir a hacerte débil.

Una debilidad es como una abolladura en tu armadura, y tus enemigos la percibirán y se acercarán para matarla. Mantente fuerte y haz las preguntas correctas.

"¿Cuál sería mi mejor curso de acción para superar esto?"

Debes concentrarte en el siguiente paso. "¿Qué es lo siguiente?"

Has sido golpeado duramente por un contratiempo y estás en el suelo. ¿Qué es lo que haces? ¿Te quedas abajo o te levantas?

Cuando sufres un contratiempo, es una inclinación natural sentirse como un perdedor. Perdiste y ahora piensas que no puedes recuperarte. El regreso es demasiado lejos, y has pasado por mucho.

Cuando te derriban la escalera, tienes dos opciones y debes elegir una: 1. Bajar la escalera por completo y renunciar a la subida. 2. Sigue subiendo. O puedes encontrar otra escalera para subir. Pero cualquiera que sea tu elección, si te rindes en el camino de la ascensión, renunciarás a tu hábito por defecto cuando las cosas vayan mal.

Podrías caer en tu mentalidad de víctima de "La vida no es justa". ¿Quién dijo que era justo? Jugar limpio es para la gente que espera que todo salga como ellos quieren. No sucede de esa manera. Asegúrate de que tus expectativas son verdaderas y realistas.

Johnny Cash tenía razón cuando dijo:

"Construyes sobre el fracaso. Lo usas como un peldaño. Cierra la puerta al pasado. No intentas olvidar los errores, pero no te quedas con eso. No dejas que tenga nada de tu energía, o nada de tu tiempo, o nada de tu espacio."

¿Qué es una expectativa realista? Que la vida no es justa, y como dice Scott Peck en la línea de apertura de su libro *The Road Less Travelled* "La vida es difícil".

No es nada más que eso. No dice que la vida es fácil y que tendrás un mal día de vez en cuando. **La vida es difícil**, y si tienes una vida fácil, tal vez no te esfuerzas lo suficiente. Nada debería ser fácil cuando se falla rápidamente y se impulsa la energía para llegar a la siguiente meseta. La subida a la montaña es la lucha; la cima es tu victoria, pero nunca termina ahí. Nunca terminas de empujar a la siguiente fase.

El camino fácil es para los perezosos que esperan que todas las cosas funcionen a su favor. Cuando no va de acuerdo con el plan, entonces, ¿qué haces?

Quejarse. Culpa. Criticar.

Este camino es para los fracasos comprometidos a fracasar duramente y nunca avanzar. ¿Te paras en la base de la montaña pensando en cómo sería la cima o te esfuerzas por llegar a ella?

Siempre habrá reveses y desafíos que vienen en muchas formas: Problemas de salud, escasez financiera o problemas de relación.

Aquí hay una lista de varios contratiempos comunes con los que te podrías encontrar. La forma de manejar cada contratiempo es diferente, pero nuestros pasos para enfrentarlo se pueden aplicar a cualquiera de estos.

Nueve Razones Comunes para los Contratiempos

Traición: Su socio comercial le roba su negocio y se escapa con su mejor cliente.

Pérdida: Pierdes a alguien cercano a ti que fue una gran influencia en tu vida.

Distracciones: Puedes reducir este contratiempo eliminando las distracciones que te rodean. Esto se puede manejar con un cambio en tu entorno. Concentra tu mente en tu trabajo. Atrévete a ti mismo cuando seas atraído hacia esta distracción.

Autosabotaje: Te has preparado para el fracaso haciendo cosas que destruyen tu éxito antes de llegar a él.

Puntos ciegos: No viste venir la bola curva porque le quitaste la atención al eslabón débil de tu negocio/vida.

Motivación: Has perdido toda la energía y el impulso para hacer las cosas. No te preocupes, es una solución fácil.

Falta de Conocimiento/Información: ¿Hay alguna habilidad que no hayas dominado que haya resultado en tu revés? Identifica lo que es y aprende.

Problemas Financieros: Ese préstamo con el que cuentas acaba de pasar... y luego se cayó.

Autocomplacencia Perjudicial: No siempre eres consciente de esto, pero debajo de la superficie hay una voz que te habla cuando estás ocupado haciendo todo lo demás. Esta voz puede ser un alma amable y reconfortante o un sombrerero loco y enojado. Tú controlas esta voz pero sólo cuando reconoces que está ahí.

El propósito de tener un sistema para lidiar con tus reveses es para que puedas prepararte mejor para los próximos obstáculos. No podemos evitar encontrarnos con las barreras, pero podemos prepararnos para lo peor. Saber qué hacer, y tener confianza en tu capacidad de actuar, es la clave. No importa lo que pase, eres un superviviente y un próspero.

"Tenga siempre en cuenta que su propia resolución para tener éxito es más importante que cualquier otra."

Estos son los ocho pasos para afrontar los contratiempos:

(1). No hagas nada. Retrocede. Respira profundamente. Absorbe lo que ha pasado.

Tómate un día o dos para absorber lo que pasó. Estarás tentado de golpearte a ti mismo. Tu monstruo crítico interno decide hablar. Pero después de eso, deja a un lado tu carnicería emocional y acepta lo que pasó.

Sin importar de quién sea la culpa, eso no importa. ¿Quieres centrarte en la culpa o en las soluciones? Durante esta fase meditaré, me concentraré en mis pensamientos, o escucharé música relajante para calmar mi mente.

(2). Acepta lo que pasó. Acepta la situación.

Perdiste dinero. No conseguiste el contrato. Ganó peso en lugar de perderlo. Alguien a quien amas te dejó.

Bien, ahora que has tenido tiempo de pensarlo, ponle fin a tus deseos de cambiar esto. Una de las primeras cosas que hacemos cuando pasamos por un fracaso es caer en la trampa de, "Si tan solo tuviera..."

Esto es lo que parece:

"Si tan sólo hubiera..."

- Sido más amable, se habría quedado.
- Sido más inteligente, podría haber hecho que funcionara.

- Estado disponible, lo habría visto venir.

Quieres tener éxito. Todo el mundo lo quiere. Pero cuando no lo haces, sé bienvenido a la situación aunque no esté a tu favor. Podrías estar en una mala situación. Lo has perdido todo. La situación parece desesperada. No te apresures a tomar decisiones tontas de inmediato. Cuando te sientes asustado y en pánico, es cuando necesitas dar un paso atrás, evaluar en qué punto estás y tomar medidas intencionales para avanzar hacia el lugar en el que quieres estar.

No vas a deshacer el pasado. Sólo puedes influir en el mañana tomando una decisión en el ahora y tomando una acción intencional.

En este momento, bienvenida a esta experiencia en tu vida y sigue adelante con el siguiente paso que es...

(3). Sacude tus sentimientos de fracaso. Deja de Compadecerte.

El tren de la compasión tiene que terminar. Si sigues en él después de una semana, tienes que ponerte en marcha. Aunque no todas las situaciones van a requerir este paso, podrías estar pasando por un proceso de duelo o estancado. Si te fijas en los errores que cometiste y en cómo podrías haberlo hecho mejor, eso es bueno.

Identifica lo que es eso, e implementa tu próxima acción de acuerdo a tu plan. No querrás repetir los mismos errores, así que saber lo que podrías hacer en el futuro para mejorar acelerará tu curva de aprendizaje. Siempre se aprende más rápido al reconocer el mejor enfoque.

Ahora mismo, haz una pequeña lista de dos o tres cosas que no hiciste y que podrías implementar en el futuro.

(4). Identifica a tu seguidor #1 y conoce a esta persona.

¿Tienes un entrenador o un mentor? ¿Hay alguien con quien puedas hablar? Este es un paso importante. Puedes ser introvertido y raramente hablar con alguien, como yo, pero en tiempos de crisis o contratiempos, deberías hablarlo con alguien. Este va a ser tu primer paso hacia la formación de un nuevo plan de acción.

Hace años, cuando estaba pasando por un momento difícil, había arreglado un encuentro con mi mentor en un cara a cara virtual. En esa breve conversación de 30 minutos me llené del coraje y la inspiración para desatascarme y seguir adelante con un plan de acción.

Reflexionando sobre esto ahora, sin esa interacción, podría haber pasado meses o —más tiempo — girando mis ruedas en confusión con una falta de confianza o claridad.

Ahora mismo, escribe el nombre de esta persona y una fecha para cuando la conozcas. Prepare una lista de preguntas para hacer y esté abierto a los consejos y sugerencias que ellos compartan.

(5). NO aceptes excusas.

¿Recuerdas ese monólogo interno del que hablo? Te va a llenar la cabeza con todas las razones por las que deberías retirarte. No pongas excusas. Esta es tu mente llenando tus pensamientos con mentiras.

Tus excusas suenan así:

- "Lo intentaré de nuevo alguna vez cuando no esté tan cansada."
- "Nunca estuvo destinado a ser."

- "Esperaré hasta que tenga suficiente dinero, más recursos, más tiempo..."

- "¿Qué pensarán mis amigos/parejas/padres?"

- "Ya no tengo la energía para esto."

Entiendes la idea. Las excusas que te dices a ti mismo es la forma que tiene tu mente de engañarte. Las excusas están llenas de los sonidos de la autocompasión y el razonamiento de la mentalidad de víctima. Acaba con tus excusas tan pronto como aparezcan. Mátalas antes de que te maten a ti.

Esto es lo que David Goggins, el autor del bestsellers Can't Hurt Me, dice acerca de las excusas:

"Deja de poner excusas. Deja de ser una víctima. Asume la responsabilidad personal. Hazte responsable. Póngase cómodo con lo incómodo. Y finalmente, haz que tus sueños se hagan realidad."

Ahora mismo, escribe las excusas que te dices a ti mismo. Si eres como yo, tienes una lista de ellas que aparecen cuando todo se está desmoronando. Diga estas excusas cuando aparezcan. Disminuye el poder de tus excusas tomando un "martillo" mental y golpeándolas hasta dejarlas en la nada.

(6). Crear un plan. Pregúntate: "¿Qué sigue?"

Este es el momento de despegarse y moverse. Estás dando un paso adelante y un paso adelante en la acción. Ponga las ruedas en movimiento. Haz una lista de los primeros pasos de acción. ¿Cuáles son? Ahora da el paso de acción que puedes dar hoy y ponte a trabajar. Bloquea el tiempo si es necesario. Dedica una hora a nada más que a trabajar en tu plan. No confíes en que nadie se presente a rescatarte.

Cuando fallas en algo y eres el único que está de pie sin nadie en quien apoyarse, debes apoyarte. Puedes pedir ayuda más tarde, pero no esperes a un barco de rescate que puede que nunca llegue.

Pregúntate: "¿Qué puedo hacer ahora mismo?"

Pregúntate: "¿Qué sigue?" Haz esa acción. Después de marcar esto en su lista, pregúntese de nuevo: "¿Qué sigue?" Nunca estarás atascado si sigues moviéndote en esta dirección: Pregunte. Actúa. Refresca y repite.

Ahora mismo, identifica la única cosa que puedes hacer hoy. Podría ser tan simple como enviar un correo electrónico a alguien o simplemente tomar la decisión correcta. Pero haz algo. Evita posponer y esperar a que la situación se arregle por sí misma si hay una acción que puedas tomar.

(7). Concéntrate en lo Controlable.

Tantos eventos están fuera de su control. No hay mucho que puedas hacer cuando la gente toma sus propias decisiones que afectan a tu vida. Pero puedes controlar cómo reaccionas ante ellas.

Controla lo que puedas y concéntrate en la situación en la que puedas influir. ¿Recuerdas antes cuando dije que la vida no es justa? No te quejes ni te quejes. No es justa, nunca lo fue y nunca lo será.

Esto es lo único que nadie puede quitarte: La libertad de actuar y elegir tu actitud en cualquier circunstancia. Si tu negocio cae en picada porque la economía se derrumbó y la gente corrió con su dinero, quejarse de la economía y la injusticia de la vida no cambiará nada. ¿Qué puede influir en esta situación?

Cómo decides escalar tu negocio. La comunicación con sus clientes. Invierte tu tiempo en agregar valor a una situación en lugar de dejar que te robe energía. Muchas personas se deprimen cuando se enfocan en el evento fuera de su control en lugar del poder de decisión que tienen.

Ahora mismo, céntrate en tu(s) controlable(s) y ponte a trabajar.

(8). Recita tu mantra del Gran Fracaso: "Soy fuerte porque me desafían."

Son los desafíos de los reveses los que forman la dureza física y mental. Sin ellos, eres como un nuevo escudo que nunca ha tenido el sabor de la batalla. Puedes vencer y ganar recitando palabras de poder que te eleven. Esto silencia las voces internas de vergüenza e incertidumbre. Al ego no le gusta fallar y te hará saber que.

Ten a mano una lista de tus citas positivas favoritas. El mantra que usas para superar esos grandes momentos de *Fracaso*, quieres usarlo ahora. Puedes aprovechar tu poder interno hablándole con tus propias palabras en lugar de las palabras que trata de alimentarte.

Ahora mismo, escribe en un papel tu cita positiva favorita o mantra. Haz una lista corta de citas y léela en voz alta durante cinco minutos por la mañana. Lee tu mantra de nuevo antes de dormir.

Este No Es el FIN

Nunca es el final. Si te sorprendes a ti mismo diciendo, "Ahora se acabó", controla tu realidad. Un fracaso nunca es el final del juego. Es el paso hacia algo más. El final es para la gente que se rinde y acepta esto como el resultado final. Si tu sueño es empezar un negocio y ese negocio fracasa, ¿te rendirás y volverás a tu antiguo trabajo que odias? Si lo haces, entonces realmente es el final.

En este momento, dígase a sí mismo: "Este no es el final. No se acaba hasta que yo diga que sí."

No Aceptes Excusas

De esto se trata el fracaso. No es un simple proceso de rendirse e intentar la siguiente mejor cosa. Si estás trabajando hacia un sueño o una meta que puede cambiar el curso de tu vida, lidiar con los contratiempos en el camino es el viaje.

Puede que te frustres o te decepciones, pero nada se puede comparar con el fracaso que tendrás si no haces algo y sigues adelante. Tienes esto. Consulte este capítulo cada vez que tenga un contratiempo. Sepa que cometerá errores, fallará y se decepcionará a veces. Pero todo esto es temporal. Los contratiempos ocurrirán, pero si quieres fallar rápido, tienes que actuar con intención.

Una Filosofía de Fracasar en Grande para el Cambio

"He llegado a creer que todos mis fracasos y frustraciones del pasado fueron en realidad la base de la comprensión que ha creado el nuevo nivel de vida que ahora disfruto."

— **Tony Robbins,** bestselling author of *Unlimited Power*

ESto es. Ahora estás listo para asumir tus retos para Fracasar en Grande. Recuerda que el conocimiento, la sabiduría y las estrategias que compartí contigo en este libro no significan nada si no vas a tomar una acción masiva.

La falta de acción equivale a la falta de resultados. Tienes que hacer algo, aunque signifique que no tendrás éxito la primera, segunda o tercera vez. Por eso estamos aquí. Para probar el campo de batalla. Para hacer las cosas que una vez soñamos con hacer pero que fueron frenadas por:

Miedo.

Duda.

Falta de Confianza.

Puedes usar esto a tu favor. Tu miedo a no tener éxito puede empujarte al borde de tus limitaciones y luego pasar a una nueva zona de confort. Todas las cosas que se logran siempre se remontan a la decisión inicial de seguir adelante.

Al principio de cada día, al despertar a un nuevo conjunto de desafíos y contratiempos, la forma en que quieres vivir se define en el momento. Cuando algo sucede y la gente te busca para arreglarlo, ¿cuál será tu solución? Cuando estás atascado en la toma de una decisión que puede afectar tu vida y la de tu familia,

¿cuánto tiempo tardarás en decidirte? ¿Cuáles son los riesgos y estás bien para aceptar estos riesgos? ¿Vale la pena el riesgo si tienes éxito? ¿Cuál es el riesgo de no seguir adelante?

Si caes en una rutina en tu vida y todos lo hacemos en algún momento, la cuerda que necesitas para salir de ella está justo delante de ti. La mayoría de la gente no reconoce eso y están esperando que alguien les tire una cuerda de salvamento. Pero tú tienes la mejor cuerda de salvamento de todas: La fuerza de voluntad. Determinación. Ambición. No necesitas permiso para escapar de tu prisión. Sólo necesitas agarrar esa cuerda y empezar a escalar hacia una mejor libertad.

Demasiado a menudo en esta vida nos quedamos atascados. Dejamos de crecer. Nos deslizamos hacia abajo en una depresión o remordimiento. En lugar de fallar a lo grande, seguimos fallando. El camino al éxito no es un destino sino una combinación de tareas diarias diseñadas para llevarte a alcanzar un estado mental positivo.

Si tienes dolor, ¿qué harás para salir de él?

¿Qué estás dispuesto a sacrificar hoy para vivir a lo grande mañana?

¿A quién le tienes que pedir ayuda? ¿A quién tienes que dejar ir si te están reteniendo? ¿Cuál es la tarea número uno que tienes que hacer ahora, no importa cuán pequeña sea, para iniciar el tren de impulso que va hacia adelante?

Una Visión para la Reinvención

Este libro ha adquirido gran importancia, no por el tema o el enfoque del fracaso, sino porque te animo a desarrollar una visión de cómo quieres que evolucione tu vida. No tienes que tomar mi consejo como la única hoja de ruta. Soy profesor y estudiante, pero puedes decidir la dirección que quieres tomar y cómo quieres crecer y desarrollarte.

Comenzar de Nuevo: El Fracaso Nunca es Fatal

Ahora sabemos que el fracaso es el camino del éxito. Pero, ¿qué harías si te rompieras el culo trabajando, triunfando donde otros han fracasado, y, justo cuando las cosas empiezan a mejorar para ti, te encuentras de nuevo en el punto de partida... empezando de nuevo.

Su éxito, por cualquier razón, volvió a ser un fracaso otra vez. Pasaste de los harapos a la riqueza y de nuevo a los harapos. Un minuto estás abrazando tu vida como un viaje exitoso y al siguiente te quedas para empezar de nuevo.

¿Te imaginas lo frustrante que sería? ¿Tendrías la capacidad de volver a empezar? ¿Estarías dispuesto a enfrentarte de nuevo a esa misma montaña que te hizo un éxito en primer lugar? ¿O intentaría algo diferente?

¿O te rendirías?

Sé que no tirarías la toalla después de fallar de nuevo, pero esto nos lleva a la lección de este capítulo, y puedo resumirlo mejor con una conocida cita que probablemente hayas oído antes:

El Éxito Nunca Es Definitivo Y El Fracaso Nunca Es Fatal.

Es El Coraje Lo Que Cuenta.

Nunca es Demasiado Tarde Para un Nuevo Comienzo

Es fácil (y natural) sentirse cómodo con nuestro éxito. Podemos sentirnos cómodos con el fracaso también, pero si estuvieras contento con tu fracaso, no estarías leyendo este libro. Así que, asumamos que fracasar y no seguir adelante con tus objetivos es algo que no te sienta bien. Pero cuando consigues tu victoria, ¿qué pasa entonces? ¿Sigues escalando, cambiando y mejorando tu (compañía, vida, hijos, situación)?

Claro que sí. Pero lo que mucha gente pasa por alto es que la vida y las situaciones en las que estamos constantemente influenciados están siempre cambiando.

Piense en todo lo que se mueve como las mareas del gran océano, subiendo y bajando y luego ocasionalmente siendo propenso a una gran tormenta sobre la que no tenemos control. La mayoría de las circunstancias que se acumulan de semana en semana tienen poco que ver con lo que hicimos para influenciarlas. Lo único que puede influir es lo que se hace directamente.

Hay muchos casos en los que la gente se ha encontrado en una situación desesperada después de años de vivir bien, sólo para un día estar en el fondo del barril de nuevo raspando lo que puedan para sobrevivir.

Puedes llamar a esto el síndrome del héroe caído. El guerrero se levanta de las cenizas de la nada, construye un imperio con sus manos, lo pierde años después, y luego se queda con la fatídica decisión...

¿Hago un ataque para recuperar la victoria o para reducir mis pérdidas y hacer algo más?

Puedes, en medio de cualquier crisis, elegir entre levantarte o quedarte abajo. Aceptar tus pérdidas es una cosa, pero aceptar el destino es otra.

Su éxito no es un accesorio permanente. Todo está cambiando, evolucionando, haciendo erupción, y mucho de ello ocurre mientras estamos en nuestro día. Un día los negocios y la vida son buenos, y al día siguiente algo cambia y debemos seguir adelante. Pero no nos preocupa lo que no podemos controlar. ¿Por qué preocuparse por las cosas que están fuera de nuestro alcance?

Concéntrate en lo controlable. Influye en lo que puedas y deja que el resto se mueva como está.

Fracasando Hacia Tu Gran Sueño

¿Qué se necesita para que alguien viva sus sueños?

Se necesitan tres cosas...

Una visión de cómo llegar allí.

Una acción consistente para llevarte allí.

Persistencia para seguir avanzando después de que hayas llegado.

El éxito no tiene nada que ver con la suerte o la coincidencia.

Lo logras apareciendo a jugar todos los días, especialmente los días en que tu mente te pide a gritos que te detengas.

Nunca cedas a tus excusas.

Hazte estas preguntas a ti mismo...

¿Cuántos tiros hay que hacer antes de ser candidato a la NBA?

¿Cuántas horas pasaron escribiendo material malo antes de que alguien como JK Rowling y Lawrence Sanders pueda crear un bestseller tras otro?

¿Cuántas décadas pasaron fracasando en la política antes de que alguien como Lincoln se convirtiera en presidente?

¿Cuántos coches hizo Ford antes de que se le ocurriera el Modelo T?

¿Cuántas veces puede alguien recuperarse de una adicción a las drogas, al alcohol o a las relaciones sexuales?

¿Cuántas noches pasó el Coronel Sanders durmiendo en su coche antes de conseguir un inversor para su receta de pollo?

¿Cuántas entrevistas hiciste antes de encontrar un trabajo?

¿Cuántas veces fracasó Walt Disney en el negocio antes de lograrlo finalmente?

Cuando lo analizas y estudias las acciones consistentes de los súper exitosos, puedes ver los pasos/estrategias clave que implementaron y que eventualmente llevaron a un resultado exitoso.

A través de las frustraciones, fracasos y trabajando hasta tarde en la noche y los fines de semana, los empresarios, creativos o padres solteros ocupados pueden lograr cualquier cosa que deseen si están dispuestos a poner en el trabajo.

Como hemos descubierto al leer *Fracasa en Grande*, hay un mensaje, si tomas algo de este libro: **No es lo que ganas al alcanzar tus sueños, sino en quién te en el proceso de alcanzar tus metas.**

No se trata de suerte o de estar en el lugar correcto en el momento adecuado, sino de saber profundamente que, si sigues adelante, disparando directo a tus sueños sin ceder a la autocomplacencia negativa o a las críticas que alimentan la duda en tu mente, puedes aplastar todos los obstáculos en tu camino.

Te vuelves imparable. El fracaso es sólo un medio para llegar allí.

Estás listo para esto.

Naciste para eso.

Fracasa en tu camino hacia el éxito, y conquista el "Everest" de tus sueños.

Te veré allí en la cima.

"Ni el fracaso ni el éxito tienen el poder de cambiar tu estado interior de ser."

— Eckhart Tolle

Acerca de Scott Allan

Scott Allan es un autor de bestsellers internacionales de más de 20 libros en el ámbito del crecimiento personal y el autodesarrollo. Es autor de **Fail Big**, **Undefeated** y **Rejection Free**.

Como antiguo formador empresarial en Japón y estratega de la mentalidad transformadora, Scott ha invertido más de 10.000 horas de práctica e investigación en las áreas de autodominio y formación de liderazgo.

Con una pasión implacable por la enseñanza, la creación de habilidades vitales críticas y la inspiración de personas de todo el mundo para tomar las riendas de sus vidas, Scott Allan está comprometido con un camino de superación personal constante e interminable.

Muchas de las estrategias de éxito y el material de autocapacitación que está reinventando vidas en todo el mundo evolucionan a partir de los 20 años de práctica de Scott Allan y de la enseñanza de habilidades críticas a ejecutivos corporativos, individuos y propietarios de negocios.

Visite author.to/ScottAllanBooks para estar al día en sus futuros lanzamientos de libros.

Los libros más vendidos de Scott Allan

SCOTT ALLAN
FRACASA EN GRANDE
FRACASA PARA LLEGAR AL ÉXITO Y ROMPE TODAS LAS REGLAS PARA LLEGAR AHÍ

SCOTT ALLAN
HAZ LO MÁS ~~FÁCIL~~ DIFÍCIL PRIMERO
Cómo Vencer La Procrastinación Y Dominar El Hábito De Hacer El Trabajo Difícil

APLASTA TU COMPORTAMIENTO NEGATIVO
RELANZA TU VIDA
ROMPE EL CICLO DE AUTO-DERROTA, DESTRUYE LAS EMOCIONES NEGATIVAS Y RECUPERA TU PODER PERSONAL
SCOTT ALLAN

HÁZLO CON MIEDO
AVANZAR HACIA ADELANTE CON CONFIANZA, SUPERAR LA RESISTENCIA Y VENCER TUS LIMITACIONES
SCOTT ALLAN

HECHO PARA SUPERAR
PRINCIPIOS CLAVE PARA CONSTRUIR UNA GRAN VIDA
SCOTT ALLAN

EMPODERA TUS PENSAMIENTOS
CONTROLA LA PREOCUPACIÓN Y LA ANSIEDAD, DESARROLLA UNA ACTITUD MENTAL POSITIVA Y DOMINA TU MENTALIDAD
SCOTT ALLAN

Ahora puedes leer los libros más vendidos de Scott Allan en español

Colección de audiolibros en español

Escuche los libros de Scott Allan en español donde hay audiolibros disponibles

ÚNETE A LA COMUNIDAD DE 30,000 ¡ESTUDIANTES DE POR VIDA!

Regístrese hoy para recibir mi boletín semanal gratuito. Haga clic aquí para suscribirse hoy, o escanee el código QR a continuación.

ScottAllan
INTERNATIONAL
SA

www.ingramcontent.com/pod-product-compliance
Lightning Source LLC
Chambersburg PA
CBHW051120190726
48290CB00006B/1616

* 9 7 8 1 9 9 0 4 8 4 5 4 4 *